환대와 실천:
다문화가정 방문교육지도사 생애담

사회통합 총서 19
환대와 실천:
다문화가정 방문교육지도사 생애담

2025년 9월 10일 초판 인쇄
2025년 9월 15일 초판 발행

지은이 | 김영순·박옥현·정경희·황해영·남정연·서현주·신혜정
교정교열 | 정난진
펴낸이 | 이찬규
펴낸곳 | 북코리아
등록번호 | 제03-01240호
주소 | 13209 경기도 성남시 중원구 사기막골로 45번길 14
　　　우림2차 A동 1007호
전화 | 02-704-7840
팩스 | 02-704-7848
이메일 | ibookorea@naver.com
홈페이지 | www.북코리아.kr
ISBN | 979-11-94299-59-2(94300)
　　　978-89-6324-636-9 (세트)

값 23,000원

* 본서의 무단복제를 금하며, 잘못된 책은 바꾸어 드립니다.
* 이 저서는 2022년 대한민국 교육부와 한국연구재단 일반공동연구지원사업의 지원을 받아 수행된 연구임(NRF-2022S1A5A2A03052175).

사회통합 총서 19

환대와 실천: 다문화가정 방문교육지도사 생애담

김영순·박옥현·정경희·황해영·남정연·서현주·신혜정

북코리아

서문:
환대의 꽃밭 만들기

 아마도 꽃을 싫어하는 사람은 별로 없을 것이다. 잘 가꾸어진 정원의 꽃이든 야생의 꽃이든 우리 눈에 포착되는 즉시 기분이 좋아질 것이다. 그런데 내가 꽃을 보고 기뻐하는 것이 아니라 꽃이 나를 보고 환한 웃음을 짓는다고 가정해보자. 내가 꽃을 환대한 것이 아니라 내가 꽃에 의해 '환대당한 것'이다.
 꽃은 늘 환대라는 미소를 내포하고 있다. 그래서 꽃은 환대의 존재이다. 꽃의 입장에서 타자이자 이방인인 우리를 환대한다. 그런데 인간의 환대는 같은 인간에게까지 인색하기만 하다. 이 책 『환대와 실천: 다문화가정 방문교육지도사의 생애담』은 바로 환대에 대한 이야기를 담고 있다. 가족센터에 근무하는 방문교육지도사들은 이주여성에게 꽃과 같은 환대의 존재이다.
 최근 우리 사회에서 이주민의 문제를 이야기할 때 환대 개념이 부각되고 있다. 이주민은 이방인으로 간주된다. 이방인에 대한 철학적 접근의 시작은 '타자'이다. 타자를 논의할 때 우리는 늘 환대를 만난다. 그 이유는 환대가 "타자를 받아들임", 혹은 "타자의 받아들임"으로 이해되기 때문이다. 타자 철학 혹은 타자의 윤리학이라는 영역이 기존의 실천철학이나 윤리학과 구분되는 독자적인 영역으로 자리를 잡게 된 것은 비교적 최근의 일이다. 그 이전의 철학에서 타자는 주체가 아닌 다른 존재자로서 간주되었다. 타자에 대한 대부분의 논의는 타자를 주체나 자아에 대립하는 인간으로, 그 외부의 인간으로 간주해왔다. 주체에게 있어 타자는 늘 인식의 대상일 수밖에 없었고, 주체의 능동적 의식 행위에 의해 포착되고 재단되는 수동적 존재였다. 이러한 주체 중심의 주객 대립의 타자 논의는 후설의 현상학에서 정점을 찍는다.

상호주관성에 토대를 둔 후설의 현상학에서 타자 개념은 선험적 주관성의 복수성으로 접근한다. 하지만 타자라는 다른 자아를 절대적 자아의 지향적 의식 대상으로 규정하고자 하는 전제에서 벗어나지 못했다. 후설 현상학은 원론적 입장에서 타자를 합리적 이성에 의해 '산정 가능한' 존재자라 말하는 것에 머물고 있다. 상호주관성을 바탕으로 한 타자론은 실제 세계에서 합리성이 결여된 수많은 상황의 주객 대립의 문제를 제대로 인식하지 못한다는 비판을 받는다. 다시 말해 각 주체 사이에는 평등하고 평화로운, 합리적 의사소통에 따라 문제를 해결할 수 있는 규범적 토대가 놓여있지 못하다. 크든 작든 구조적 불평등 및 폭력이 존재하기 마련이며, 이는 각 주체의 이성 또는 주관성으로는 극복하거나 이해하기 어렵다.

한번 생각해보라. 20세기 들어 벌어진 수많은 세계적 비극, 이를테면 홀로코스트나 인종주의와 민족주의로 인해 발발한 전쟁과 테러 같은 폭력들에서 우리는 무얼 느끼는가? 인간이 벌였지만 인간의 상식으로, 합리적 사고로는 도저히 납득할 수 없는 사건들에 대해 철학은 무엇으로 답하는가? 철학은 이제 주체와 타자의 관계에 대해 새로운 시각을 요청받게 되었다. 자연스레 타자의 철학 혹은 타자의 윤리학이 주목받게 되었다. 타자에 관한 철학적 담론에서 두각을 드러낸 대표적인 철학자 중 한 사람은 자크 데리다이다.

특히 데리다는 타자론이나 정치·윤리학과 관련한 실천적인 문제들을 주로 다루었다. 환대, 정의, 용서, 민주주의 같은 주제들이 데리다에 의해 명징하게 논의된다. 데리다가 해체적인 사유방식으로 타자 문제에 접근하는 방식은 전통적인 접근과는 사뭇 다르다. 데리다는 타자를 규정하거나, 타자를 어떻게 받아들여야 하는지와 같은 해결책을 제시하지 않는다. 어떤 해결책이 있을 것이라는 전제 또한 설정하지 않는다. 그는 주체와 타자라는 견고한 이항대립이 야기하는 수많은 이론과 현상들을 면밀하게 분석한다. 끊임없는 분석과 해석을 통해 우리에겐 아직 더 사유해야 할 것들이, 더 실천해야 할 것들이 남아있다고 말한다. 그리고 이러한 데리다의 철학적 방식과 실천적 태도는 근대의 전통이 그대로 이어진 주체 중심의 사유와 행위자성을 여실히 해체한다.

데리다에서는 우리가 이방인 혹은 외국인이라 부르는 존재자들과 이들을 받아들이는 주인 혹은 주체의 관계에 대한 분석을 만날 수 있다. 나아가 데리다를 만나면 조건적인 환대와 무조건적인 환대의 구조, 정의와 법의 관계에 대해서도 이해할 수 있다. 우리가 펴내는 이 책에서는 현실 세계에서 무조건적 환대가 어떻게 이루어지는지를 만날 수 있다.

이 책은 모두 3부로 구성되었다. 1부 '실천가로서의 방문교육지도사의 삶'은 방문교육지도사의 사회적 실천에 대한 논의를 포괄적으로 다루고 있다. 1장 '가족센터와 방문교육지도사'에서는 가족센터의 기능과 방문교육지도사의 역할에 대해 소개했고, 2장 '다문화사회의 타자지향성과 사회적 실천'에서는 다양한 학자의 논의를 통해 우리가 함께 살아가는 세상에서 타자성과 사회적 실천의 윤리적 측면을 심도 있게 다루고 있다.

2부는 방문교육지도사 6명의 현장 경험 이야기이다. 3장은 2011년부터 다문화가정 방문교육을 시작해서 2024년 현재까지 지역 다문화사회를 지키고 있는 A의 이야기이다. A는 이주민을 환대했는데, 인적자원 외에 아무것도 없는 한국 사회로 이주해온 이주민을 돕는 것은 우리나라를 돕는 것이라는 사명감을 가지고 있었다. 또한, 4장은 2009년부터 시작한 다문화가정 파수꾼의 역할을 마치고 2021년 은퇴한 B의 이야기이다. 결혼이주여성은 남편만 보고 한국에 왔는데, 그들을 도와줄 사람이 없으므로 한국인으로서 누군가는 책임져야 한다고 했다. 특히 방문교육지도사는 이들을 처음 만나는 사람이므로 이들 삶의 일부에 책임이 있다고 했다.

5장과 6장은 은퇴 방문교육지도사 두 명의 이야기이다. 5장은 2008년 다문화가정 방문교육 태동기부터 2021년 은퇴 시까지 방문교육지도에 오롯이 사명을 다한 C의 이야기이다. C는 아들의 군 입대를 계기로 사회 환원 측면에서 공부방 봉사를 시작했으며, 이내 다문화가정 방문교육지도사가 되었다. 방문교육지도를 통해 C는 제2의 인생을 살았노라 고백했다. 6장은 은퇴한 초등학교 교사 출신 D의 방문교육지도 이야기이다. 40여 년간 학교에서 학생들과 소통했던 D는 은퇴 후 다문화가정 자녀들과의 소통을 원했으며, 자녀생활지도 업무를 주로 담당했다. 2021년 은퇴와 함께 방문교육지도 업무는 끝났지만, 업무 당시 만났던 결혼이주여성을 비롯한 다문화가정 자녀들과 끊임없이 소통하고 있다.

7장과 8장은 다문화가정 은퇴 방문교육지도사 1세대인 E와 F의 관계 맺기 경험에 관한 이야기이다. 7장의 주인공 E는 다문화가정 방문교육사업이 시행된 초창기인 2008년 1월부터 은퇴제도가 시작된 2021년 12월까지 13년을 한결같은 책임감과 성실함으로 활동했던 방문교육사업의 산증인이다. E는 단기이주의 경험에서 맛보았던 언어소통의 부재로 인한 좌절과 위축의 경험을 바탕으로 결혼이주여성과 다문화가정 자녀에게 공감과 소통의 상호 대화적 관계 맺기, 실천공동체와 연대적 관계 맺기로 나아갔다. E는 은퇴 이후 사회적 실천가를 꿈꾸며 제2의 삶을 구상하고 있다.

8장은 F의 관계 맺기 경험에 관한 이야기이다. F는 2008년 7월부터 2021년 12월까지 12년 6개월을 근무하고 은퇴했다. F는 어려서부터 부모님을 통해 체득했던 이웃사랑과 돌봄의 실천을 바탕으로 타자지향적 관계 맺기를 실천했다. F는 결혼이주여성과 그들의 자녀에게 온정을 나누는 사랑의 실천가이자 '나-너'의 인격적 관계 맺기를 통해 다문화사회의 공존을 위한 존재의 소중함을 일깨워주었다. F는 은퇴 이후 숲 치유사로 제2의 인생을 설계하고 있다.

9장은 다문화가정 방문교육지도 서비스를 경험한 결혼이주여성 5명의 이야기이다. A는 방문교육지도사의 배움을 경험하고 자녀에게 자랑스러운 엄마로 기억되기 위해 초·중·고등학교를 모두 졸업했다. B는 코로나19 시기에 입국하여 단절된 생활을 하던 중 방문교육을 통해 한국의 언어문화를 익히며 교육의 욕구를 충족했다. C는 2008년 한국 적응 과정에서 방문교육지도사와 많은 추억을 간직했기 때문에 자신과 같이 적응의 어려움을 겪는 결혼이주여성을 위한 방문교육 서비스의 중요성을 강조하고 있다. D는 방문교육지도사를 의지하며 심리정서적 어려움을 극복했고, 자녀를 위한 전문가 자격을 얻기 위해 노력하고 있다. E는 한국 이주 초기 극심한 우울증을 겪었으나 방문교육지도사와의 만남을 통해 인간에 대한 신뢰를 회복하고, 다문화가정 아동·청소년을 위한 심리봉사활동에 매진하고 있다. 결혼이주여성들은 방문교육을 통해 낯선 한국의 언어와 문화에 적응하고, 성장했다. 현재 이들은 한국 사회에서 자신의 역할을 찾아 주체적인 사회구성원으로 자리매김하고 있다.

10장에서는 방문교육지도사의 사회적 실천 경험에 대해 소개했다. 그들에게 방문교육은 사회적 돌봄의 실천이었고, 이주여성 그리고 그 자녀들과 공존을 위한 관계 맺기의 경험이었으며, 타자에 대한 환대와 사랑의 윤리적 실천 현장임을 보여주었다.

이 책의 결론은 우리는 모두 "지상에 떨어진 수많은 별" 같은 타자적 존재의 표방이다. 인간은 지난한 삶에 내던져진 무상한 존재들이기에 서로에게 손을 내밀고 "네 뺨에 내 뺨을 부빌 수 있는" 무조건적 환대를 실천해야 한다. 물론 이런 환대는 이상적일 수 있다. 그러나 각박한 현실을 초월할 수 있도록 하는 것이 이상임을 우리는 확인할 수 있다. 이상을 실천하는 '꽃 같은 존재'들이 우리 사회에 무수하기 때문이다.

이 책은 인하대학교 다문화융합연구의 중점 연구 기획과제인 '다문화가정 방문교육지도사의 생애사'의 연구 결과물로 엮어진 것이다. 연구 현장은 계양다문화가족센터였고, 이곳에서 근무하시는 다문화가정 방문교육지도사분들을 연구참여자로 선정했다. 연구 기간 내내 권도국 센터장님이 적극적으로 협조해주었다. 이 책의 집필을 위해 7명의 연구자가 투입되었고, 현장 자료수집부터 자료분석 등을 위해 20회 이상의 집필 세미나가 진행되었다. 연구와 집필에 참여한 박옥현, 정경희, 황해영, 남정연, 서현주 박사님 그리고 신혜정 박사수련자에게 감사함을 전하고자 한다.

이 책의 정신은 우리 사회에 환대의 문법을 세우고, 환대의 꽃밭을 만드는 것이다. 인간도 꽃처럼 환대의 존재가 되어보는 것이다. 이런 바람이 실현되는 그날까지 우리는 쓰기를 멈추지 않을 것이고, 환대를 실천할 것이다.

2025년 여름의 한복판에서
연구자 및 집필자를 대표하여
김영순 적음

CONTENTS

서문: 환대의 꽃밭 만들기　　　　　　　　　　　　　　　　5

연구 개요　　　　　　　　　　　　　　　　　　　　　15
  1. 연구의 필요성 및 목적　　　　　　　　　　　　　17
  2. 연구 방법　　　　　　　　　　　　　　　　　　21

1부　방문교육지도사의 사회적 실천　　　　　　　　29

1장.　가족센터와 방문교육지도사　　　　　　　　　31
  1. 가족센터의 기능과 방문교육지도사의 역할　　　　33
  2. 방문교육지도사에 관한 연구 동향　　　　　　　　44

2장.　다문화사회의 타자성과 사회적 실천　　　　　53
  1. 타자와 윤리　　　　　　　　　　　　　　　　　55
  2. 사회적 실천과 윤리　　　　　　　　　　　　　　60

2부　방문교육지도사의 삶과 이야기　　　　　　　　67

3장.　방문교육지도사 A의 생애담　　　　　　　　69
  1. 방문교육지도사 A의 특성: 배움은 쓸모가 있더라　71
  2. 방문교육지도사 A의 방문교육 이전 시기　　　　73

	3. 방문교육지도사 A의 방문교육 시기	89
	4. 다문화사회를 지키는 파수꾼이 된 방문교육지도사 A	102

4장. 방문교육지도사 B의 생애담   105
   1. 방문교육지도사 B의 특성: 나 정말 잘한 거 같아   107
   2. 방문교육지도사 B의 방문교육 이전 시기   109
   3. 방문교육지도사 B의 방문교육 시기   129
   4. 방문교육지도사 B의 정년 은퇴   140

5장. 방문교육지도사 C의 생애담   143
   1. 방문교육지도사 C의 특성: 고난을 통해 성장하다   145
   2. 방문교육지도사 C의 방문교육 이전 시기   147
   3. 방문교육지도사 C의 방문교육 시기   163

6장. 방문교육지도사 D의 생애담   181
   1. 방문교육지도사 D의 특성: 나의 사명은 타인을 향한 도움 주기   183
   2. 방문교육지도사 D의 방문교육 이전 시기   185
   3. 방문교육지도사 D의 방문교육 시기   201

7장. 방문교육지도사 E의 생애담   215
   1. 방문교육지도사 E의 특성: 책임감과 성실성의 상호 대화적 관계 맺기   217
   2. 방문교육지도사 E의 방문교육 이전 시기   220
   3. 방문교육지도사 E의 방문교육 시기   237
   4. 방문교육지도사 E의 은퇴 시기   252

8장. 방문교육지도사 F의 생애담   257
   1. 방문교육지도사 F의 특성: 타자지향적 관계 맺기의 실천가   259

CONTENTS

    2. 방문교육지도사 F의 방문교육 이전 시기   261
    3. 방문교육지도사 F의 방문교육 시기   272
    4. 방문교육지도사 F의 은퇴 시기   287

3부   방문교육지도사의 실천적 삶의 의미   291

9장. 방문교육지도사와 결혼이주여성의 만남   293
    1. 돌봄의 교감에서 시작된 나를 찾는 여정   298
    2. 서로의 성장을 이끌어가는 관계 맺음   307
    3. 삶의 의미와 실현을 위한 실천   316

10장. 방문교육지도사의 사회적 실천   331
    1. 방문교육지도사의 돌봄 실천의 의미   333
    2. 방문교육지도사의 공존으로서의 관계 맺기   350
    3. 방문교육지도사의 타자성과 윤리적 책임   363

맺음말   383
참고문헌   386
찾아보기   397

연구 개요

1. 연구의 필요성 및 목적
2. 연구 방법

1.
연구의 필요성 및 목적

　현재 우리 사회는 세계화·정보화로 인해 초국적 교류와 이주민 유입이 증가하고 있다. 또한, 2000년대 이후 한류열풍, 국제결혼 증가로 다문화가족이라는 새로운 형태의 가족 유형이 형성되었고, 결혼이민자, 이주노동자, 북한이탈주민, 다문화가정 자녀, 유학생, 난민, 재외동포 등 다양한 문화적 배경과 서사를 지닌 이주민이 한국 사회에 정착하기에 이르렀다. 그러나 초창기 국제결혼으로 새로운 사회에 편입하게 된 결혼이주여성의 경우는 그 과정에서 문화충격, 배우자나 가족 구성원 간의 갈등, 출산, 자녀 양육 문제 등 다양한 사회문제를 경험했다(구차순, 2007).
　대다수 결혼이주여성은 결혼과 동시에 이주하여 한국 사회의 문화에 적응하지도 못한 채 임신과 출산을 경험한다. 따라서 결혼이주여성은 언어, 문화뿐만 아니라 경제적으로도 열악한 상황에 놓이게 되고 자녀 양육으로 인한 어려움도 겪어야 했다(문무경, 2010). 또한 자녀를 양육하는 데 있어 양육관이나 양육방식의 차이로 가족 구성원과 갈등이 발생하고, 그 자녀들은 유아기와 아동기에 한국어가 미숙한 어머니와 생활하면서 언어발달이 지체된다. 이러한 상태에서 학령기를 맞이하는 다문화가정 자녀들은 학업의 어려움을 겪는 등 연쇄적인 어려움에 시달리게 되었다(방현희·이미정, 2014: 218). 영유아와 학령기 자녀들의 건강한 발달과 효과적인 교육을 위해서는 무엇보다 부모의 역할, 특히 어머니의 역할이 매우 중요하다(Black, 2005; Lareau, 2000; Martin & Ryan, & Books, 2007). 부모의 역할은 모든 사회에서 공통된 부분을 지니고 있지만, 자녀 양육 방법은 그들이 속한 사회문화와 제도의 영향을 주로 받게 된다. 따라서 영유아기 자녀를 둔 결혼이주여성은 한국 사회에 부응하는 방향의 자녀 양육 방법과 태도가 필요하다.

이와 같이 이주 초기의 결혼이주여성은 임신과 출산, 자녀 양육 등 한국 문화에 적응하는 과정에서 다양한 어려움을 겪고 있다. 이에 다문화가족 구성원으로서 사회통합에 기여할 수 있도록 2008년 「다문화가족지원법」이 제정되었다. 이후 여성가족부는 다문화가족지원센터를 통해 다문화가정 방문교육사업을 시작했으며, 그 중심에 방문교육지도사가 중요한 역할을 맡게 되었다(박옥현·김영순, 2023).

다문화가정 방문교육사업에 대해 살펴보면, 크게 한국어교육, 부모교육, 자녀 생활지도의 형태로 서비스 지원을 하고 있다. 첫째, 한국어교육은 일정 기준의 전문자격을 갖춘 방문교육지도사가 국내에 이주한 지 5년 이하인 의사소통이 어려운 결혼이주민 가정을 방문하여 어휘나 문법 등에 대해 교육 지원을 한다. 둘째, 부모교육의 경우는 만 12세 이하의 자녀를 두고 있는 결혼이민자를 대상으로 임신 및 신생아기, 유아기, 아동기로 구분하여 출산·육아, 부모·자녀 관계 증진 등 생애주기별로 경험하는 어려움을 지원한다. 셋째, 자녀 생활지도는 학업 및 자아·정서발달, 사회성 발달 등 일상생활에서 겪는 어려움을 해소하기 위해 중도입국자녀를 포함한 다문화가정 자녀를 대상으로 인지 및 자아정체성, 사회·정서, 문화

역량 등 자녀의 생활문제를 지원한다(방현희·이미정, 2014).

　　방문교육지도사는 결혼이주여성과 다문화가정 자녀를 대상으로 교육과 생활지도를 제공하는 전문인력으로, 한국 사회의 다문화 정착 과정에서 중요한 역할을 수행해왔다. 이들은 단순한 교육자를 넘어 다문화가정을 사회의 공적 영역으로 연결하는 민간 외교관 같은 역할을 하며, 다문화사회의 형성과 안정적 정착에 기여해왔다. 특히, 한국 정부는 2008년 「다문화가족지원법」을 제정하여 다문화가정 지원을 위한 제도적 기반을 마련했다. 해당 법은 '다문화가족'을 "결혼이민자와 대한민국 국민으로 구성된 가정, 또는 국적법에 따라 귀화한 자와 대한민국 국민으로 이루어진 가정"으로 정의하며, 다문화가족 구성원의 안정적인 가족생활과 사회적 역할 수행 지원을 목표로 한다. 여성가족부는 이 법령을 바탕으로 다문화가족지원센터를 운영하며 다양한 지원사업을 시행하고 있다. 이 가운데 다문화가정 방문교육사업은 대표적인 사업으로 2006년 중앙건강가정지원센터가 결혼이주여성을 위한 아동 양육 도우미를 양성하면서 시작되었다. 이후 2008년부터 다문화가정의 원활한 정착과 적응을 돕기 위해 본격적으로 방문교육지도사 제도가 도입되었으며, 초기 아동 양육 도우미 경력자들이 방문교육지도사로 재고용되어 사업의 실질적인 기반을 형성했다. 2015년에는 공식 명칭이 '방문지도사'에서 '방문교육지도사'로 변경되어 현재에 이른다.

　　이들은 결혼이주여성, 다문화가정에서 태어난 자녀, 그리고 국외에서 성장하다가 한국에 온 중도입국자녀 등을 주 대상으로 하며, 맞춤형 일대일 방문교육을 통해 이들에게 필요한 지식과 기술, 생활 적응 역량을 제공한다. 이 과정에서 방문교육지도사는 단순한 교육자 역할을 넘어 다문화가정 구성원들에게 멘토이자 상담자로서 기능하며, 가정 내 다양한 문제와 역동을 가장 가까이에서 깊이 있게 관찰하게 된다. 그러나 방문교육지도사에 대한 연구는 여전히 미흡한 실정이다. 초기 다문화사회의 정착과정에서 중요한 기여를 해왔음에도 그들의 경험과 역할에 대한 체계적인 연구가 부족하다. 한국 사회가 안정적인 다문화사회로 나아가기 위해서는 다문화가정을 가장 가까이에서 이해하는 방문교육지도사의 경험을 분석하고, 이를 바탕으로 더욱 효과적인 정책과 지원 방안을 마련하는 것이 필수다. 방문교육지도사는 단순한 돌봄 제공자가 아니라, 다문화가정의 안정적인 사회 정착을 위한 산소 같은 존재이며, 다문화사회에서 타자성을 실천하는 중요한 주체로 평가받아야 한다. 2000년대 방문교육지도사는 소수의 돌봄 실천가에 불과했지만, 그들의 노력은 한국 사회의 다문화 정착을 가능하게 한 중요한 씨앗이 되었다. 앞으로도 다문화사회의 지속적인 발전과 통합을 위해 방문교육지도사의 역할과 가치를 재조명하는 노력이 필요하다.

따라서 이 책은 생애사 연구 방법을 활용하여 방문교육지도사의 내면적 목소리를 담아, 한 개인의 삶을 통해 그들이 체득한 실천적 지식의 형성과정을 조명하고자 한다. 이들의 삶의 이야기는 한국 다문화사회의 형성과정을 가장 가까운 거리에서 경험한 '살아 있는 교과서'이자, 한국 다문화정책 수립을 위한 소중한 자료가 될 것이다.

2.
연구 방법

"이야기는 인간에게 어떤 의미가 있을까?"

　이야기는 우리 일상에서 소통하고 나를 표현하는 수단으로 사용되며, 우리가 살아가는 모든 일상 행위의 매개물이기도 하다. 이 책의 대상으로 주로 사용되는 이야기는 '내러티브'로 일컬어지기도 하는데, 내러티브는 개인적 차원에서 개별적 경험을 통해 내가 누구인지, 무엇을 하고 있는지 등 전체 삶을 이루는 부분을 드러냄으로써 정체성 표현의 수단으로 활용된다. 또한 사회·문화적 차원에서는 한 개인의 신념이나 가치를 공유하거나 전달함으로써 공적인 영역으로 확장시키는 역할도 한다(김영순·염지숙 외, 2023: 16-17).

　이와 같이 내러티브, 즉 이야기를 기반으로 하여 저자들은 방문교육지도사들의 '살아온' 혹은 '살아낸' 이야기, 그리고 '살고 있는' 이야기와 앞으로 '살아갈' 이야기, 즉 방문교육지도사의 삶에 대한 이야기를 담아내고자 했다. 이에 방문교육지도사들이 다문화가정 구성원들과 어떠한 동기로 마주하게 되었고, 그들과 어떤 만남을 가졌는지, 그리고 그들과의 만남을 통해 어떤 변화를 경험했는지 그들의 이야기를 다문화사회를 살아가는 모든 이들에게 전해주고자 한다. 이러한 작업을 위해 사회현상을 설명하거나 예측할 수 있도록 지식이나 이론을 개발하는 체계적인 방법을 '연구 방법'이라 한다. 앞에서 언급한 방문교육지도사들의 실천적 삶을 이해하기 위해 이들이 다문화가정을 방문하면서 사회적 실천을 하는 데 어떠한 축적된 삶의 서사가 있는지, 그리고 남들이 흔히 가지 않은 길을 왜 선택했는지 그 이유를 알아내는 것이 중요하다.

'생애사'는 한 개인의 전 생애적 발달과정에 대한 삶의 역사 이야기를 사용하여 외적·심리적 삶의 측면을 묘사해낸다. 이때 이야기는 내러티브와 생애사의 공통된 소재로서 역할을 한다(김영순·염지숙 외, 2023: 6). 다음으로 '생애사 연구'는 한 인간의 삶을 연구하는 질적 연구 방법 가운데 한 장르로서 인문학, 사회과학에서 널리 활용되고 있다. 이 책은 앞에서 언급했듯이 다문화가정 방문교육지도사들의 사회적 실천이 어떠한 과정을 거쳐 표출되었는가를 탐구하기 위한 것이다. 따라서 방문교육지도사들의 삶의 경험은 한순간의 '일회성'이 아니라 계속 삶이 이어져온 '과정적' 경험이기 때문에 그들의 삶의 경험을 이해하기 위해서는 그들의 특정 시기의 횡·단면적 삶을 드러내어 보는 것보다 생애 모든 과정을 살펴볼 수 있는 생애사 연구가 부합한다(Ojermark, 2007: 3).

사람마다 살아온 삶의 방식이 다르기 때문에 가치관, 신념은 모두 다를 수밖에 없다. 그러므로 한 개인의 인생, 즉 그 삶 전체를 이야기할 때의 인생은 규범적으로 정의하기 어렵다. 하지만 부인할 수 없는 사실은 우리가 현재 살아가고 있는 삶은 과거 없이 있을 수 없고, 현재가 없는 삶은 미래도 있을 수 없다. 즉 우리의 인생은 과거와 현재, 그리고 미래가 서로 긴

밀하게 연결되어 있으며, 과거는 자신이 살아온 삶의 흔적으로 기억이나 가슴속에 감정으로 남아 자신의 신념이나 성격에 많은 영향을 미친다. 즉, 현재의 삶은 과거로부터 흘러온 자신의 모습이다. 그리고 현재의 모습을 잘 들여다보면 미래 자신의 모습이 그려질 것이다. 미래는 자기 스스로 만든 삶의 목표이자 꿈으로서 미래의 자신이 원하는 것이 무엇인지를 살펴본다면, 자신의 정체성을 알 수 있을 것이다(김영순·김진희 외, 2018: 216-217).

이처럼 생애사 연구는 한 개인의 삶의 여정에 대해 연구자가 많은 질문을 던지면서 해답을 찾아가는 과정이다. 따라서 집필진은 다문화사회라는 한 획을 긋는 시기에 온 마음으로 살아온 다문화가정 방문교육지도사들의 깊은 내면의 이야기를 듣고자 했다. 다만, 이 책은 연구참여자와의 심층면담을 통해 수집한 구술자료를 해석한 결과를 삶의 이야기로 재구성했다. 즉, 연구참여자가 과거의 사실과 경험을 재구성된 삶의 이야기로 저자들에게 들려준 것을 저자들이 다시 한번 사회적 혹은 문화적 맥락 속에서 재구성한 것이다(조용환, 1999). 그러므로 이 책에서 방문교육지도사들의 삶의 큰 맥락적 흐름은 집필진이 참여자들의 삶을 어떤 관점과 렌즈를 가지고 보았는지가 중요한 관건이기도 하며, 집필진의 몫이자 한계이기도 하다.

이를 위해 집필진은 2022년 1월 지역 가족센터(당시, 다문화가족지원센터)에서 이 책에 관한 설명회를 가졌다. 그 당시 현장에서 활동하던 방문교육지도사들이 참석했고, 이들 중 일부가 사회적 관계망 서비스(SNS: Social Networking Service)를 통해 자기 생애사를 각 집필진에게 전달함으로써 저서 작업에 참여하겠다는 의사를 밝혔다. 이를 계기로 방문교육지도사들과의 심층면담이 시작되었고, 자료 점검 및 수정 등을 위해 여러 차례 만남이 이루어졌다. 이렇게 수집된 자료를 기반으로 제2부는 방문교육지도사들이

<표 1> 방문교육지도사의 기본 특성(2022년 2월 기준)

범주	연령	교육	가족	활동영역	활동기간	이전 직업
A	55세	학사	배우자, 1남 1녀	가족생활지도	2011~2022	수지침 봉사활동
B	61세	학사	배우자, 1녀	한국어교육, 가족생활지도	2009~2021	중증장애인 봉사활동
C	69세	학사	배우자, 1남 2녀	가족생활지도	2008~2021	수학교사, 공부방 운영
D	73세	학사	배우자, 3녀	가족생활지도	2015~2021	초등교사
E	62세	학사	배우자, 1남	가족생활지도	2008~2021	독서논술 공부방 운영
F	64세	학사	배우자, 2남	가족생활지도	2008~2021	어린이집 교사

전해주는 방문교육지도사의 삶과 사회적 실천을 기술했다. 저서에 참여한 방문교육지도사의 기본 특성은 위의 <표 1>과 같다.

자료수집을 위해 주로 심층면담 기법을 사용했고, 질문 내용은 크게 생애사적 질문과 타자성 실천에 관한 내용으로 구분했다. 1차 심층면담에서는 주로 방문교육지도사와 관련한 질문으로, 방문교육지도사의 지원동기와 업무 경험, 필요한 역량, 이 일을 지속하게 하는 것 등으로 시작하여 자연스럽게 생애사 기술을 위한 이야기로 이어졌다. 심층면담을 위한 반구조화된 질문의 개요는 아래 <표 2>와 같다.

이 책 작업을 위해 방문교육지도사를 대상으로 심층면담을 진행함에 있어 자료가 충분히 포화될 때까지 실시했다. 이를 위해 집필진은 심층면담 전날 연구참여자와 소통하며 면담 시간과 장소를 확인했고, 심층면담에서 이 책의 주제와 관련하여 연구참여자가 방문교육지도사로서 현장에서 경험하고 성찰한 내용 중 집필진에게 전해주고 싶은 이야기를 준비해

<표 2> 1차 심층면담을 위한 반구조화 질문 개요

- 방문교육지도사의 지원동기
- 방문교육지도사의 업무 경험
- 방문교육지도사로서 기억에 남는 경험(3개 정도)
- 방문교육지도사에게 필요한 역량
- 방문교육지도사를 지속하게 하는 것
- 방문교육지도사의 제도 개선사항

줄 것을 부탁했다.

　1차 심층면담을 마치고 동료 연구자들의 피드백에 따라 2차 심층면담에서는 1차 면담 내용에 대해 점검하고, 부족했던 부분과 새롭게 타자성에 관한 질문을 추가했다. 연구참여자와의 심층면담에서 이들은 기초적인 생애사적 경험, 방문교육 현장 경험 등에 관한 질문에는 쉽게 답했으나 타자성 실천 경험과 관련해서는 연구자의 질문에 답하기 어려워했다. 이에 집필진은 예를 들어 설명하고 질문했다. 예컨대, "횡단보도 신호등이 빨간색으로 변했으나 여전히 길을 건너고 계신 할머니가 계실 때, 연구참여자가 운전 중이라면 어떻게 하는가?"라는 질문에 대부분 연구참여자는 할머니께서 횡단보도를 다 건너실 때까지 기다린다고 했다. 이와 같이 빨간 신호등은 법적으로 차량의 이동을 보장하지만 할머니의 안전을 우려하여 배려하는 것이 타자성임을 설명했다. 빨간 신호등으로 바뀐 상황에서도 여전히 횡단보도를 건너고 계시는 할머니를 왜 기다려주는지에 대해 연구참여자들은 "당연한 거 아니에요?"로 답했으나, 그러한 마음이 어떻게 형성되었는지에 대해 답을 찾는 데는 머뭇거렸다. 반면 연구참여자 대부분은 "삶의 롤모델이 누구인가?" 또는 "본인의 삶이 누구와 닮았는가?"에 대한 질문에서 '아버지'를 꼽았으나 한 연구참여자는 맏딸로서의 책임감을 들었다.

또한 1·2차 면대면 심층면담에서 빠진 부분이나 추가되는 질문 등은 전화, SNS 등을 통해 보완했다. 한편 이 연구에 앞서 방문교육지도사의 직업 생애사에 관한 연구가 진행되었기에 이에 해당하는 원고의 내용과 연구참여 동의서를 연구참여자들과 검토하는 과정이 있었다. 심층면담은 연구참여자별 2회 내외로 진행되었으며, 1회에 1시간 50분에서 2시간 정도 소요되었다. 반구조화 질문지를 사용하여 인터뷰 상황에 따라 융통성 있게 다양한 질문이 가능하도록 했는데, 인터뷰 내용에 따라서는 대화가 길어지기도 했다. 자료수집을 위해 집필진은 연구참여자들과 일정 등을 논의함은 물론이고 사전에 질문지를 구성하고, 심층면담을 위한 녹음 앱을 확인했으며, 면담 장소 등을 점검했다. 이후 1차 심층면담에서는 연구참여자들에게 이 책의 저술 의도에 대한 설명을 재차 확인하고 저술작업에 동의하는지 점검했다. 연구참여자들에게 저술 참여 동의를 구한 후 자료수집을 위한 녹음을 했고, 매 회기 심층면담에서 수집된 자료는 당일 전사를 원칙으로 했으며, 심층면담 이후 동료 집필진과의 심층면담 과정과 결과에 관련한 논의를 통해 심층면담에서 부족한 부분에 대한 피드백을 받았다.

자료분석은 질적 연구 방법 중 생애사 이야기 분석 방법을 따랐다. 생애사 이야기 분석 방법은 개인의 경험을 역사와 사회적 맥락에 위치시킴으로써 특정 경험과 사건에 대한 의미를 해석하는 데 유용한 방법론으로(김지혜, 2020: 75), 한 인간의 생애를 중심으로 사회문화적 맥락 안에서 인간과 사회의 상호작용을 이해하는 연구 방법이다(Creswell, 1997/2010). 양영자(2013: 272)에 따르면 사회복지 분야의 생애사 연구 논문들은 분석 방법에 있어 슛제(Fritz Schütze), 로젠탈(Gabriele Rosenthal) 및 로젠탈과 피셔(Gabriele Rosenthal & Wolfgang Fischer)-로젠탈의 인터뷰 분석 방법을 따른 논문들이 다수라고 했다. 이 외의 분석 방법들은 명칭은 다를지라도 범주 위주로 접근하는 내용분석 방법을 택하고 있는데, 이러한 내용분석 방법은 생애사의 특성인 주관성(subjectivity), 시간성(temporality), 이야기성(narrativity) 중에서 이야기성에는 거의 관심을 두지 않는 접근 방법이다. 이에 따라 내러티브 분석 방법과는 많은 차이를 보인다고 할 수 있다. 반면 숫제의 생애사 텍스트 분석 방법은 '이야기(Narration)'와 '현실(Wirklichkeit)'의 관계를 충분히 고려하지 않고 있음에 문제가 제기된다. 이에 반해 로젠탈의 분석 방법은 '이야기적 진실성(narrative truth)'과 '사실적 진실성(factual truth)'과의 상호관계성 속에서 '실재성(Realität)'을 해명하고자 한 분석 방법이다. 이는 주관성, 시간성은 물론 이야기성도 분석하는 생애사 연구에 매우 적합한 분석 방법 중의 하나로 볼 수 있다(양영자, 2013: 273-274). 따라서 이 연구는 로젠탈의 내러티브 생애사 분석 방법을 따랐다.

특히, 이 분석 방법은 생애사 연구의 세 가지 특징인 주관성, 시간성, 이야기성 중 이야기성에 초점을 맞춘 연구 방법으로 서사적 생애사와 체험된 생애사로 구분된다. 이에 따라 텍스트 분석 과정은 로젠탈의 내러티브 생애사 인터뷰 분석 절차 5단계를 적용하여 이루어지는데, 구체적으로는 다음과 같다(강영미, 2015: 120). 첫째, 연대기적 생애사를 요약한다. 둘째, 이야기된 생애사 분석을 위해 연구 주인공의 생애사적 데이터와 이주사적 데이터를 시간순으로 분석한다. 셋째, 텍스트 분석과 주제적 영역 분석 단계를 통해 현재의 관점에서 서술된 생애적 이야기가 어떻게 생성된 것인지 발생 기원을 분석한다. 넷째, 체험된 생애사의 재구성과 연속적 세밀 분석 단계로서 특정 과거의 체험이 지니는 생애사적 의미, 그리고 체험된 생애사의 연속적 구조와 그 구조의 시간적 형태를 분석한다. 다섯째, 이야기된 생애사와 체험된 생애사의 비교 분석으로, 이 단계에서는 두 생애사

간의 차이를 분석한다. 이처럼 생애사 인터뷰 분석 절차를 단계별로 적용하여 수집된 자료를 분석했다.

또한, 연구 방법론상의 절차를 잘 수행하는 것만이 좋은 질적 연구라 할 수 없기에(이정빈, 2018: 99) 집필 목적과 필요성에 맞는 연구참여자를 선정하고, 연구참여자가 자연스럽게 자신의 삶을 반추하며 성찰할 수 있도록 노력했다. 연구의 윤리는 연구참여자의 '자유로운 동의의 원리, 자료에 대한 비밀보장의 원리, 참여로 인해 야기될 수 있는 어떤 불이익으로부터 참여자 보호의 원리'에 기초하여 연구자(집필진)와 연구참여자의 '관계적 윤리'에 집중하여 진행했다.

1부

방문교육지도사의 사회적 실천

1장. 가족센터와 방문교육지도사
2장. 다문화사회의 타자성과 사회적 실천

1장

가족센터와
방문교육지도사

1.
가족센터의 기능과 방문교육지도사의 역할

1) 가족센터의 설립 배경 및 기능

사람은 누구나 태어나는 순간부터 어떤 형태나 유형에 상관없이 '가족'이라는 한 집단 안에 속하게 되고 함께 생활하게 된다. 그러나 시대적·사회적 변화에 따라 다양한 유형의 가족이 등장하면서 지극히 개별적이고 특수하게 되었다. 오늘날 한국 사회는 산업화, 세계화, 새로운 가치관의 변화 등으로 분거가족, 한부모가족, 조손가족, 무자녀 부부 가족, 이혼·재혼 가족 등 무수히 많은 유형의 가족이 등장했다(고선강·손서희 외, 2023: 20). 또한 2000년대 초반 국제결혼이 급증하면서 다문화가족도 이에 더해졌다. 이처럼 다양한 생활양식이 존재하는 현대에는 가족 발달주기에 따른 가족 내의 지위나 역할, 생활에서의 일상적 경험을 강조했던 과거와 달리 복잡한 가족 환경의 실태를 인식하는데, 이는 가족정책과 가족 서비스 영역에서 매우 중요한 일이 되었다.

이러한 가족 유형의 다양화와 변화에 따라 가족정책 분야에서도

「건강가정기본계획」을 세워 다양한 유형의 가족을 대상으로 하여 맞춤형으로 지원해왔다. 2021년 4월에 발표한 「제4차 건강가정기본계획(2021~2025)」 역시 정책 목표 중의 하나인 '가족 다양성 인정'을 담고 있으며, 이를 위해 정책과제를 제시했다(여성가족부, 2021). 「제4차 건강가정기본계획」을 좀 더 들여다보면, 정책 목표인 '가족 다양성 인정'은 가족의 특성과 형태의 다양성 인정은 물론 기존의 결혼제도, 자녀 출산과 양육 중심의 가족제도에서 벗어나 더욱 다양한 형태의 가족문화에 대한 수용을 강조한 것으로 이해된다. 이와 함께 다문화가족, 한부모가족, 미혼모 및 부자가족, 장애인가족 등을 주요 지원 대상으로 설정하여 이들을 각각 지원하는 정책들을 제시하고 있다(고선강·손서희 외, 2023: 20).

특히 2000년대 초반부터 결혼이주민이 급증하면서 2006년 빈부격차 차별시정위원회(대통령 자문기구)와 여성가족부 등 12개 부처는 '여성결혼이민자 가족의 사회통합지원'을 위해 공동 대책 마련에 들어갔다. 이에 '결혼이민자가족지원센터'라는 다문화가족지원사업의 서비스 전달기구가 설치 및 확대되었다. 이는 2008년 「다문화가족지원법」 제12조 다문화가족지원센터의 설치·운영 등에 관한 법령에 따라 '다문화가족지원센터'로 명칭이 변경되었으며, 2008년 80개였던 다문화가족지원센터가 2022년 8월 31일 기준 총 219개소로 증가(공공데이터 포털, 2023)할 만큼 큰 도약을 하게 되었다.

한편, 건강가정지원센터는 2016년부터 다문화가족지원센터와 통합되어 2022년 1월을 기준으로 전국 208개소 지역에서 '가족센터'로 운영 중이다(한국건강가정진흥원, 2022). 현재 가족정책의 주요 지원체계인 가족센터는 '건강가정지원센터'와 '다문화가족지원센터'의 기능을 통합해 운영하는 곳으로 가족 형태, 가족관계 특성 등을 고려하여 다문화가족을 대상으로 하는 상담, 한국어교육, 자녀 방문교육 등 종합서비스를 제공하고 있다. 또한 아이돌봄 서비스, 공동육아나눔터 운영 등을 통해 지역사회 돌봄 사각지대 해소에도 크게 기여하고 있다. 이 가운데 다문화가정 방문교육사업은 집단교육 참여가 어려운 다문화가족을 직접 방문하여 다문화가정 정착 및 자녀 양육을 지원하는 대표적인 사업으로, 그 기능과 방문교육지도사의 역할에 대해서는 다음 절에서 좀 더 자세히 살펴본다.

2) 다문화가족 방문교육사업과 방문교육지도사의 역할

2000년대 한국 사회에 '다문화가족'이 탄생했다. 다문화가족의 결혼이주여성에 대한 인권침해와 자녀들의 문제가 언론에 노출되면서, 2004년 국가는 본격적으로 그 대책을 마련하게 되었다. 예컨대 2005년 범정부 차원의 결혼이주여성을 위한 다문화 정책이 추진되고, 2006년 정부의 12개 부처는 다양한 다문화가족사업을 시행했다(손제령·김경화, 2009: 27). 특히 2006년 여성가족부는 전국 시·군·구 21개 지역에 '결혼이민자 가족지원센터'를 개소했다. 2007년 농림부는 전국 30개 지역에 방문교육사업으로 '한국어교육지원사업'을, 여성가족부는 '아동양육지원사업'을 시작했다(조영아, 2013: 120). 그 결과 부처 간 유사 사업이 진행되며 결혼이주여성에게 중복 지원되는 사례가 발생했다. 이에 2007년 12월 여성가족부는 가족통합팀을 신설하여 다문화가족 업무를 전담했다. 이듬해 2008년 3월에는 보건복지가족부가 신설되었으며, 다문화가족과에서 방문교육사업의 업무를 전담하게 되었다(손제령 외, 2009: 27). 2008년

「다문화가족지원법」*에 따라 개소한 80개의 지역다문화가족센터는 다문화가족의 안정적 정착 등을 위한 업무를 담당했다(손제령 외, 2009: 29).

이후 전국 다문화가족지원센터(현, 가족센터)**는 꾸준히 확장되어 2021년 1월 기준 서울(25), 부산(14), 대구(8), 인천(9), 광주(5), 대전(5), 울산(5), 세종(1), 경기(31), 강원(18), 충북(12), 충남(15), 전북(14), 전남(22), 경북(23), 경남(19), 제주(2)에 있는데, 이는 전국 시·도·군의 총 228개소에 해당한다. 「다문화가족지원법」 제1조(목적)는 "다문화가족 구성원이 안정적인 가족생활을 영위하고 사회 구성원으로서의 역할과 책임을 다할 수 있도록 함으로써 이들의 삶의 질 향상과 사회통합에 이바지함을 목적으로 한다"고 명시되어 있다. 이를 위해 다문화가정 방문교육사업은 「다문화가족지원법」 제6조(생활정보 제공 및 교육 지원)와 제7조(평등한 가족관계의 유지를 위한 조치)에 따라 추진된다(방현희 외, 2014: 220). 특히 제6조(생활정보 제공 및 교육 지원) 제3항***과 제4항****에 따라 다문화가정 방문교육사업은 다문화가족 구성원에게 무상 또는 차등하여 지원된다. 특히 제7조*****에 따라

---

* 출처: "다문화가족지원법", 국가법령정보센터 현행법령 > 법령명, https://law.go.kr, 검색일: 2022. 2.16.

** 출처: "2021년 다문화가족지원센터 현황", 여성가족부 > 정책정보 > 정책 자료실 > 주제별 정책 자료 > 가족, https://www.mogef.go.kr, 검색일: 2022.2.17.

*** 「다문화가족지원법」 제6조 제3항은 다음과 같다. "국가와 지방자치단체는 제1항 및 제2항에 따른 교육을 실시함에 있어 거주지 및 가정환경 등으로 인하여 서비스에서 소외되는 결혼이민자 등과 배우자 및 그 가족구성원이 없도록 방문교육이나 원격교육 등 다양한 방법으로 교육을 지원하고, 교재와 강사 등의 전문성을 강화하기 위한 시책을 수립·시행하여야 한다.〈신설 2011. 4.4., 2017.12.12.〉

**** 「다문화가족지원법」 제6조 제4항은 다음과 같다. "국가와 지방자치단체는 제3항의 방문교육의 비용을 결혼이민자 등의 가구 소득수준, 교육의 종류 등 여성가족부장관이 정하여 고시하는 기준에 따라 차등지원할 수 있다."〈신설 2015.12.1., 2017.12.12.〉

***** 「다문화가족지원법」 제7조는 다음과 같다. "국가와 지방자치단체는 다문화가족이 민주적이고 양성평등한 가족관계를 누릴 수 있도록 가족상담, 부부교육, 부모교육, 가족생활교육 등을 추진하여야 한다. 이 경우 문화의 차이 등을 고려한 전문적인 서비스가 제공될 수 있도록 노력

다문화가족 방문교육사업*은 첫째, 도서벽지에 거주하거나 교통비 부담 등 형편이 되지 않는 다문화가족에게 직접 찾아간다. 둘째, 임신이나 출산 직후 또는 어린아이나 어르신을 돌보느라 가정을 비울 수 없는 다문화가족에게 교육의 기회를 제공한다. 셋째, 장애가 있거나 부상, 질병 등 신체적인 조건 때문에 바깥출입이 어려운 다문화가족을 지원한다. 이와 같이 다문화가정 방문교육 서비스는 가정 형편에 따라 교육 장소에 참석하기 어려운 다문화가족을 위해 방문교육지도사가 가정에 직접 방문하여 한국어교육, 부모교육, 자녀생활 서비스 등을 제공하는 사업이다(한국건강가정진흥원, 2022).

다문화가정 방문교육사업에서 제공하는 서비스를 좀 더 구체적으로 살펴보면 다음과 같다. 첫째, 한국어교육 서비스가 있다. 결혼이민자와 중도입국자녀들이 경험하는 문화 충돌 및 언어 장벽 등의 어려움을 해소하기 위해 체계적인 일대일 한국어교육이 진행된다. 이는 입국 5년 이하 결혼이민자 또는 만 19세 미만 중도입국자녀**가 이용할 수 있는데, 본 서비스에서는 4단계의 한국어교육이 체계적으로 진행된다. 둘째, 부모교육 서비스가 있다. 현재 임신 중인 결혼이민자이거나 만 12세 이하의 자녀를 양육 중인 결혼이민자가 자녀와의 갈등을 해소하고 올바르게 지도할 수 있도록 부모교육을 실시한다. 본 서비스는 각 생애주기별(임신, 출산, 영아기, 유아기, 아동기) 자녀를 양육하고 있는 결혼이민자가 이용할 수 있으며, 자녀 양육에 도움을 주는 부모교육 서비스인데, 가족 간의 유대감 형성을 위한 정

하여야 한다."
* 출처: 한국건강가정진흥원(wwww.kihf.or.kr), 검색일: 2022.2.17.
** 본 방문교육사업에서 '중도입국자녀'는 외국에서 태어나 성장하다가 부모의 재혼이나 취업 등의 사유로 부모를 따라 입국한 자녀, 국제결혼, 재혼가정, 이주노동자 자녀 등을 말한다.

서적인 지원과 가족 관련 상담 서비스, 그 외에도 한국 생활에 필요한 다양한 정보가 제공된다. 셋째, 자녀생활 서비스가 있다. 사회성이 부족하거나 학업 성취도가 낮은 자녀의 정체성 및 사회성 발달을 위해 인지, 사회, 문화, 교육, 생활 등의 영역을 지도한다. 본 서비스는 만 3세에서 12세 이하의 다문화가족 자녀와 중도입국자녀가 이용할 수 있으며, 소득기준에 따라 비용이 발생할 수 있다. 예컨대 2022년도 방문교육 서비스 비용 및 지원가구 소득기준을 보면, 2022년 소득기준(기준 중위소득) 150% 이하인 경우는 '가형'으로 분류되어 13,860원(원/시간)의 정부지원금이 제공되고, 2022년 소득기준(기준 중위소득) 150% 초과인 경우는 '나형'으로 분류되어 정부지원금 9,710원과 본인부담금 4,150원이 적용된다(여성가족부, 2021).

본 서비스에서 다문화가족의 자녀는 인지, 자아·정서·사회, 문화역량 강화, 시민교육 등 다양한 영역에서 지원받을 수 있다(한국건강가정진흥원, 2022). 다문화가족지원센터에서 실시하는 방문교육 서비스의 대상과 내용을 간단히 정리해보면 〈표 3〉과 같다.

방문교육지도사는 직접 다문화가정을 방문하여 아래 〈표 3〉에서 제시하고 있는 교육 서비스를 가족 구성원들에게 제공하면서 가정에서 발

〈표 3〉 다문화가족지원센터 방문교육 서비스 내용

구분	한국어교육	부모교육	자녀 생활지도
대상	입국 5년 이하 결혼이민자, 중도입국자녀	만 12세 미만의 자녀가 있는 결혼이민자	만 3~12세 이하 다문화가족 자녀, 중도입국자녀
내용	생활언어를 익히고 문화를 이해할 수 있도록 하는 한국어교육	생애주기별(임신/출산/영아기/유아기/아동기) 자녀의 양육 관련 교육·정보 제공	생활지원 서비스 제공(알림장 읽어주기, 숙제 지도 등)

출처: 남정연·김영순(2022a: 182).

생하는 문제해결을 위해 센터와 지역사회, 그리고 다문화가정을 연결하는 가교적인 역할을 하고 있다. 방문교육지도사는 한국어교육, 부모교육, 자녀 생활지도에 능숙한 전문적 역량뿐만 아니라 현장성이 높은 삶의 경험도 요구된다. 따라서 이 책에서 소개하는 연구참여자들의 삶의 경험담이 차세대 방문교육지도사들에게 많은 영향과 도움을 줄 것으로 기대한다.

다음으로 다문화가족 방문교육지도사의 자격요건과 처우를 살펴보면 다음과 같다. 방문교육지도사는 한국어교육지도사와 가족생활지도사로 나뉘며, 방문교육지도사의 공통적 자격 조건*은 첫째, 국가공무원법 제33조 각호의 결격사유에 해당되지 아니한 자, 둘째, 공고일 현재 해당 시 또는 인근 시·군 거주자, 셋째, 병역의무를 필한 자 또는 면제된 자, 넷째, 운전 가능한 자를 우대하고 있다. 또한 방문교육지도사의 응시 자격으로는 건강가정사·보육교사·교원(유치원 교사 자격 포함) 자격을 보유한 전문 학사학위 이상 소지자다. 이들은 방문교육지도사로 채용되어 활동하기 전 온라인교육 및 집합 양성교육을 필수로 받아야 한다. 특히 방문교육지도사로 3년 이상 활동하고, 퇴직한 지 3년 미만인 지도사의 경우 집합 양성교육 없이 재채용이 가능하다. 단, 온라인 양성교육과정 8시간 이수 후 채용된다. 매년 계약이 갱신되는 방문교육지도사의 근로계약 기간은 계약일로부터 당해 연도 12월 31일까지로 하는데, 방문교육(생활)지도사는 매주 2회씩(1회 2시간, 주 16시간 이하) 서비스 대상인 네 가구로 직접 찾아가서 결혼이민자 부모교육 서비스 및 다문화가족 자녀학습 및 자녀생활 서비스를 제공한다. 이에 대한 급여 수준은 건강가정다문화가족지원센터의 지침에 준하나 4대 보험에 가입된다. 방문교육지도사의 급여 수준은 원칙상

---

* 참고: "〈충남 계룡〉 계룡시가족센터 방문교육지도사 및…", 네이버 블로그, https://www.naver.com, 검색일: 2022.2.18.

일주일에 네 가정을 맡아 주 2회 2시간씩 5개월을 한 회기로 서비스를 제공하며, 매달 활동비로 80여만 원을 지급받는다. 특히 방문교육지도사는 매년 계약을 갱신해야 하는 비정규 노동자로서 직무의 안정성과 지속성을 보장받지 못하고 있었다.

이러한 측면에서 볼 때, 방문교육지도사는 다문화가족의 복지에 중요한 역할을 담당하고 있으나 직업으로서의 업무조건과 대우 등에서 복지적이라고 평가하기 어려운 부분이 있다(이오복, 2014: 6093). 예컨대 2008년 시작된 방문교육사업은 방문교육지도사 채용 시 나이 제한이 없었고, 정년 없이 55세 이상 고령자를 우대했기 때문에 중년 여성들에게 큰 인기를 끌었다. 그러나 최근에 들어와서는 사업 초기와 달리 고용 유지를 위해 가족생활지도사에게 심리상담 관련 전문지식 강화를 요구하고, 한국어교육지도사에게는 한국어교사 자격 갱신을 지속적으로 요구하는 압박이 있었다(정신희, 2018: 214). 이에 중년 여성 방문교육지도사들은 낮은 처우에도 불구하고 가족을 돌보며 병행할 수 있는 일자리라는 점과 정년이 없는 장기적 고용 안정성을 이유로 이를 감내했다. 하지만 이는 실상 결혼이주여성 유입 감소에 따른 한국어교육 수요 감소를 이유로 한 합법적 감원 정책의 일환이었다(정신희, 2018: 215). 결국 2008년 정년 없이 채용되었던 방문교육지도사들은 2021년 12월 만 60세를 기준으로 정년퇴직이 진행되고 있다. 한국인 방문교육지도사는 결혼이주여성을 위한 돌봄 노동자로서 활동했지만, 동시에 이들 또한 돌봄을 필요로 하는 대상이었다. 돌봄은 상호의존성을 기반으로 하기 때문에 이들에게 적절한 돌봄이 제공되었는지 점검해볼 필요가 있다.

한편, 다문화가정 방문교육지도사의 사회적 기여는 상당하지만, 그들의 존재와 역할은 여전히 잘 알려져 있지 않다. 권경숙과 봉진영(2013)은 방문교육지도사의 역할을 다음과 같이 세 가지로 정리하고 있다. 첫째, 다문화가정 자녀의 놀이 수행자이자 학습 지도자로서의 역할, 둘째, 자녀 양육에 필요한 정보를 제공하고 어머니의 개인적 성장을 지원하는 부모교육자로서의 역할, 셋째, 일상에서 발생하는 문제를 공감하며 해결책을 함께 모색하는 문제해결자 또는 조율자의 역할이다. 그러나 방문교육지도사가 현장에서 겪는 어려움에 대해서는 역시 잘 드러나지 않는다. 예를 들어, 한국어지도사는 결혼이주여성이 가장 필요로 하는 한국어교육을 중심으로 진행하므로 상대적으로 높은 호응을 얻고 있다. 반면, 아동양육지도사(현재 가족생활지도사)는 결혼이주여성에게 자녀 양육과 교육 관련 정보를 제공하고 가족상담을 지원하는 역할을 한다. 그러나 자녀 양육 방식과 교육 방법은 각 가정의 주관적 가치관에 따라 다르기 때문에 아동양육지도사의 지도를 결혼이주여성이 온전히 받아들이지 못하는 경우가 많다. 그러한 이유로 아동양육지도사는 한국어지도사보다 더 많은 역할갈등을 경험한다는 해석이 가능하다(손제령 외, 2009: 39).

또한, 방문교육지도사 중 한국어지도사는 비교적 명확한 매뉴얼에 따라 활동하지만, 아동양육지도사는 매뉴얼 활용이 어려워 역할갈등과 모호성으로 인해 많은 스트레스를 겪는 것으로 나타났다. 특히 아동양육지도사는 결혼이주여성에게 자녀 양육과 교육에 관한 정보를 제공하면서 가족상담을 병행하는데, 방문교육 대상자인 결혼이주여성은 대개 한국에 온 지 얼마 되지 않아 한국어 의사소통이 원활하지 않은 경우가 많다. 이로 인해 아동양육지도사는 한국어지도사에 비해 더 많은 역할갈등을 겪게 된다. 또한 아동양육지도사는 가족 문제에 직접 개입하여 해결방안을 모색하는 경우가 많아 역할갈등이 심화되는 경향이 있다(손제령 외, 2009: 41-42). 이에 따라 방문교육지도사가 현장에서 느끼는 어려움을 살펴보면 다음과 같다.

　첫째, 시간, 재정, 역할 경계의 모호성을 들었다. 예컨대 방문교육지도사는 이 일을 선택한 동기로 자유롭게 시간을 사용할 수 있는 것과 자신의 재능을 활용하여 타인을 도울 수 있다는 것에서 장점을 찾았다. 반면 실제 방문교육지도사를 하는 데 있어 하루 네 가정에 2시간씩 활동이 이루어지고, 각 가정에 필요한 내용이 다르기 때문에 이를 위해 자료를 찾고 준비하는 시간과 이동하는 시간 등에 있어 처음 기대와 다르다. 덧붙여 다문화가정 어머니는 궁금한 부분이 있을 때마다 수시로 방문교육지도사에게 전화하기 때문에 활동 시간에 대한 경계가 모호함을 호소했다. 또한, 다문화가정의 경조사나 아이의 돌 등 가족 행사, 갑작스러운 병원 진료 등을 외면할 수 없어 이에 따른 재정적 부담이 크다. 또한 방문교육을 함에 있어 한국어교육뿐 아니라 다문화가정 어머니의 필요에 따라 산후조리, 이유식 만들기, 김장하기, 빨래나 청소, 아기 목욕 등 살림 전반에 필요한 내용을 교육해야 하기 때문에 방문교육지도사의 역할은 주어진 매뉴얼을 넘어 그 범위가 매우 넓다(권경숙 외, 2013: 70-71).

　둘째, 매뉴얼의 미흡함과 지식 부족을 들었다. 예컨대 방문교육 중 가족생활지도는 다문화가정 어머니에게 부모의 역할을 잘 수행하도록 교육해야 하므로 다양한 정보가 필요하다. 하지만 주어진 매뉴얼의 내용이 체계적이지 못하여 지도사 개인 역량에 맡겨지는 것이 대부분이다. 따라서 방문교육지도사들은 본인들의 이전 생애 경험을 바탕으로 여러 자료를 활용하여 결혼이주민과 그 자녀를 교육하고 있었다. 특히 이들은 다문화가정 어머니의 출신국이 다양하고, 바라는 것 또한 너무 광범위하여 매뉴얼이 있어도 각양각색의 요구를 맞추기에는 부족함이 많음을 호소했다(권경숙 외, 2013: 73).

셋째, 다문화가정에 제공되는 방문교육 프로그램의 한시성을 들었다. 대부분 어린 나이에 결혼한 이주여성은 결혼과 동시에 출산하여 6세 이하의 자녀(62%)를 두고 있는데, 다문화가정에 제공되는 방문교육 서비스에서 한국어교육은 다문화가정 어머니와 자녀에게, 자녀 생활지도는 다문화가정 자녀에게 각각 주 2회씩(회기당 2시간) 40주가 제공되고, 어머니에게 제공되는 부모교육은 주 2회씩 20주가 제공된다. 결혼이주여성의 한국어 학습 능력과 한국 생활 적응, 자녀 양육 학습 정도에 있어 개인차가 있으나 활동 기간이 제한되어 있어서 절실하게 지속적인 지원이 필요해 보이는 가정이어도 일정 기간이 지나면 교육이 중단될 수밖에 없다. 이에 대해 지도사들은 단기 교육이었으나 변화가 나타나고 있음에도 교육을 중단해야 하는 것을 우려하며 안타까워했다. 즉, 지도사들은 한시적인 단기 프로그램 적용으로 방문교육 서비스가 깊은 변화를 불러오기보다 표면적인 문제해결에만 머물게 됨을 안타까워했다(권경숙 외, 2013: 74-78).

다문화가정 결혼이주여성들은 자신이 태어나고 자란 사회문화와 현재 한국의 사회문화와의 차이에서 갈등을 경험하거나, 자녀 양육에 관한 경험이나 교육 경험도 거의 없는 상태다. 이에 방문교육지도사들은 자녀 양육에 대한 정보제공자의 역할, 자녀와의 상호작용에 어려움을 겪는 결혼이주여성에게 롤모델이 되어주는 역할, 다문화가정 어머니들의 개인적 성장을 지원하고 여러 가지 문제를 해결하는 데 조력자가 되어주는 역할 등을 수행하고 있다. 이를 위해 방문교육지도사는 개인 경험에 의존하여 상황에 따라 각기 다르게 다문화가정 어머니에게 제한된 시각을 제공하고 있으며, 시간 및 역할의 모호성에도 불구하고 기꺼이 이를 감수하며 돌봄 실천가로서의 면모를 보여주고 있다.

2.
방문교육지도사에 관한 연구 동향

      방문교육지도사는 이주민의 돌봄 주체다. 방문교육지도사에 관한 연구 동향을 살펴보기 전에 우선 초국적 이주민에 관한 연구 흐름을 살펴보았다. 이러한 연구주제는 최근 들어 점점 다양해지고 있는데, 그중에서 이주민의 한국 삶의 경험에 관한 연구(허숙·김영순, 2021; 이은정, 2018; 황해영·김영순, 2017; 정용미·박병섭, 2021; 강영미, 2015)에 집중했다. 초국적 이주민 연구는 현대 다문화사회에서 다양한 배경을 가진 이주민의 삶과 사회적 통합과정을 조명하는 데 중점을 둔다.

      허숙과 김영순(2021)은 재한 이주민 사업가 6명의 생애사를 통해 이주 초기부터 현재에 이르기까지의 사회통합 경험을 분석했다. 연구참여자는 한국에 7년 이상 거주하고, 3년 이상의 사업 경험을 보유한 이주민 사업가로, 이들의 삶을 이주 전, 이주 초기, 현재, 미래로 나누어 생애주기별로 분석했다. 연구 결과, 참여자들은 유학 또는 취업을 목적으로 한국에 이주했으나 장기 체류하게 되면서 사업을 시작했다. 이들은 다민족국가에서 가족의 초국적 이주 경험을 바탕으로 2~6개의 언어를 구사했으며, 주로 중고자동차 수출, 식당, 국제물류 분야에서 활동하며 초국적 네트워크를 통해 사업을 확장하고 있었다. 또한, 한국 국적을 취득해 한국 사회의 일원으로 인정받고자 사회통합 프로그램을 이수했다. 이들은 한국과 고국에 대한 동시적 소속감과 정체성을 바탕으로 다중통합의 양상을 보여주었다. 이 연구를 통해 한국 사회에서 이주민과의 공존과 상생을 위한 사회통합 정책의 과제와 실천방안으로 지속적 소통의 필요성을 강조하며, 초국적 네트워크를 활용한 이주민 사업가들의 다중통합 양상을 시사했다.

이은정(2018)은 결혼이주여성을 중심으로 한국 사회에서의 노동 경험과 그 의미를 연구했다. 연구 결과, 결혼이주여성들은 배우자의 건강 문제와 책임 회피 등의 이유로 생계 부양자로서의 역할을 맡게 되었고, 경제적 보상이 즉각적으로 이루어지는 단순노무직을 거치는 경향이 있었다. 또한, 노후 불안을 해소하기 위해 4대 보험이 가능한 직장을 선호했다. 이들은 평일과 주말, 낮과 밤을 가리지 않고 경제활동에 자발적으로 참여하며, 이를 통해 가족 내 경제적 지위를 상승시켰고, 그 영향은 지역사회로까지 확장되었다.

황해영과 김영순(2017)은 국내 이주민 중 다수를 차지하는 중국 동포, 특히 여성 단체장 사례를 통해 이주민의 인정투쟁 경험을 분석했다. 연구 참여자인 조선족 여성은 중국 내에서 '우수 민족'으로 인정받았던 경험을 바탕으로 한국 사회에서의 부정적 시각에 맞서 인정투쟁을 전개했다. 그녀는 식당을 운영하며 형성된 광범위한 인적 네트워크를 활용해 동포의 어려움을 해결했으며, 봉사활동과 경제교육을 통해 중국 동포의 이미지를 개선하고 경제력을 향상시키기 위해 노력했다. 이러한 활동은 한국 주류사회와 상호인정과 협상을 위한 기반이 되었다.

정용미와 박병섭(2021)은 베트남 출신 결혼이주여성 1인의 한국 사회적응 경험을 로젠탈의 내러티브 분석 방법을 적용해 분석했다. 연구는 생애사 연구의 시간성, 주관성, 이야기성 중 이야기성에 초점을 두었으며, 이야기된 생애사와 체험된 생애사를 구조화하여 귀추적으로 접근했다. 연구참여자는 베트남에서의 어려운 삶에서 벗어나기 위해 선택한 국제결혼이었지만, 자신의 선택에 책임을 지며 최선을 다했다. 아들에게 훌륭한 어머니가 되기 위해 노력하며, 수용적 자세로 삶을 살아가는 과정을 통해 연구자의 내러티브는 '스스로 서서 삶을 구성하다'로 요약되었다.

강영미(2015)는 필리핀 출신 결혼이주여성 1인의 자기복원 생애사를 로젠탈의 내러티브 분석 방법으로 접근했다. 연구참여자는 빈곤 탈출을 위해 국제결혼을 선택했으나, 한국에서 탈빈곤의 꿈을 이루지 못하고 기초생활수급자가 되는 경험을 했다. 그러나 그녀는 자신의 외연을 확장하며 모국 동포를 돕는 데 삶의 가치를 두게 되었고, 모국 종교공동체는 그녀가 정체성을 복원하는 데 중요한 지지체계로 작용했다. 이 연구는 결혼이주여성의 삶을 통해 전 지구적 이주의 시대에 상생과 공존을 위한 보편적 윤리와 사랑의 의미를 재조명했다.

이들 연구는 다문화 이주민이 경제적 목적으로 한국에 정착했으나 차별과 배제를 경험하면서도 사회통합 프로그램, 동료의 도움, 종교공동체 등으로부터 힘을 얻고, 자신의 역할에 책임을 다하며 상생과 공동선을 추구하는 모습을 보여준다. 특히, 로젠탈의 내러티브 생애사 연구 방법은 이들의 삶을 다각적으로 분석하고, 역사적·사회적 맥락에서 이주민의 현실과 실천적 배경을 심층적으로 조명하는 데 유용함을 알 수 있었다.

다음으로 다문화 이주민을 돕는 활동가들에 관한 생애사 연구(석영미·이병준, 2017; 이병준·석영미, 2015; 전보람, 2017; 배경임·김영순, 2019)를 살펴보면, 이주민 활동가의 역할과 정체성이 어떻게 형성되고 변화해왔는지를 이해할 수 있다.

 석영미와 이병준(2017)은 이주민 활동가 2인의 학습생애사를 통해 초기에는 지원과 수혜의 대상이었던 외국인 노동자와 결혼이주여성이 주체성을 확보하고, 이주 경험을 바탕으로 동료 이주민을 돕는 활동가로 성장한 과정을 조명했다. 연구참여자들은 이주 초기의 낯선 환경에서 겪은 갈등과 혼란을 극복하고, 현재는 이주노동자 공동체나 다문화가족지원센터에서 실무자로 활동하며, '소극적 타자'에서 '능동적 주체자'로 변화한 자기정체성을 드러냈다. 이 연구는 이들의 무형식 학습을 통한 다문화 교육의 중요성과 학습 과정에서 발현된 주체적 활동성을 확인하며, 새로운 다문화사회의 모델을 제시했다.

 이병준과 석영미(2015)는 다문화가족지원센터 실무자들의 직업 생애사를 통해 그들이 문화적 학습으로 전문성을 형성하는 과정을 분석했다. 연구에 따르면, 실무자들은 단순히 자격증 취득을 통해서가 아니라 현장 경험으로 전문성을 체화해나갔다. 연구참여자 5인은 입문기, 적응기, 성장기, 주도기를 거치며 점차 이주민 중심의 능동성을 발휘하고, 이주민의 삶을 장기적으로 계획하고 배려하는 관점을 형성했다. 이 과정에서 실무자들은 열정과 사명감을 느끼며 긍정적인 변화와 성장을 경험했다.

 전보람(2017)은 다문화 복지 실천가를 대상으로 에마뉘엘 레비나스(Emmanuel Levinas)의 타자 윤리학을 현장에 적용한 사례를 분석했다. 연구참여자 5명의 심층면접 결과, 실천가들은 클라이언트와의 대면에서 '다름'을 발견하고 존중하며, 책임감을 느꼈다. 이들은 동등한 관계를 중시하며, 클라이언트가 자립할 수 있도록 동기를 부여하고, 사회적 역할을 가질 수 있도록 지원했다. 또한, 실천가들은 갈등 상황의 중재자와 한국 사회를 연결하는 중개자로서의 역할을 수행하며, 자기성찰을 통해 편견을 버리고 성장하는 경험을 했다. 이 연구는 한국 다문화 복지의 윤리적 방향성을 풍부하게 하는 이론적 근거로 레비나스의 책임윤리학을 제시했다.

배경임과 김영순(2019)은 이주민지원센터에서 근무하는 성직자를 대상으로 심층 인터뷰를 통해 타자성 형성과정을 분석했다. 연구참여자들의 어린 시절, 청년기, 이주민지원센터 활동 초기의 주요 생애사적 사건들을 통해 타자성 형성이 시간적·사건적 배경과 어떻게 연관되는지를 살펴보았다. 참여자들은 낯선 이주민을 접하며 자아를 반성하고, 타자를 수용하고 대변하는 과정을 통해 타자성을 형성했다. 연구는 타자성의 형성과정에 역사적·사회적 맥락이 반영된다는 점을 강조하며, 지속적인 연구의 필요성을 제안했다.

이처럼 한국의 다문화사회에서 이주민을 이해하고 지원하려는 노력은 양적 연구와 질적 연구를 통해 다양하게 진행되고 있다. 그러나 이주민의 생애사 연구는 활발한 반면, 다문화 활동가들, 특히 이주민 가정을 직접 방문하며 내밀한 삶을 돕는 방문교육지도사에 대한 생애사 연구는 상대적으로 부족하다. 또한, 타자성이 요구되는 다문화사회에서 타자성의 형성과 실천 경험을 다룬 연구 역시 드물다. 따라서 이 연구는 다문화가족지원센터 방문교육지도사를 대상으로, 이들이 어떻게 타자성을 실천하며 그 과정이 생애사를 통해 어떻게 드러나는지를 밝히고자 한다. 특히 중년여성 방문교육지도사들이 공적 역할을 맡게 된 배경과 삶 속에서의 배움과 경험이 타자와의 관계에서 어떻게 실천되는지를 중점적으로 탐구함으로써 기존 연구와의 차별성을 부각한다. 이는 다문화 활동가들에게 중요한 시사점을 제공할 뿐만 아니라 다문화사회에서 타자성과 배려, 이해의 중요성을 재고하게 하는 의미 있는 시도라 할 수 있다.

이에 2023년 10월 기준, '방문교육지도사'를 주제어로 RISS(Research

Information Sharing Service)를 통해 검색한 결과, 국내 학술지 논문 약 50편, 학위논문 약 90편을 확인할 수 있었다. 이를 토대로 연구 동향을 분석해보면, 방문교육지도사에 대한 학문적 관심은 2008년 「다문화가족지원법」 제정을 계기로 시작되었으며, 2009년 이후 본격적으로 관련 연구가 이루어지기 시작해 2023년 현재까지 꾸준히 이어지고 있다. 연구 동향은 크게 세 시기로 나눌 수 있다.

초기 연구에서는 방문교육지도사의 역할과 현황을 주로 다루었다(손제령·김경화, 2009; 곽홍란, 2010; 김경화·민하영, 2011; 권경숙·봉진영, 2013; 조영아, 2013; 방현희·이미정, 2014; 이오복, 2014). 이 시기의 연구들은 방문교육지도사가 다문화가정을 직접 방문해 한국어교육과 아동 양육지도를 제공하며, 문제해결자와 조율자 역할을 수행하는 데 초점을 맞췄다.

손제령과 김경화(2009)는 방문교육지도사의 역할갈등과 모호성을 조사한 결과, 이들이 높은 학력을 보유하고 있음에도 역할 수행 과정에서의 어려움이나 불평을 크게 호소하지 않았다고 밝혔다. 또한 아동양육지도사가 한국어지도사에 비해 역할갈등을 더 많이 경험하는 것으로 나타났다.

권경숙과 봉진영(2013)의 연구에서는 방문교육지도사가 업무 수행에서 문제해결자 역할을 잘 해내고 있었지만 시간과 재정의 부족, 역할 경계의 모호성 등 업무 환경에서의 제약을 인식하고 있었다.

중기 연구에서는 방문교육지도사의 직무환경, 직무 몰입, 직무만족도, 직무효능감에 대한 분석이 주를 이뤘다(김경화, 2010; 김경화·민하영, 2011; 주영옥·김미원, 2013; 채진영 외, 2014; 강성애·박정윤, 2015; 임수진·이현순, 2015). 특히 김경화와 민하영(2011)은 직무 몰입에 영향을 미치는 요인을 분석하여 자기효능감, 고정관념적 태도, 역할모호성, 역할갈등 순으로 직무 몰입에 중요한 영향을 미친다고 제시했다. 연구에 따르면, 자기효능감은 연령과 학력 수준이

높을수록 향상되며, 이러한 결과는 전문성 강화 교육 프로그램의 필요성을 시사한다.

최근 연구에서는 방문교육지도사의 개인적 삶의 경험과 이를 바탕으로 한 실천적 활동에 초점을 맞추고 있다(이오복, 2014; 남정연·김영순, 2022a; 남정연·김영순, 2022b; 박옥현·김영순, 2022; 신혜정·최수안, 2022; 박옥현·김영순, 2023). 이오복(2014)은 청·장년 방문교육지도사의 직업 경험을 분석하여 '늘 불안한 고용'이라는 중심 현상을 도출했고, 이를 통해 업무 환경과 고용정책의 제도적 개선이 필요하다는 점을 강조했다. 한편, 인하대학교 팀의 연구들은 방문교육지도사의 생애 경험에 초점을 맞추며, 이들의 과거 자원봉사 활동이나 타국에서의 이방인 경험이 타자성을 형성하는 데 중요한 영향을 미치고 있음을 밝히고 있다(남정연·김영순, 2022a, 2022b; 박옥현·김영순, 2022, 2023). 이들은 이러한 경험을 바탕으로 남을 돕는 보람과 자긍심을 가지고 방문교육지도사로서의 직업 철학을 실천하고 있었다.

신혜정과 최수안(2022)의 연구 역시 결혼이주여성과의 사회화 과정을 통해 관계 맺기의 영역을 확장하며, 동료와의 연대를 통해 '실천공동체'로서의 사회적 책임과 윤리를 실천함으로써 개인의 삶이 곧 공적인 삶으로 확대되고 있음을 제시했다.

이처럼 방문교육지도사 연구는 초기에는 이들의 역할과 현황을 파악하는 데 주력했으나, 점차 직무환경과 효능감 분석을 넘어 개인의 생애 경험과 실천적 활동으로 연구 범위를 확장해왔다. 이는 방문교육지도사가 단순히 다문화가정을 지원하는 실무자에 머무르지 않고, 타자성을 실천하며 공적 역할을 수행하는 중요한 주체임을 시사한다. 특히 최근 연구에서 강조된 생애 경험과 타자성 형성은 다문화사회에서의 윤리적 접근과 실천의 필요성을 강하게 제기한다. 앞으로는 방문교육지도사의 직업적 경험뿐만 아니라 이들의 생애사적 맥락에서 타자성을 형성하고 실천하는 과정을 심층적으로 탐구하는 연구가 더욱 필요하다. 이는 다문화사회의 지속가능한 발전과 방문교육지도사의 전문성 강화를 위한 실질적이고 포괄적인 정책 설계에도 기여할 것이다.

2장

다문화사회의 타자성과 사회적 실천

1.
타자와 윤리

우리가 사는 세상에는 '우리'만 존재하지 않고, '그들'로 불리는 타자와 함께 존재한다(김영순, 2023: 4). 우리가 될 수 없는 그들은 누구이며 어디에서 왔는지, 우리와 그들 사이의 경계를 넘어 더불어 '우리'가 될 방법을 찾는 이들의 이야기에 앞서 타자와 관련된 윤리에 대해 먼저 살펴보려고 한다.

'타자(他者)'라는 개념은 '자기(自己) 외의 다른 사람' 또는 '동일 범주로 취급될 수 없는 다른 것'이라는 의미로 사용된다(문성훈, 2011: 392). 자아는 늘 다른 자기, 타자와의 관계에서만 규정된다. 시인 류시화는 시집 『그대가 곁에 있어도 나는 그대가 그립다』의 대표 시 「그대가 곁에 있어도 나는 그대가 그립다」에서 타자의 존재를 주체 안으로 밀고 들어오게 한다. 타자와 세계 모두가 존재하는 것이다.

물속에는
물만 있는 것이 아니다

하늘에는
그 하늘만 있는 것이 아니다
그리고 내 안에는
나만이 있는 것이 아니다

내 안에 있는 이여
내 안에서 나를 흔드는 이여
물처럼 하늘처럼 내 깊은 곳 흘러서
은밀한 내 꿈과 만나는 이여
그대가 곁에 있어도
나는 그대가 그립다

 이처럼 타자의 의미는 여러 문맥을 만나 적절하게 확장되기도 하고 혹은 내용이 다소 변형되기도 하지만, 본질적인 의미는 한자어가 내포한 뜻을 벗어나지 않는 듯하다. 타자에 대한 논의가 점차 늘어나게 된 배경은 포스트모더니즘과 신자유주의의 확산으로, 사람들은 초국적으로 이동하고, 그들의 언어와 문화 등 삶의 방식도 함께 이동하게 되었다. 다시 말해, 이방인이 어디선가 우리에게 다가오고 우리 역시 타자가 되어 어느 지역으로 흘러간다. 이러한 이유로 현대사회는 다름에 대한 노출 빈도와 강도가 커지고 있고, 그 결과 우리에게 다가오는 타자에 대한 응대 방식이 사회적 문제로 등장했다(이상철, 2015: 59).

 타자와의 만남과 이해는 다문화사회에서 필수적인 요소로 자리 잡았으며, 이는 인간 존재에 대한 이해와 바람직한 사회상을 모색하는 과정과 밀접한 관련이 있다(정지현·오영섭, 2018: 64).

고대 서양철학은 인간을 사유하는 주체로서 바라보는 데 집중했으나, 에드문트 후설(Edmund Husserl)과 마르틴 하이데거(Martin Heidegger) 등의 현대 서양철학에서는 주체 밖에 있는 타자에게 관심을 가졌다(김영순·박병기 외, 2022: 52-64). 특히 레비나스는 존재론 중심의 철학적 전통을 비판하며 타자에 대한 윤리적 태도로서 '책임'을 강조했다(양천수·최샘, 2020: 177). 그는 헐벗고 나약한 자들, 즉 고아와 과부 같은 존재들을 타자로 정의하며, 이들에 대한 책임이 우리에게 있다는 윤리적 입장을 견지했다(Levinas, 2001).

타자를 환대하고 책임지는 과정이야말로 윤리적 존재로서 인간의 본질적인 태도라고 본 것이다. 레비나스의 타자 철학은 자기중심적 세계관에서 벗어나 타자와의 관계 속에서 윤리적 책임을 실천하는 방향으로 나아가도록 한다. 이와 같은 타자지향성은 다문화사회에서의 교육 실천과도 연결된다. 예컨대, 결혼이주민과 그들의 자녀를 위한 교육적 실천에서도 이러한 타자성을 고려한 접근이 필요하다. 타자의 목소리를 경청하고, 그들의 경험을 존중하며, 사회구성원으로서의 동등한 관계를 형성하는 것은 필수다(김영순, 2023: 21).

부서지기 쉬운
그래서 부서지기도 했을
마음이 오는 것이다.

그 갈피를
아마 바람은 더듬어 볼 수 있을 마음,
내 마음이 그런 바람을 흉내 낸다면
필경 환대가 될 것이다.

정현종의 시 「방문객」에서 등장하는 구절, "내 마음이 그런 바람을 흉내 낸다면//필경 환대가 될 것이다"를 떠올려보자. 이 구절에서 말하는 환대의 개념은 우리가 타자를 어떻게 대하는지를 깊이 성찰하게 한다. 앞서 언급한바 레비나스는 타자를 환대의 관점에서 바라본다. 그의 사유에 따르면, 타자는 나의 테두리 밖에 존재하는 '낯선 자'이지만 동시에 나와 끊임없이 접촉하는 '이웃'이기도 하다. 이러한 개념은 자크 데리다(Jacques Derrida)의 '조건적 환대'와 '무조건적 환대'의 개념과도 연결된다.

데리다는 환대가 일방적인 수용이 아니라 상호적 관계 속에서 생성되는 것이라고 보았다(김영순, 2023: 18). 즉, 레비나스는 타자의 호소에 응답하는 것이 곧 책임이며, 이 책임이야말로 인간 존재의 본질적인 태도라고 강조한다. 나아가 내 집 밖의 타자를 기꺼이 맞아들이고 함께 음식을 나누는 것이야말로 환대의 실천이며, 이를 통해 우리는 더욱 근원적인 삶의 자세를 가질 수 있다고 말한다.

한편, 마르틴 부버(Martin Buber)는 세상을 '나와 그것'이 아닌 '나와 너'의 관계로 바라보며, 진정한 대화의 중요성을 강조했다. 그는 인간이 고립된 개체로 존재하는 것이 아니라 서로 소통하고 이해하며, 얼굴을 맞대고 삶의 길을 함께 나누는 관계 속에서 살아가야 한다고 보았다. 부버의 말처럼 "말의 위기는 신뢰의 위기와 밀접하게 관련된다"라는 통찰은 언어가 단순한 소통 수단을 넘어 신뢰와 관계의 토대임을 시사한다. 참된 대화 속에서 우리는 비록 서로 다른 입장에 서더라도 상대를 '함께 살아가는 존재'로 인정하고 받아들일 수 있다. 이는 대립을 완전히 해소할 수는 없더라도 대화를 통해 갈등을 조정하고 조화를 모색할 수 있다는 의미다.

부버가 지향한 '나-너'의 관계는 타자를 도구적 존재로 환원하는 '나-그것'의 관계와 근본적으로 다르다. '나-그것'의 관계에서는 일방적인 독백만이 이루어지는 반면, '나-너' 관계에서는 상호적인 소통이 이루어지는 인격적 공동체가 형성된다. 더 나아가 나 아닌 다른 대상을 타자라고 할 때, 그 대상에는 사람만 있는 것이 아니라 나무도 바다도 강아지도 모두 타자에 해당하고, 전 지구적 차원으로 타자를 확장해보면 나 자신을 포함하여 모두가 서로에 대해 타자이며 우주 만물이 모두 타자라고 할 수 있다(김영순, 2023). 이에 우리 사회가 이러한 타자들과 어떻게 공존하며 상생할 것인가를 고민하기 위해 다수의 유사한 집단과 소수의 다른 집단 간의 관계에서 발생하는 타자성에 대한 인식을 정립해야 한다.

우리가 진정한 인격적 공동체를 이루기 위해서는 타자의 존재와 목소리에 집중하고, 특히 결혼이주여성을 비롯한 사회적 소수자들의 이야기에 귀를 기울여 그들의 경험을 존중해야 한다. 이는 곧 대화와 환대의 실천에 중요한 전제가 된다. 결국 차이를 발견하고 인정하며, 타자를 단순한 타자가 아닌 공동-존재로 받아들이는 과정에서 우리는 더욱 성숙한 대화와 환대의 자리로 나아갈 수 있게 된다. 이런 면에서 인간이 타자성을 갖는 것은 공동-존재라는 확대 개념의 세계시민이 되는 것이며, 타자에 대한 성찰은 인류의 계보가 시작되는 순간부터 사회학적이고 철학적인 탐구 이전 삶 자체에 부여된 정언명령이다(김영순, 2023: 21). 따라서 이 책이 타자와 윤리 철학에 관심을 갖는 시대적 전환의 계기가 되었으면 한다.

2.
사회적 실천과 윤리

　　인간은 본질적으로 사회적 존재이며, 공동체 속에서 상호작용하며 살아간다. 이러한 상호작용 속에서 우리는 다양한 윤리적 질문과 마주하게 된다. 타자와의 관계에서 비롯되는 책임과 환대의 문제, 그리고 대화를 통한 이해와 조정의 과정은 모두 사회적 실천의 일환이다. 이 장에서는 사회적 실천이 어떻게 윤리적 토대 위에서 이루어져야 하는지, 그리고 그러한 실천이 어떻게 공동체의 변화를 이끌어낼 수 있는지를 살펴보자.

　　"다문화사회에서 사회적 실천을 위해 개인들은 어떠한 역량을 함양하고, 어떤 방식으로 실천해야 하는가?"라는 질문에 오라클(Oracle)과 하버드대학교 연구팀이 시행한 「제2의 지구는 없다(No Planet B)」라는 보고서에 따르면, 세계시민 94%가 지속가능성을 위한 사회적 실천이 부족하다고 응답했다(조선미디어, 2022.4.22).* 이는 지속가능한 사회를 위해 사회적 실천이 절실하다는 점을 보여준다.

---

* https://www.futurechosun.com/archives/64191 (검색일: 2024.4.21)

사회적 실천의 개념은 철학적·사회적 이론에 따라 다양한 관점에서 논의되어왔다. 아리스토텔레스(Aristoteles), 칸트(Kant), 헤겔(Hegel), 마르크스(Marx) 등 당대 최고의 철학자들이 많은 관심을 보였다. 이들은 사회적 실천에 대한 이론과 실천의 관계에 대해 탐색하는 것이 주요 관심사였다면, 매킨타이어(Alasdair MacIntyre)와 허스트(Paul H. Hirst), 기든스(Anthony Giddens), 부르디외(Pierre Bourdieu)에서는 다양한 맥락으로 논의되었다(김영순·박미숙, 2016). 매킨타이어(MacIntyre, 1984)는 사회적 실천을 "사회적으로 성립된 협동적인 인간 활동"이라고 정의하며, 단순히 개인의 행위를 넘어 협동과 윤리를 내포해야 한다고 주장했다.

허스트는 사회적 실천의 본질을 사회적으로 바람직한 삶을 영위하는 것으로 해석했다. 따라서 사회적 실천 개념을 이해하려면 사회적 현실의 구조와 틀을 정확히 파악하는 것이 중요하며, 사회적 현실은 지식, 신념, 판단, 성공 기준, 성향, 감정 등 인지적·정서적 측면을 모두 아우르는 복합체로 간주했다. 이를 통해 허스트가 이해하는 사회적 실천은 인간의 다양한 욕구와 필요, 이익을 충족시키기 위해 전통적으로 축적된 활동의 형태라는 점을 알 수 있다(박현순·김영순 외, 2017: 505). 기든스는 사회적 실천이 반복적이고 지속적인 행동 속에서 형성된다고 보며, 부르디외는 아비투스를 통해 사회적 실천이 개인의 내면적 구조와 사회적 맥락에서 형성된다고 설명했다. 이처럼 사회적 실천이 개인의 생애 속에서 형성된다면, 이는 단순한 직업적 역할을 넘어서는 가치지향적 행위로 자리 잡는 것이다.

이때, 사회적 실천과 행위주체성은 상호작용하는 관계 속에서 개인과 공동체의 변화를 만들어내는 핵심요소로 작용한다. 사회적 실천은 개인이 특정한 사회적 맥락 속에서 타자와의 관계를 통해 이루어지는 윤리적·실천적 행위다. 이는 개인의 행동 이상으로 사회구조와의 상호작용

속에서 그 의미를 갖는다(임성은·김종욱·김찬종, 2021). 즉, 개인은 단순히 구조에 의해 결정되는 존재가 아니라 사회적 실천을 통해 구조를 변화시킬 수 있는 능동적 행위주체로서 작용한다.

우리 인간의 모든 행위는 타인과의 관계성에 놓여 있다. 이렇게 타자를 보편적으로 인식할 수밖에 없는 상황을 조지 허버트 미드(George Herbert Mead)는 '일반화된 타자'라고 했다. 개인이 일반화된 타자와 긍정적인 상호주관적 관계를 맺는 순간, 그것이 바로 '인정'이다. 인간관계는 본질적으로 주체와 타자 간의 비대칭성을 내포하며, 이러한 구조 속에서 개인들은 필연적으로 인정의 관계를 형성하게 된다. 그러나 모든 개인이 타자로부터 긍정적인 상호관계를 맺는 것은 아니다. 때로는 인정의 대척점에 있는 모욕이나 굴종 같은 무시를 경험하기도 한다. 인정은 개인의 자아정체성을 긍정적으로 형성하는 데 기여하지만, 무시는 주체에게 심리적으로 깊은 상처를 남길 수 있다. 인정은 개인의 삶을 풍요롭게 하고 사회적 존재로서의 의미를 강화하지만, 무시는 극단적으로 개인을 사회적 소외와 단절로 몰아넣을 수도 있다. 결국 인정과 무시는 단순한 개념이 아니라 이를 경험하는 주체가 타자로부터 받는 역동적 관계에 대한 정서적 반응으로 이해할 수 있다.

이러한 인정의 관계는 다양한 형태로 나타난다. 가장 기본적인 형태로 사랑과 우정 같은 원초적 인정이 있으며, 그다음으로 각 주체의 권리를 존중하는 법적 권리관계가 있다. 나아가, 가치를 공유하는 공동체를 형성하는 연대의 형태도 인정의 한 방식이다. 악셀 호네트(Axel Honneth, 1992)는 이러한 인정의 세 가지 단계를 통해 개인의 자기관계가 점차 고양된다고 보았다. 그는 인정이 단순한 자기보호의 차원을 넘어, 궁극적으로 개인이 자신의 존재를 적극적으로 발현할 수 있도록 이끈다고 설명한다. 인정의 마지막 단계인 연대가 발생하는 사회적 범위는 권리 부여가 발생하는 사회적 범위와 다르지 않다. 그러나 그 둘이 발생하는 토양은 확실하게 구분된다. 권리 부여는 인간이라면 누구든지 무차별적으로 권리의 주체로서 존중하는 것, 다시 말해 인간이라는 추상적인 형식 자체를 존중하는 것을 의미한다. 그러나 연대를 형성하는 토양은 개성화된 그리고 자율적인 주체 사이의 대등한 가치 부여에 있다. 말하자면 타인의 능력과 속성이 상대방뿐만 아니라 나 자신에게도 중요하고 가치 있는 것이라는 인식을 상호적으로 가지는 것이다. 이러한 사회적 토양에서라야 연대가 가능하다는 것이다. 따라서 연대의 인정은 더욱 개별적이고 개성적인 특성을 가지며, 다양한 가치가 공존하는 다문화사회에서 더욱 필수적인 윤리적 가치라 할 수 있다.

호네트는 위에서 언급한 인정이 충분히 달성된 상태를 '인륜성'이라고 했다. 그는 인륜성을 '실재하는 고통으로부터의 해방'으로 규정하며, 모든 사회 구성원이 동등한 자유를 실현할 조건을 보장하는 상태라고 보았다. 인륜성의 핵심적 요건은 '해방'이며, 이는 곧 '고통'에서 벗어나는 것이다. 여기서 말하는 고통의 원인은 '비규정성', 즉 '채워지지 않음'에 있다. 호네트는 비규정성을 '인정 유보'의 상태로 설명하며, 이는 개인, 시민사회, 국가라는 각 단계에서 필요한 인정이 충분히 이루어지지 않은 상태를 의미한다고 보았다.

이에 저자는 이러한 인정 유보 상태를 어떻게 극복할 수 있을지에 대해 최근 인천형 세계 시민교육의 토대가 되는 교육 개념인 '읽걷쓰(읽기, 걷기, 쓰기)'를 뉴 리터러시로서 제안해보고자 한다. 먼저, '읽기'는 세상에 존재하는 텍스트를 읽어내는 것을 말한다. 자연현상과 사회문화 현상을 기술한 모든 기록을 텍스트라고 할 수 있다. 이를 이해하고 파악하는 것이

'읽기' 행위다. 이러한 행위에는 이 텍스트를 구성한 누군가를 아는 것 역시 포함된다. '걷기'는 신체적 활동을 의미한다. '걷기' 행위는 어디에서 어딘가로의 움직임을 말한다. 걷기 행위는 공간 이동성은 물론 목적지향성을 가지고 있다. 또한 '쓰기'는 표현을 의미한다. '쓰기' 행위는 세상의 경험을 새로운 텍스트로 구성하는 것을 말한다. 따라서 이 텍스트가 누군가에게 읽힐 지향성을 가지고 있다. 따져보면 읽기, 걷기, 쓰기는 모두 타자 지향성을 갖는다는 점이다. 읽기는 누군가에 의해 쓰인 텍스트를, 걷기는 누군가가 있는 어디를 향해, 쓰기는 누군가 읽을 수 있는 대상을 지향한다. 다시 말해 '읽걷쓰'는 타자를 전제로 하며, 타자를 환대하고 연대하는 행위다. 읽기, 걷기, 쓰기에 행위가 붙는 순간 주체의 행위자성(agency)이 강조된다. 행위자성이 부각되면 목적격인 '타자'가 등장하게 된다. 읽걷쓰는 결국 타자와의 관계에서만 완성되는 프락시스인 셈이다.

결론적으로, 사회적 실천과 행위주체성은 변증법적으로 상호작용하며, 개인이 능동적으로 사회적 변화를 이끌어가는 과정에서 핵심적인 역할을 한다. 개인은 단순히 구조의 영향을 받는 수동적 존재가 아니라, 사회적 실천을 통해 스스로 구조를 변화시키는 능동적 행위주체로 성장할 수 있다. 이를 위해서는 사회적 실천을 지원하는 교육과정과 제도적 변화가 필수이며, 공동체적 접근을 통해 행위주체성을 확장할 수 있는 환경을 조성해야 한다. 사회적 실천은 타자와의 관계 속에서 구체적으로 실현된다. 여기서 타자는 단순한 존재가 아니라, 나와의 관계 속에서 의미를 형성하는 존재다. 따라서 사회적 실천은 타자에 대해 환대하고 경청하며 그들의 목소리에 귀 기울이는 태도를 요구한다. 이에 다문화가족 방문교육지도사들이 결혼이주여성의 가족을 보듬고, 타자성을 실천하는 사례는 이를 잘 보여준다고 볼 수 있다. 나아가, 사회적 실천이 지속되기 위해서는 신뢰와 책임을 바탕으로 한 공동체적 윤리가 필요하다. 이는 개인이 자신의 실천을 통해 공동체의 선을 이루고, 사회적 관계망 속에서 실천이 지속적으로 형성·발전되는 과정과 긴밀하게 연결되기 때문이다.

2부

방문교육지도사의 삶과 이야기

3장. 방문교육지도사 A의 생애담
4장. 방문교육지도사 B의 생애담
5장. 방문교육지도사 C의 생애담
6장. 방문교육지도사 D의 생애담
7장. 방문교육지도사 E의 생애담
8장. 방문교육지도사 F의 생애담

ure # 3장

방문교육지도사 A의 생애담

1.
방문교육지도사 A의 특성: 배움은 쓸모가 있더라

A는 1967년 2남 4녀 중 넷째(딸)로 태어났다. A의 아버지는 늘 건강이 좋지 않았으므로 청소년기에 A는 주로 고향에서 어머니의 농사일을 도우며 학업을 이어갔다. 결국 병약했던 아버지는 A가 고등학교 3학년일 때 돌아가셨다. 그 당시 A의 언니, 오빠는 서울로 상경하여 취업 중이었으므로 A는 고등학교를 졸업하고 이들을 따라 수도권 ○○회사에 입사했다. 입사 5년 만에 사내 결혼으로 퇴사하고, 첫아이(딸, 1993)와 둘째 아이(아들, 1998)를 낳아 길렀다. 자녀를 양육하며 A는 교회 집사님의 권유로 수지침을 배웠다. 이를 기반으로 노인정, 복지관 등에서 수지침 봉사와 어르신 말벗 봉사를 했다. 수지침을 배운 것이 계기가 되어 2002년 한국방송통신대학교(이하, 방송대) 보건환경학과에 입학했다. 이를 시작으로 꾸준히 국가평생교육진흥원의 아동·가정학사, 행정학사 과정 등을 밟으며 배움의 열정을 이어갔고, 이를 통해 보육교사, 사회복지사 등의 자격을 취득했다. 이를 기반으로 A는 2011년 D지역 다문화가족지원센터의 '방문교육지도사' 가족생활지도 부문에 지원했다. 또한, A는 방문교육을 하며 한국어교육의

필요성을 느꼈다. 이에 ○○사이버대학에서 한국어 문화학사 과정을 전공하고, 한국어교원 자격을 취득했다. 이 밖에도 A는 금융 관련 자격, 심리상담 자격 등을 갖추고 다문화가정의 결혼이주여성과 한국인 가족의 가족상담은 물론이고 이들에게 자산관리 등을 위한 지식을 제공하며 방문교육지도사로서의 역할을 수행하고 있다.

2.
방문교육지도사 A의 방문교육 이전 시기

1) 추억 속의 부모를 이야기하다

　인간은 사회적 동물이다. 그러나 생존을 위해 공동체 구성원으로서 지녀야 하는 공동체 의식은 유전되지 않는다. 따라서 인간은 공동체 의식을 가지고 태어나는 것이 아니라 개체 성원이 공동체의 생활을 경험하며 공동체 의식이 서서히 형성되고, 획득되며, 학습된다(이혜영, 1993: 121). 이러한 관점에서 가족을 살펴보면, 가족은 인간이 최초로 경험하는 공동체 구성원이므로 방문교육지도사가 경험한 가족 공동체 구성원들과의 이야기는 그를 이해하는 데 큰 도움이 될 것이다. 특히 부모는 주 양육자로서 최초로 경험하는 인간이므로 이 절에서는 A의 가족 구성원, 특히 부모와의 경험에 집중했다.

　넷째 딸은 아버지를 따랐다
　1960년대 한국의 자녀 출산율(6명)은 매우 높았다. 이를 반영하듯이 A

는 1967년 2남 4녀 중 넷째로 태어났다. 어머니는 여리여리한 언니와 주로 집에 머물렀으나 아버지는 키도 크고 힘이 셌던 A를 데리고 저수지로 고기를 잡으러 가는 등 좋은 추억을 만들어주었다.

"딸로 셋째. 2남 4녀. 아들까지 하면 넷째고요. [조사자: 부모님께 인정받고 싶지 않으셨어요?] 그것도 있었겠죠. 근데 우리 언니는 저보다 작아요. 그래서 언니는 엄마랑 집에서 살림하고 청소하고 집에 있는 타입이었고, 나는 우리 아버지가 내는 크고 힘쓴다고 저수지에 고기 잡으러 데리고 가고, 소를 가지고 와서 소가 쟁기질을 해야 되잖아요. 논밭을 갈아야 되잖아요. 우리 소가 쟁기질을 잘하면은 그러면은 그게 비싸잖아요. 엄마 안 계실 때 아버지가 팔아버려. 그래가지고 쟁기질을 못 하는 아주 망나니 소를 사다 큰 돌을 매달아놓고 나한테 훈련시키라고. (중략) 그렇게 키운 거예요. 저는 아버지가 나를 데리고 다녔으니까. 언니는 엄마가 여자니까 생긴 것도 야리야리하고 여자같이 생기고 키도 나보다 작고 그러니까 아버지가 데려갈 수가 없죠. 그런데 나는 키도 크지, 달리기도 잘하지, 힘도 쓰게 생겼지. 그러니까 남자 일을 시킨 거예요."

아버지와의 추억을 이야기하면서 A는 어깨를 들썩이며 눈빛을 반짝였다. 이러한 모습에서 A가 아버지와 함께했던 봄날을 떠올리고 있음을 미루어 짐작할 수 있었다. A의 모습은 마치 아지랑이 피어오르는 봄날의 들판에서 망나니 소를 몰던 어린 시절 속으로 추억 여행을 떠나는 듯했다. 특히 A는 초등학교(당시, 국민학교) 학생일 때 단거리 달리기 선수였다며 아버지와의 이야기를 들려주었다. A는 눈치도 빠르고 발도 빨라서 달리기를 잘했기 때문에 아버지는 A에게 종종 막걸리 등의 심부름을 부탁했다고 한다. 어린 시절 이야기를 전해주는 A는 마치 아버지와의 행복했던 날들로 달려가고 있는 듯했다.

아버지와 어머니를 기억하다

인간은 전 생애 동안 누군가와 관계를 맺으며 살아가는 사회적 동물이다. 가족은 인간이 태어나서 최초로 맺는 관계이므로 가족 구성원이 함께 살아가는 가정은 가장 작은 단위의 공동체라고 할 수 있다. 한편, 부모는 가족 공동체에서 인간이 최초로 만나는 교육자이자 양육자이므로 부모의 양육태도는 인간에게 중요한 영향을 미친다. 예컨대 성격 발달, 정서적 특징, 사회성 그리고 성숙에 미치는 영향 등 부모의 양육태도가 자녀에게 미치는 영향을 모두 헤아리기는 쉽지 않다. 이에 A의 서사에서 아버지와 어머니를 살펴보았는데, A는 아버지에 대해 특별히 애틋한 마음을 드러냈다. 건강하지 못했던 아버지는 그 당시 낙후된 의료 기술로 인해 적절한 치료를 충분히 제공받지 못했다. 이러한 아버지의 고통을 청소년기의 A는 쉽게 이해하지 못했다. 이로 인해 청소년 A가 아버지를 오해하고 있던 중 고등학교 3학년일 때 아버지는 돌아가셨다. A는 아버지가 돌아가시고 약 2년이 지날 무렵부터 아버지에 대한 그리움과 죄송스러움이 밀려오더라고 했다. 청소년기에 아버지와 충분히 소통하지 못하고 아버지를 오해했다는 아쉬운 마음은 중년 여성이 된 A의 마음에 여전히 남아 있었다. 이러한 아버지에 대한 그리움, 죄송스러움 그리고 아쉬운 마음이 A를 노인정으로 이끌었고, A는 그곳에서 어르신들의 말벗이 되고 수지침을 놓았다.

"저는 우리 아버지를 너무 싫어했어요. 그래요. 죄의식 때문에. 정말 법 없어도 살 그런 분이었는데, 저는 어려서 몰랐어요. 봉사는 누군가를 도와준다는 거, 자기를 내려놓기 위한 거고 자기합리화인 거 같아요. 우리 아버지가 (중략) 육안으로는 멀쩡하니까 괜찮은 줄 알았던 거야. 그래갖고 우리가 땅끝에 살았어요. 의료 제로, 정보 제로. 정보를 모른 거야. 땅만 파고 살면 되는 줄 안 거야. (중략) 그러니까 엄마도 고생 엄청 하고 땅밖에 없으니까 나는 거기 있으면서 아버지는 (중략) 일을 못 하시고 미라처럼 말라버렸어요. 그리고 나중에는 술을 (중략) '아버지가 ○○했으면 좋겠어.' 그런 생각을 했던 거예요. 근데 고3 때 아버지가 돌아가셔 버렸잖아요. 그런데 얼마나 따뜻한 분이셨냐 하면 (중략) 천사였어. 술을 안 잡수시면은 같이 친구처럼 토론하고 자기 발표하고 애들 교육시키고. 굉장히 깨였던 분인데 (중략) 소통하지 않았던 거예요. 그래서 오해와 불신으로 아버지를 그때 당시에는 미워했던 거야."

아버지의 가르침에서 깨달음을 얻다

아버지는 건강이 좋지 않은 상황에서도 자녀들에게 좋은 추억을 남겨주었다. 예를 들자면, 아버지는 자녀들과의 토론 등을 즐기셨는데, 이러한 아버지와의 추억에서 A는 삶의 지혜를 얻을 수 있었다. 따라서 A는 아버지의 가르침이 자신의 삶 중심에 있다고 했다. 이를 설명하며 A는 아버지에게서 전해 들은 권선징악에 관한 삶 속 지혜를 이야기했다.

"우리 아버지와의 성장 과정인 것 같아요. 아버지 (중략) 아무튼 그리고 사람은 인간이기 때문에 혼자 살 수 없다는 것을 귀에 딱지가 붙게 (중략) 가정 교육. 그렇게 교육을 어렸을 때부터 뼈에 사무치게 잘한 것 같아요. 참아야 된다는 거. 내가 목표한 것을 얻기 위해서는 참아야 된다는 거. 그리고 산에 올라갈 때도 정상에서 내려다봐야 시원한 바람과 메아리도 울리고 볼 수 있는데 아무리 밑에서 소리쳐도 메아리는 울리지 않을 것이고 중간에서 포기하면은 산꼭대기의 시원한 바람 맛을 절대 못 느낀다는 거. 고뇌는 쓰고. (중략) 좀 가정적이었는데 내가 고등학교 다닐 때 3년 동안 확 변해버린 거야. 아버지가 (중략) 이제 그래가지고 아무 일도 못 해버린 거야. (중략) 근데 나는 집에서 고등학교 나왔어. 그 과정을 다 봐버린 거야. 그래서 내가 제일 우리 아버지를 (중략) 내 사춘기에 나도 버거운데 생리하기가 얼마나 귀찮아. (중략) 그 얘기를 하면 친구들 보기도 그랬는데 (중략) 권선징악, 동화책의 권선징악에 대한 얘기를 진짜 많이 해줬어요. 가족 모아놓고."

마음의 기둥이 된 어머니를 말하다

병약했던 아버지가 병마와 싸우는 동안 A의 어머니는 묵묵히 가족을 위해 노력했다. 특히 2남 4녀를 먹이고 가르쳐서 성인으로 키워내기까지 A의 어머니는 남자 일 여자 일을 구분하지 않으며 노력했다. 이러한 어머니의 삶의 태도는 A가 삶을 살아가는 내내 마음의 기둥이 되었다.

"그거는 우리 엄마였던 것 같아요. (중략) 그 힘든 과정에서도 우리 엄마가 남자 일 여자 일을 다 하면서 우리를 길러냈잖아요. (중략) 제가 코로나 전에는 유치원하고 초등학교 인성교육 들어간다고 (중략) 그리고 또 이 다문화 수업을 하면서 보면 애들은 제가 유아교육과도 (공부)했잖아요. 거의 8세까지 머리의 70%가 형성이 되어 있어요. 그리고 12세까지 나머지가 있어요. 나머지가 형성이 된다고 했거든요. 그렇게 본다면은 나는 어렸을 때 인성은 이미 부모님으로 인해서 좋게 형성이 됐구나. 가끔 그 생각을 해요."

2) 뜨거웠던 사랑과 엄마 된 이야기를 하다

최첨단 반도체 업체에서 남편을 만나다

A는 1987년 고교 졸업 후 언니와 오빠가 터를 잡아놓은 수도권으로 상경하여 최첨단 반도체 사업체에 취업했다. 5년 후 입사한 대졸 신입사원과 사내 연애로 결혼하면서 퇴사(退社)했다. 1980년대에는 여성이 회사에 입사할 때, 결혼하면 퇴직하겠다는 각서를 쓰는 것이 관례였다고 한다. 이는 1980년대 후반까지도 보편적이었으나 1987년 「남녀고용평등법」이 제정되면서 여성에 대한 공개적이거나 명시적인 차별은 점차 감소했다(강규희, 2016: 22). 이러한 여성의 결혼으로 인한 퇴직문화는 A의 삶에서도 발견된다.

"건강이 좋지 않으셨던 아버님께서 고3 때 돌아가셨다. 대학 등록보다 취업을 선택했다. 첫 직장 1987년 첨단산업 반도체 회사에 입사했다. 회사에서 남편을 만나 사내 결혼을 하여 퇴사했다."

"[조사자: 이렇게 좋은 회사를 왜 퇴사했어요?] 그때 당시에는 사내 결혼하면 퇴사해야 했어요. 그때는 (중략) 그런데 제가 입사. 신랑은 대학을 졸업하고 들어왔기 때문에 입사 연도가 5년이 빠르니까 1년만 있었으면 제가 회사 아파트를 받았을 텐데, 아깝더라고요. 그리고 좀 이따가 이제 회사 대학까지 생겼어. 그럼 거기서 이어 대학을 졸업할 수 있었을 텐데. 그런 것이 다 무너져버렸어요."

결혼과 출산을 이야기하다

21세기를 맞이하여 한국은 농경사회에서 산업사회로 급속히 변화했다. 이에 따라 한국 사회의 미풍양속이었던 상부상조의 사회체계는 약화되거나 붕괴되었고, 오히려 개인주의 풍조가 확산되면서 소외현상의 만연, 자아상실의 심화, 격심한 생존경쟁과 이로 인한 이기적 사회로의 변화 등이 발생했다. 또한, 주거 형태, 가치관의 변화 등에 따라 가족 기능은 물론 결혼에 대한 태도의 변화가 나타나고 있다. 예를 들자면 결혼연령이 높아지고 있으며, 배우자 선택 방법도 순수 중매혼에서 연애를 통한 당사자의 결정이 중요해졌고, 비혼 등 결혼에 대한 필요성조차 퇴색하고 있다(이용수, 2017: 98-101).

A는 한국의 전통적인 친·인척 간의 중매를 통한 결혼방식을 거쳐 1980년을 전후하여 당사자의 선택이 중요해지는 연애결혼으로 변화하던 시기에 결혼 적령기를 맞이했다. 이러한 결혼방식의 변화에 맞추어 A는 사내 연애를 통해 배우자를 찾아 결혼했다. 최첨단 반도체 사업체에 취업해 있던 A는 입사 5년 후 대졸 신입사원인 현재의 남편과 사내 연애를 했다. 그 당시에는 결혼하면 퇴사해야 하는 관례가 있었기 때문에 A는 결혼과 동시에 자연스럽게 다니던 회사를 그만두어야 했다고 했다. 한편 1960년대에는 여전히 남아선호사상(男兒選好思想)이 남아 있었고, 이는 남녀 출생률에 영향을 미쳤다. 이로 인한 남녀성비의 불균형은 1980년대 이들의 결혼 적령기에 부작용으로 나타났다. 예를 들자면 농촌 총각들은 점차 결혼 상대자를 찾기 힘들어졌으며, 여성의 결혼 적령기는 점차 늦추어졌다. 이에 따라 27세에 결혼한 A는 같은 해에 첫아이(딸)를 낳았고, 5년 후 둘째 아이(아들)를 출산했다.

"[조사자: 선생님, 무슨 띠예요?] 양띠. [조사자: 그럼 결혼을 29살에 하신 것 같네요.] 아니에요. 전 스물일곱에 했어요. [조사자: 첫아이를 스물여덟에 낳으신 거예요?] 아니에요. 바로 애 낳았어요. [조사자: 그럼 큰아이가 딸이에요?] 그러면 93년. [조사자: 그럼 바로 딸 낳고, 아들 또 낳고요?] 5년 터울이에요."

1960년대 한국의 높은 출산율(6명)은 2,501만 명이었던 인구를 1980년 3,812만 명(52.4%)으로 증가시켰다. 이와 같은 베이비붐 현상은 1970년대 중반까지 지속되었다. 특히 이러한 베이비붐 현상은 1차 베이비붐 세대(1955~1964년)가 출산한 1980년경에는 제2차 베이비붐 현상으로 이어졌다(행정안전부 국가기록원, 2022). 한국은 베이비붐 세대를 지나 1980년대부터 출산율이 크게 줄어들었는데, 2022년 한국은 저출산·고령화 시대를 맞이했다. 예를 들자면 1983년 합계출산율은 2.06명, 2000년에는 1.48명, 2017년에는 1.24명, 2020년에는 0.84명으로 현재도 계속 하락 중이다. 1차(1955~1963년), 2차(1964~1974년) 베이비붐 세대는 한국의 폭발적인 인구증가를 불러왔으므로 한국 정부는 인구억제 정책을 펼쳤다. 예를 들자면, 그 당시에는 "딸 아들 구별 말고 둘만 낳아 잘 기르자" 같은 표어가 있었다. 이러한 한국의 인구정책은 A의 자녀 출산에도 영향을 미쳤다. 즉 A는 2남 4녀 중 넷째로 태어났지만, 딸 하나와 아들 하나만 낳아 잘 기르고 있다.

이주 지역에서 정주민이 되다

1997년 한국은 대기업의 무리한 몸집 부풀리기와 문어발식 기업 확장으로 인해 외환위기를 맞이했다. 한 나라의 외환위기는 사회구성원 모두에게 영향을 미치는데, IMF(International Monetary Fund) 외환위기는 A의 삶에도 영향을 미쳤다. A는 결혼 전부터 올림픽공원 근처에서 거주하고 있었으나 한국에 불어닥친 외환위기에 즈음하여 수도권 외곽 지역으로 이사했다. 이주한 그곳에서 A는 정주민이 되어 지역을 지키는 파수꾼 역할을 해오고 있다.

"[조사자: 선생님, 근데 이곳에서 계속 사신 거예요. 신혼 때부터?] 저희 둔촌○○ 있는 데 [조사자: 올림픽공원 쪽에서 사셨어요? 언제부터, 결혼할 때요?] 92년. [조사자: 92년에 결혼하신 거예요?] 전 거기서 계속 살았어요. 87년 때부터. [조사자: 그럼 결혼은 언제 하신 건데요?] 92년 정도 되는 거 같아요. (중략) [조사자: 그럼 신혼 때 이곳으로 오신 거예요?] 아니요. 그 IMF 때 이쪽으로 온 것 같아요. 1997년도에. [조사자: IMF, 그때 무슨 일 있으셨어요?] 그냥 이쪽으로 발령 났으니까요. (중략) [조사자: IMF가 언제 왔죠?] 96년도에 (이사) 왔어요. 여기 와서 저기 IMF가 왔으니까."

3) 봉사활동으로 세상에 눈뜨다

직업 경험을 이야기하다

우선 A는 행정안전부와 도로교통공단 강사 자격증을 가지고 있었다. 이를 기반으로 어르신 안전교육과 어린이집이나 유치원에서 유아 인성교육을 강의하고 있었다. 이곳에서 A는 일주일에 두세 번씩 자유롭게 강의를 이어가고 있었다.

"행정안전부 강사 자격증이랑 도로교통공단에 강사 자격증이 있어요. (중략) 그 두 개의 강사 자격증이 있기 때문에 제가 인성교육 들어간다고 했잖아요. 어린이집이랑 유치원이랑 그 일을 계속하다가 (중략) 이거는 학교 수업 들어가지. 일주일에 내가 두 번 들어가고 싶으면 두 번 들어가고 세 번 들어가고 싶으면 세 번 들어가고. 그러면 어르신들 안전교육까지 들어가는 거예요."

봉사하는 삶을 살아오다

인류 역사에서 자원봉사를 살펴보면, 자원봉사는 자기희생, 헌신과 봉사, 자선, 상부상조, 박애주의, 인도주의, 민주주의 등 철학적·종교적·도덕적 배경에서 출발했다. 한국에서의 자원봉사는 삼한시대에서 발견할 수 있는데, 이는 상부상조를 목적으로 하는 '계 조직' 형태로 성행했다. 한편 현대적 의미에서 자원봉사활동은 1903년 YMCA 창립을 시작으로 해서 1921년 태화기독교사회관에서 여성계몽과 어린이 건강을 위한 봉사활동이 전개되면서부터다. 이후 자원봉사활동에 대한 국민적 관심이 본격적으로 높아지기 시작한 것은 1980년대에 들어서면서인데, 이는 경제 수준의 향상, 국민의식의 증대, 가족구조의 변화 등 사회·경제적 변화가 크게 작용했기 때문이다. 1984년 한국여성개발원에 의해 자원봉사인력은행이 설치되고, 1985년에는 올림픽조직위원회에 의해 자원봉사단이 구성됨으로써 좀 더 조직적으로 자원봉사활동이 전개되었다. 특히 86아시안게임과 88올림픽이 개최되면서 거국적인 자원봉사자 활용은 전국적으로 자원봉사를 인식시키고 확산시키는 데 크게 기여했다(우태식·김창래, 2015). 이와 같은 자원봉사에 대한 열린 생각은 A의 삶에서도 발견할 수 있다. A에게 봉사하는 삶의 시작은 교회에서 배운 수지침이었다. 노인정 어르신들이 수지침 봉사로 차도를 보였고, 특히 급체한 남편을 수지침으로 회복시킨 경험은 A가 수지침을 통한 봉사활동에 더욱 전념하도록 한 계기가 되었다.

"그때 당시는 제가 교회를 다니고 있었어요. 그래서 교회에서 수지침. 교회 계신 집사님이 계셔서 우리가 교회에서 봉사를 많이 하잖아요. 건강에 도움 될 수 있는 뭔가를, 프로그램을 하자. 수지침으로 이게 (중략) 1년 배우고 그 이후 이제 봉사를 했어요. 봉사를 하다 보니까 어르신들이 차도가 있더라고요. (중략) 급체한 사람도 효과가 있고. 그리고 효과를 본 게 신랑이 회식을 했는데 저는 그 장면을 처음 봤어요. 화장실에서 변을 봐야 되는데 기가 막, 우리가 기가 막혔다고 그러잖아요. 기가 막혔나 봐, 변을 못 봐버린 거야. 급체했으면 토하든지 설사를 해야 되는데 아무것도 못 한 거야. 그러면서 얼굴이 백지장처럼 하얘지면서 눈이 흰자만 보이는 거야. 이렇게 쓰러졌어요. 그때 마침 제가 수지침을 했잖아요. (중략) 큰 장심을 가지고 와서 이렇게 마사지를 해가지고 세게 여기를 찔렀어요. 그러니까 피가 조금 나와. 어 그래도 계속 마사지하고 하니까는 피가 좀 많이 나오면서 '허' 하는 소리가 나면서 혈액이 돌아온 거야. 그래서 봉사팀에 진짜 열심히 다녔어요."

노인정 등에서의 수지침 봉사는 A의 삶에서 전환점이 되었다. 예를 들자면 의료행위에 속하는 수지침 봉사활동에서 A는 전문적 지식의 필요성을 깨달았다. 이에 A는 2002년 방송대에 입학하여 보건환경학을 전공으로 선택했다. A는 방송대에 입학한 첫해부터 학과 대표를 맡게 되었다. 이렇게 시작된 대표로서의 역할은 점차 확장되어 A를 지역 봉사단체 회장으로 이끌었다. 이후 A의 진정성과 리더십은 지역 활동가들에게 인정받았고, A는 ○○시의 다양한 행사를 돕기 위해 ○○시 봉사단체를 이끌게 되었다. 이러한 봉사활동을 통해 A는 아버지의 가르침이 옳았음을 확인할 수 있었다.

> "봉사활동은 2009년 8월 7일~10월 25일 ○○세계도시축전, 2014.9.19~10.4 ○○아시안게임 안내 봉사, 2015년 5월 11회 ○○ 프레지덴트컵 봉사, 2007년 태안 기름유출 봉사, 지체장애인 목욕 봉사, 교통안전 캠페인 봉사, 청소년 선도방범 봉사 등 다양한 봉사활동을 하며 ○○지방검찰청장 표창장, 도로교통공단장 표창장, ○○시장 표창장을 수상했다. (중략) 봉사활동을 하며 아버지 살아생전 말씀이 생각났다. '내가 알아야 남을 도울 수 있고, 또 내가 가지고 있어야 나눌 수 있다.' 봉사활동을 하면서 아버지 말씀이 옳았다는 것을 확인했다."

종교지표(2021)는 현재 믿는 종교가 있는 응답자(508명)에게 종교를 믿기 시작한 시점을 물었다. 전체 응답자 중 2000년 이전부터는 59%, 2001~2010년은 16%, 2011~2016년은 10%, 2017년 이후는 10% 등의 순이었다. "2000년 이전부터"라고 답한 경우는 개신교(63%), 천주교(57%), 불교(58%) 순으로 높았다. 특히 "2001~2010년"이라고 응답한 경우, 천주교는 20%, 불교는 18%로 전체 평균(16%)보다 높았다. 또한 종교가 있는 응답자의 연령을 살펴보면, 20대의 33%가 2001~2010년, 31%는 2017년 이후부터 현재의 종교를 믿기 시작했다고 답했다. 반면 40대의 56%, 50대 이상에서는 70% 이상이 2000년 이전부터 종교를 믿기 시작했다고 답했다. 40대 이후부터는 새롭게 종교를 믿기 시작하기보다는 기존부터 믿어왔던 종교를 계속해서 믿는 경향이 높다(종교지표, 2021). 이러한 현상은 A의 사례에서도 발견된다. A는 한동안 교회에서 집사님에게 수지침을 배웠고, 교인들과 함께 노인정 어르신 말벗 봉사, 수지침 봉사 등의 활동에 집중했다. 이러한 경험은 A를 방송대 보건환경학과로 이끌었고, 대학에 입학하여 학교 활동과 함께 지역 봉사단체를 이끌면서 종교 활동과는 멀어졌다고 했다.

딸과 함께 1학년이 되다

A는 첫아이(딸)가 초등학교에 입학할 때, 방송대 보건환경학과에 입학하여 딸과 함께 1학년이 되었다. 아버지에 대한 그리움이 A를 노인정 어르신 말벗 봉사, 수지침 봉사로 이끌었다면, 수지침 봉사활동 경험은 보건환경학과를 선택하게 했다. 이를 시작으로 A는 보육교사, 사회복지사, 건강가정사, 한국어교원 자격 등을 취득했다.

"[조사자: 선생님, 대학 전공이 보건환경학이잖아요?] 연결된 거예요. (아버님이 일찍 돌아가셨기 때문에) 봉사를 한 거죠. (중략) 어떻게 보면 아버지께 못한 거에 대한 아쉬움 때문이기도 하죠. 아이도 1학년, 저도 1학년. (아이는 초등학교) 1학년이고 저는 대학 (1학년이고). 그거는 이제 학사를 4년 반 만에 취득하고 그다음에 바로 사회복지사를 했나, 보육교사를 했나. (중략) 또 몇 개 하면 건강가정사를 취득하고 그렇게 해서 연결, 연결한 거예요. [조사자: 무슨 무슨 과 다니셨어요?] 그러니까 보건환경학과 속에 보건(학과)이 들어 있어요. 한국어 문화학사. (중략) 그거는 ○○사이버대요. 연도는 잘 모르겠어요. 그게 제일 마지막에 한 거예요."

"한국어 문화학과는 ○○디지털대학, 이건 사이버에서 했어요. (중략) 이제 하는 일이 중복되잖아요. 그리고 이거는 사회복지사를 하면서 실습하다 보니까 ○○에 있는 내일을 여는 집 아니. 뭐 있었던 것 같아. (중략) 거기서 실습을 하는데 시간도 많이, 실습을 하면서 힘들었어요. (방송대는) 출석 수업을 하지 않으면 시험 못 보잖아요."

방송대에서 성장의 기회를 잡다

"방송대를 졸업했다는 건 곧 성실하다는 증명(중앙선데이, 2009)"이다. 이는 방송대에 입학하기는 다소 쉬울지 모르지만, 졸업하기까지는 부단히 노력해야 한다는 의미를 담고 있다. 방송대 학사과정을 마치고 학사학위를 취득했다는 것은 그 사람의 성실함을 증명하는 것이라는 의미를 포함하고 있다. 이는 A의 방송대 학사과정에서도 발견할 수 있다. A는 2002년 방송대에 입학하여 학과 대표를 맡게 되었고, 이는 다시 지역 봉사단체 회장으로 이어진다. 따라서 A에게 방송대의 학사과정은 성장의 디딤돌이었다.

"(방송대는) 들어가기는 쉽지만 나오는 건 쉽지 않아요. 제가 1학년 때 과대(표)였거든요. 근데 입학생이 289명이었어요. 졸업은 3명 했어요. 2학년 때 편입한 사람이 그때 당시 한 백몇 명 했는데, 3명은 우리랑 같이 들어간 사람이었고 나머지는 편입이었어요. (중략) 2002년에는 스터디를 각 구마다 여덟 구가 있었는데, 다 각 구마다 스터디 룸이 정말 잘 돼 있었어요. 그러면은 일주일에 한 번씩 그 스터디룸을 찾아가서 일주일에 ○○구, ○○○구, ○○구 그렇게 찾아다녔어요. 한 달에 몇 번 돌다 보면은 한 달에 한 번씩은 돌아져요. 일주일에 두 번 돌기도 하고 그때는 직장생활을 안 했으니까. 그래서 굉장히 재미있게 이끌어왔어요. 그래서 더 많은 사람도 만나게 되고 그렇죠. 그러면서 그때 ○○ 전구를 활동하다 보니까. 지역 회장을 하게 된 거예요."

"우리 선생님들(방문교육지도사)도 방송대 졸업하신 선생님들이 많아요. [조사자: ○○어머니회는 그럼 몇 년 하셨어요?] 10년. (중략) 졸업과 동시에 안 했어요. 2002년에 (대학에) 가고 ○○어머니회는 2007년부터 10년을 (중략) 그냥 남들 하는 것처럼 했어요."

봉사활동과 자격증 취득으로 깨달음을 얻다

꾸준히 배움에 집중한 A는 보건환경학을 시작으로 새로운 학과에 편입하여 학문의 영역을 확장해나갔다. 이 과정에서 다양한 자격증을 취득했지만, A는 본인이 취득한 각종 자격증이 마치 비빔밥처럼 다양할 뿐 전문성은 부족하다는 생각을 했다. 그러나 A는 방문교육지도사 역할을 수행하는 가운데 이를 기반으로 결혼이주여성이 맞이하는 각종 삶의 문제에서 전문지식을 발휘할 수 있었다. 예를 들자면 A는 금융 관련 자격증을 다수 보유하고 있는데, 이를 통해 가정경제 운영에 미숙한 결혼이주여성들에게 라이프사이클을 제시하며 원활한 가정경제를 위한 설계를 전할 수 있었다. 이와 같은 경험으로 A는 비록 그동안 본인의 자격증들이 비빔밥처럼 느껴졌으나 이런 자격증들 덕분에 누군가의 삶에 도움을 줄 수 있고, 본인이 살아 있는 동안 그 자격증과 능력은 사라지지 않을 것이라는 확신을 가지게 되었다.

"배움의 보람은 컸다. 한국어 문화학사, 행정학사, 아동가정학사, 보건학사 등 꾸준히 공부하여 학사(학위)를 취득했다. 삶의 지혜와 가정경제를 위해 금융 관련 자격증으로 종합자산관리사, 간접투자증권, 부동산 투자증권, 심리상담사 1급 등 다양한 자격증을 취득했다."

"다문화 일을 하면서 이게 한 번은 제대로 사용하게 되더라. 내가 이런 자격증을 취득해서 뭐 해. 쓸모도 없고. 너무 여러 가지 일을 한 사람은 쓸모가 없다 그랬어. 한 가지만 잘하면 그게 전문성을 가지는 건데. (중략) 다문화 일을 하면서 자기 통장을 가지고 있지 않은 엄마. 그리고 또 무엇을 가입해야 될지도 모르고. 그때 라이프사이클을 그대로 해줘요. 그러면 결혼을 20대에 했어. 80대까지 라이프사이클을 쫙 그려주면 출생, 애들부터 시작해서. 그래서 저는 그 라이프사이클을 굉장히 중요시하고 설명할 때 가장 간단하고 자기 자신도 느낌이 확 와. 라이프사이클이 그리고 금융, 증권. 공부를 했어요. 그러니까 증권펀드에 대해서도 할 때 무조건 은행만 거래하잖아요. (중략) 간접 투자 조건, 부동산 투자 조건, 그러면 ETF, CMA에다 가입하게 되면 일반으로 이자가 붙잖아요. 그리고 똑같이 입출금이 가능하고. (중략) 그 가정에 그런 얘기를 다 안내를 해줄 때 전부 필요해. 그죠. 완전히 그래서 내가 너무 쓸데없는 자격증을 갖다놓고 이것도 저것도 아니고 완전히 우리나라 비빔밥이었구나. (그랬었는데) 버릴 건 하나도 없다. 내가 가지고 있는 물질적인 것은 잃어버릴 수도 있고 버릴 수도 있지만. 내 머리에 들어있는 거나 보고 느낀 산 경험은 내가 내 주민등록번호가 사라지지 않는 이상 존재한다는 것을 느꼈어요."

3.
방문교육지도사 A의 방문교육 시기

1) 모두 하나예요

다문화가정 방문교육지도사에 지원하다

A는 보육교사, 사회복지사, 한국어교원 자격은 물론이고 금융, 펀드 등 다양한 자격을 갖추고 있었다. 이에 따라 A는 직업을 선택할 때, 다양한 선택이 가능했을 것이다. 그러나 A는 2011년 시작한 다문화가정 방문교육지도사로 2024년 현재까지 현장에서 왕성하게 활동 중이다. 이에 A가 방문교육지도사에 지원하게 된 동기를 알아보았다. 1차 면담 때 (2022.2.11) A는 방문교육지도사 채용 공고에 맞는 자격을 갖추었기 때문에 지원하게 되었다고 했다. 그러나 2차 면담(2022.3.12)에서는 또 다른 이야기를 나누어주었는데, A는 방문교육지도사에 지원한 2011년 이전부터 행정안전부, 도로교통공단 등에서 관련된 자격을 갖추고 안전교육, 인성교육 등 강사 활동을 하고 있었다. 방문교육지도사는 이와 병행할 수 있었기 때문에 지원하게 되었다고 했다. 예를 들자면 중년 여성들은 다문화가정 방

문교육지도사가 가사일을 돌보며 병행할 수 있다는 것에서 매력을 찾았다. 이처럼 A는 기존의 어르신 안전교육, 유아 인성교육과 병행하며, 교육 대상을 확장할 수 있다는 것에서 매력을 찾았다. 이에 대해 A는 강의를 연결해주는 단체와 강의 내용 등은 다를지 모르지만, '가르친다'는 공통분모를 가지고 있으므로 "하나예요"라고 했다.

> "[조사자: 어떻게 방문교육지도사에 지원하게 되셨어요?] 이런 자격증 없으면 제가 다문화센터에 등록을 했을까요? 안 했잖아요. 제가 자격증 없으면 공고문을 봤다 하더라도 이력서를 내지 못했겠지요."

> "제가 인성교육 들어간다고 했잖아요. 어린이집이랑 유치원이랑 그 일을 계속하다가 이게 들어간 거예요. (중략) 방문교육지도사 채용 공고문을 보고 좀 더 어른도 하면서 좀 더 파생시킨 거죠. (중략) [조사자: 관련 자격증이 많으신데?] 하나예요. 하나, 뭐 아니 누군가를 '가르친다'는 게."

2000년대를 전후하여 여성은 국가노동력으로서 참여의 기회가 점차 증가하게 되었다(조복현·도현심·유가현, 2013). 한국도 전통적인 성 역할 장벽이 사라지며 여성들에게 취업의 기회가 열리기 시작했다. 그러나 소득 및 직업 수준에서 여전히 남성과의 격차는 컸다. 이에 여성들은 낮은 지위, 낮은 임금의 교사, 간호사, 비서직 등 '특정 여성 직업'을 선택했다(조복현·도현심 외, 2013: 314). 즉 여성의 생애에서 성역할에 따른 결혼, 출산, 임신 같은 사건은 여성의 경제활동 참여에 큰 영향을 미친다. 한편, 45~50세의 기혼여성은 육아 및 보육에서 벗어나는 시기에 다시 경제활동에 참여할 가능성이 커진다(최은영, 2016: 41). 이와 같은 학계의 연구 결과는 A의 삶에서도 발견된다. 특히 여성은 45세를 전후하여 육아 및 보육에서 벗어나는 시기에 경제활동에 참여할 가능성이 크다는 최은영(2016)의 주장처럼 A는 2002년 첫아이가 초등학교에 입학하며 방송대에 입학했고, 이를 시작으로 보건환경학, 아동가정학, 행정학 학사과정 등을 밟으며 각종 자격증을 취득했다. 이를 통해 보육교사, 사회복지사 등의 자격을 갖추고 어르신 안전교육, 어린이 인성교육 등의 강의를 담당하고 있었다. 그러나 여전히 A의 직업 선택에서 가정 내 성역할은 우선 고려 대상이었다. 이에 가정을 돌보며 활동이 가능한 다문화가정 방문교육지도사에 지원했다.

이주민을 바라보는 관점을 이야기하다

A는 인적자원밖에 없는 한국 사회에서 이주민이 자녀를 많이 낳아줄 것이고, 이들로 인해 한국이 부강해질 것이라 기대했다. 따라서 A에게 이주민 자녀의 건강한 성장을 돕는 것은 나라를 돕는 것이라는 '사명감'이 있었다.

> "어찌 됐든 우리 한국의 국민으로 와서 살겠다는데, 한국 국민으로 산다는 것은 열심히 일해서 노동의 대가로 세금도 내고 그러겠다는 얘기잖아요. 그리고 아이도 많이 낳아주고. 나중에 우리나라가 부강해지죠. 우리나라 아무것도 없는데, 딱 있는 거 사람밖에 없는데."

환대는 이방인을 손님으로 받아들여 호의를 베푸는 행동이나 의식을 말하는데(최샘·정채연, 2020: 58), 무조건적 환대와 조건적 환대로 나뉜다. 조건적 환대는 손님을 구분한다. 즉, 의무와 권리가 상호적 조건으로 이루어질 때 조건적 환대가 이루어진다. 그러나 무조건적 환대는 상대방이 누구인가를 묻지 않는다. 이러한 관점에서 A의 이주민 학습자에 대한 윤리적 태도는 조건적 환대라고 할 수 있다. 예를 들자면 A는 이주민을 한국의 인적 자원으로서 세금도 내주고, 아이도 많이 낳아줄 것이므로 한국에 도움이 될 것이라는 조건을 살피고 있기 때문이다. 이러한 조건적 환대는 다문화가정 방문교육을 위해 학습자와 지도사 간의 만남과 대화가 지속되며 씨실과 날실처럼 상호 침투했고, 서로를 인정하는 무조건적 환대로 나아갔다.

2) 포용력은 보람이 되다

힘들었던 순간을 말하다

방문교육지도사는 한국어교육과 가족생활지도 부분으로 나뉜다. 또한, 가족생활지도는 부모교육과 자녀생활서비스로 나뉜다. 이러한 방문교육지도사의 역할은 지도사가 지원하는 분야에 따라 맡은 역할과 교육 내용이 다르므로 역할갈등 또한 통계적으로 유의미한 차이가 있다(손제령·김경화, 2009: 39). 예를 들자면 한국어교육을 담당하는 경우, 지도사는 결혼이주여성이 가장 필요로 하는 한국어교육을 중점적으로 교육하므로 그들에게 높은 호응을 받고 있다. 그러나 아동양육지도사(현재, 가족생활지도사)는 결혼이주여성 자녀의 양육과 교육에 관한 정보 제공 및 가족상담을 중점적으로 지원하고 있다. 이에 따라 자녀 양육 방법과 교육 방법은 결혼이주여성과 그 가족의 주관적인 가치관이 작용하기 때문에 아동양육지도사의 지도내용을 제대로 받아들이지 못하는 경우가 발생한다(손제령·김경화, 2009: 41-42). 특히 자녀생활서비스에서 A는 불편했던 경험을 나누어주었는데, 다문화가정 부모가 방문교육지도사를 신뢰하지 못하고 자녀가 힘들어하는 경우, 부모는 "하기 싫어? 그러면 하지 말까? 그러면 끊을까?"라고 말하는데, A는 이러한 상황에서 좌절했다며 이야기를 전해주었다.

"뭐가 힘드냐면 나는 그 아이를 내 자식처럼 내 분신처럼 생각하면서 뭔가를 도와주면서 학습하고 싶은데 알아주지 못할 때, 자녀생활(자녀생활서비스) 엄마 같은 경우는 그러지 않아요. 부모는 서로 같이 커뮤니케이션이 되니까 그런데. 아이 같은 경우는 공부를 하지 않으려고 하잖아요. 떼쓰고 울어버리고 누워버리면 그럴 때 부모님이 믿고 '선생님 방법대로 알아서 하세요.' 이렇게 맡겨버리면 괜찮은데 (중략) 부모가 개입해가지고 '하기 싫어? 그러면 하지 말까? 그러면 끊을까?' 그러면 아이가 뭐라고 하겠어요. 하기 싫어갖고 '싫어' 그러잖아요. 그러면은 안 한다고 했을 때. (중략) 안 할 거야. '하기 싫어. 그만 끊을까?' 그러니까 걔가 그러면 하지 말자 그러니까 계속 구몬학습이나 눈높이나 빨간펜을 그런 식으로 끊었던 거야. 그래서 기억니은도 몰라가지고 있었던 거야. 그래서 그 얘기가 딱 질문함과 동시에 너무너무 거기서 그 자리에서 내가 상실감이 왔어요."

A는 노인정, 복지관, 자원봉사센터 등에서 다양한 봉사활동을 경험했다. 특히 장애인 목욕시키기, 정신질환자 머리 감기기 등 다양한 봉사활동을 경험했는데, 다문화가정 방문교육사업에 참여하며 만나는 어려움이 그보다 힘들지는 않았다고 했다.

"힘든 거는, 힘들었던 거는 봉사를 많이 한 사람이 근데 편안한 봉사 종류도 여러 가지가 있잖아요. 편안한 봉사를 했던 사람은 못 견딜 거예요. 온실 속에서 자란 사람, 금수저 가지고 태어난 사람은 그런 일을 못 하잖아요. 그런데 봉사를 했을 때 저는 자원봉사센터 가서 그렇게 얘기를 했어요. 남들이 하지 않는 봉사 주세요. (중략) 장애인 목욕시키는 거라든가 정신질환자 머리 감기는 거 그런 일을 아무도 하지 않았어요. 근데 저는 그것부터 시작했어요. 그것보다 더 힘든 일은 다문화센터에 없었어요."

방문교육지도사의 역량을 말하다

방문교육지도사는 결혼이주여성을 대상으로 하는 한국어지도사와 결혼이주여성, 자녀를 대상으로 하는 가족생활지도사(부모교육, 자녀생활서비스 포함)로 나뉜다. 이들은 다문화가정을 직접 방문하여 결혼이주여성과 자녀에게 서비스를 제공한다. 이에 따라 다문화가정의 가족 구성원이 직면하는 다양한 문제에서 자연스럽게 멘토 역할을 하게 된다. 조영아(2013: 141)는 방문교육지도사의 직무역량을 '직무를 수행하는 데 필요한 적성 및 역량과 이러한 역량을 어떻게 개발해나가는가?'와 관련된 내용이라고 했다. 연구 결과, 참여자들의 전형적 응답내용을 보면, 요구되는 적성은 '배우고 가르치는 것을 좋아함', 직무자원은 '교사 및 상담경험', '결혼 생활 및 자녀 양육 경험', 역량개발 방법은 '관련 교육 참여와 자격증 취득', '책, 방송 등을 활용한 교육자료 개발', '한국어교육 양성과정 이수'로 나타났다. 또한 '센터의 공식교육 참여'는 모든 참여자가 역량을 개발하는 방법이라고 했다.

2011년부터 2024년까지 10여 년이 넘는 기간 동안 방문교육에 참여하고 있는 A는 방문교육지도사로서 갖추어야 할 역량에 대해 다음과 같이 이야기했다. 그녀는 보육교사, 한국어교원 자격, 사회복지사, 상담심리 등의 자격을 논하기보다 인생에서의 풍부한 경험을 바탕으로 하는 너그러운 '포용력'이 방문교육지도사에게 가장 필요한 역량이라고 했다. 이에 대한 그녀의 이야기는 다음과 같다.

"이걸 하면서 제가 모든 자격증이 다 필요하다. 예를 들면, 그 아빠가 다 만냥(상호: 만냥하우스) 한 사람이 얼마나 답답했으면 나만 찾아. 밤 12시에 나가서 술 먹으면서 하소연하니까 들어줬다니까요. (중략) 젊은 사람은 그 사람한테 돈을 좇아버리면 그것도 어렵고 다방면으로 상담을 못 해줘요. 나이가 있으면 있는 대로 부모교육은 그래. 자녀교육, 그거는 좀 젊은 사람이 해도. (중략) 부모교육이랑 그런데 엄마를 통해서 하는 건 나이가 진짜 연륜이 있어야 해. 따뜻하고 포근하게 시엄마 겸 친정엄마 겸 언니 겸. 그리고 이런 경제적인 지식이나 삶의 경험이 있어야 상담이 되고 이끌어줄 수 있어요. 그렇지 않으면 어려워. (중략) 경제성이라든가 활동을 한 사람이어야 돼. 봉사를 했다든가 다양한 경험이 있어야 돼. 그렇지 않으면은 어려워."

방문교육에서 보람을 찾다

A는 2011년 가족생활지도 영역의 방문교육지도사로 채용되어 2024년 현재 현장을 지키고 있다. 이에 A가 열악한 처우에도 불구하고 방문교육지도사로서 현장을 지키는 이유를 탐색해보았다. A는 부모교육 등으로 만나게 되는 결혼이주여성들과의 따뜻한 관계 맺음에서 장기근속의 원인을 찾았다. 또한, 낮은 학습 능력으로 어려움에 처해 있던 다문화가정 자녀가 A의 오랜 정성으로 성적이 향상되고 의사가 되고자 하는 꿈을 꾸게

되었을 때, 현장 활동가로서의 '보람'을 이야기했다. A를 10여 년간 방문 교육지도사로서 현장을 지키게 한 것은 바로 '인간 대 인간으로서의 따뜻한 관계 맺음과 보람'이었다.

> "[조사자: 선생님, 방문교육을 하며 좋았던 기억도 있을까요?] 그게 있으니까 지금까지 일을 했지요. (중략) 부모교육 하면 다 따뜻해요. 자녀교육을 하면은 부모랑 나랑 그렇게 함께할 수 있는 시간이 없잖아요. 맞벌이하거나 그러면 애들하고 나랑 하고 가잖아요. 근데 부모교육 가면은 서로 마주 보고 그렇게 수업을 하니까 수업 끝나면 선물하고 편지 꼭 써주고. 이번에 학생도 걔가 수학을 정말 못해. 더하기 빼기 안 돼. 근데 이제 엄청나게 세뇌를 시켜가지고 했어요. 국어도 잘하고 이제 수학도 잘하게 됐어요. '꿈이 뭐야?' 그러면 의사선생님이 된대요. (중략) 선생님이 여기 아픈 거 네가 고쳐줘야 돼. 그랬더니. 2학년이거든요. 자녀생활서비스가 끝났어. '선생님, 저 꼭 의사선생님 꿈 이루어서 선생님 아픈 곳 있으면 도와드릴게요.' 그러면서 인형 편지 (중략) 이렇게 써서 준 거예요. 그럴 때 정말 보람 느끼죠. (학년이) 올라가서 전화가 왔어요. '선생님, 어디예요?' '수업하지' 그랬더니 '선생님, 저 수학 95점 맞았어요.' '너 역시 그럴 줄 알았어. 나, 너 믿었어. 멋졌어! 다음에 또 얘기해줘.' … '보람'."

배움은 계속되다

A는 방문교육사업 중 가족생활지도(부모교육, 자녀생활서비스) 부문으로 채용되었으나 현장에서 한국어교육의 전문지식이 필요함을 확인했다. 예를 들자면 부모교육을 위해서는 결혼이주여성에게 한국의 문화 등을 설명해야 하는데, 이는 한국어로 소통되므로 학습자의 한국어교육을 어느 정도

는 뒷받침해주어야 부모교육을 할 수 있다고 했다. 이에 따라 A는 2014년 ○○사이버대학에서 한국어문화학을 전공하고 한국어교원 자격(2급)을 취득했다. 이와 같이 방문교육지도사는 현장의 필요에 맞추어 지속적으로 자격을 취득하고 교육 영역을 넓혀나간다.

"부모교육 지도 사업하면서 제가 한국어를 다시 공부한 거예요. (한국어교육) 양성과정을. 부모교육지도사로 2011년에 입사하고 보니까 다 똑같은 줄 알았는데 한국어랑 부모교육이랑 나눠지는 거예요. 그럼 내가 그 학생을 만났을 때 제대로 된 도움을 지원해줘야 되는데 한쪽이 부족하면 안 되잖아요. 그래서 한국어 양성과정을 이수하고 바로 한국어를 한 거예요. (중략) 센터에서는 (한국어교육지도사는 전환교육을 통해 가족생활지도 부문을 병행할 수 있으나 가족생활지도사는 한국어교육지도사로 전환할 수 없다.) 전환을 하고 안 하고를 떠나서 나를 만나는 그 학생 대상자들이 좀 더 유익한 정보를 받을 수 있다는, 제공할 수 있다는 것에 만족하니까요."

"[조사자: 가족생활지도사인데 한국어 자격증이 있네요.] 근데 한국어는 안 그래요. 한국어만. 우리 동기 연수 아까 얘기했잖아요. 6박 7일 연수 들어갈 때 한국 언어가 소통이 돼야 문화 수업이 들어가죠. 기본이 한국어잖아요. 40%는 가르쳐줘야 돼요. (중략) 그런데 주먹구구식으로 한국어를 가르치는 것보다 체계적으로 전달해준 게 그 아이한테도 훨씬 (중략) 습득하기가 좋잖아요. 그냥 이왕이면 가르쳐줄 때 제대로 전달을 해줘야죠."

3) 사명감에서 청소년기 꿈을 만나다

방문교육은 사명감이었다

A는 방문교육에서 학습부진 상태인 다문화가정 자녀의 눈높이에 맞추어 자녀생활서비스를 제공하려 노력했다. 학습지도에서 어려움을 겪는 다문화가정 부모들은 A를 믿고 자녀를 맡기게 되었다. 이렇게 신뢰가 쌓이며 자녀생활서비스를 받은 다문화가정 자녀는 학습 능력 향상을 보이는데, 학습자의 성장과 변화에서 A는 보람을 느끼게 되었다. 특히 다양한 상업성 학습지 방문교육에서 성과를 얻지 못했던 다문화가정 자녀의 성적이 향상되었고, A는 꾸준히 학습 능력이 향상되는 다문화가정 자녀의 부모에게서 감사 인사를 받았을 때 큰 보람을 느꼈다.

"아빠한테 전화를 해가지고 이런 경우다, 그래서. 아이가 기억니은도 어려운데 학습 능력이 학습 부진한 상태에서 학습을 나이에 맞게 따라가고 싶다면 제 방법대로 믿고 (중략) '여기서 끝낼까요?'라고 물어봤어요. 그러니까 선생님 마음대로 하래요. 고맙다고 끊었어요. 고모한테도 전화했어요. (중략) 그런데 고모가 바로 얘기를 하더라고. '선생님 그애가 구몬학습, 빨간펜, 눈높이 다 실패했어요. 선생님이 마지막이에요. 어떡하든 도와주십시오. 믿을게요.' 그렇게 얘기를 해주시더라고요. '그러면은 좋습니다. 제가 책임지고 한번 같이 친구가 돼볼게요.' (중략) 둘이 연습하고 20번 숙제를 했는데 해봤더라. 근데 100점을 맞아온 거야. 자기 생전에 항상 빵(0점)만 그려오다가 70점 맞았지, 100점 맞았지. 큰 거예요. 그래서 너무 잘했다고. 그거를 사진 찍어갖고 스크랩을 해갖고 공부방에다가 붙여줬어. 100점을 정말 잘했다고. 참 잘했어요. 해가지고 그래 그리고 아빠한테도 전화하고 고모한테도 전화를 해줬어요. 칭찬 바가지로 해주라고. 칭찬을 많이 해줬대. (중략) 그러니까 애가 그때부터 반짝반짝반짝하면서 하라고 하는 것 다 해. (중략) 그래갖고 자기가 1등 해서 짜장면 먹고 12가지 물감 같은 걸 받았더라고. 그러면서 그 아이가 지금도 굉장히 공부를 잘해요. (중략) 2학년 때 그렇게 하고 나서 3학년 올라갔을 때까지 자기가 뭐 했다는 거 저한테 보내주고 그러더라고요. 근데 그게 참 보람이에요. 고모가 너무 고맙대요. '애 사람 만들었다'고."

A는 이주민을 인적자원으로 보았다. 이에 사명감을 가지고 방문교육에 참여했다. 이처럼 이주민을 구분했던 조건적 환대는 결혼이주여성들과의 만남에서 신뢰가 쌓이며 깊은 인연으로 이어졌다. 방문교육은 매주 2회기, 2시간씩 규칙적·반복적으로 이주민 학습자를 만나고 대화하며 그들의 관계는 믿음과 신뢰가 쌓였다. 이러한 관계 경험은 행동의 변화로 이어져 씨실과 날실처럼 상호 침투하여 무조건적 환대로 나아갔다. 이처럼 A는 신뢰가 쌓이지 않았다면 10여 년이 넘는 기간을 방문교육지도사로서 활동하기 어려웠을 것이라고 했다. 이에 A의 방문교육지도사로서 방문교육 경험의 의미는 '신뢰로 다져진 인연'이라고 할 수 있다.

"사명감으로 만났고, 만남도 인연 같아요. 인연이 믿음을 쌓고, 믿음이 신뢰하게 되어 꾸준히 좋은 정보를 전하고 싶었습니다. 믿음과 신뢰가 없으면 중간에 중단했습니다."

청소년기 꿈을 이루다

A는 1960년대 후반에 출생했는데, 남아선호사상은 A의 청소년기에

도 여전히 남아 있었다. 또한, A는 넉넉하지 못한 가정경제 환경에 놓여 있었다. 이로 인해 A는 후기 청소년기에 고등교육의 기회를 얻지 못했다. 특히 고3일 때, A의 아버지는 오랜 병마의 고통을 내려놓고 돌아가셨고, 어머니는 2남 4녀를 먹이고 입히려 남자 일 여자 일을 마다하지 않으셨다. 이에 A는 어머니를 도와야 한다고 생각했다. 따라서 고등학교를 졸업하자마자 언니 오빠를 따라 수도권으로 상경하여 최첨단 반도체 기업에 취업했다. 청소년기 A의 가정경제 환경은 열악했기 때문에 선생님이 되어 누군가를 가르치고 싶던 꿈을 잠시 접어두고 있었다. 그러나 중년 여성이 된 A는 방문교육을 통해 '뭔가를 가르치고 싶어 했던' 청소년기의 꿈을 이룰 수 있었다. A는 방문교육지도사로서 장기근속하는 자신의 선택에 대해 '그래서 지금도 남들에게 가르쳐주고' 있는 것 같다고 해석했다.

> "어렸을 때도 뭔가를 가르치고 싶고, (중략) 저는 옷도 만들고 그러고 싶었어요. 내 마음대로 옷을 만들어서 입어보고 싶었어요. 그런데 그런 쪽으로 클 수가 없었던 거죠. 그렇게 해서 (지금도) 남들한테도 가르쳐 주고."

융(Jung)은 인간의 삶에서 자기실현이란 타고난 재능을 충분히 발휘하며, '지금-여기'의 있는 모습 그대로의 평범한 행복을 구현하는 과정이라고 했다(이부영, 2008). 이러한 인식을 바탕으로 남순현(2009)은 중년 여성의 심리적 행복은 일에 대한 만족이 중요하다고 했다. 이는 자신의 흥미와 적성에 맞는 직업을 찾아 일에 대한 가치를 발견하는 것이 개인 행복의 중요한 요소이기 때문이다(박정혜·강세원, 2022). 이러한 관점에서 A의 이야기를 종합해보면, A는 다문화가정을 돌보는 방문교육에서 일에 대한 가치를 발견했다. 일에 대한 가치 발견은 심리적 행복으로 이어졌으므로 그녀의 삶은 자아를 실현하는 삶이라고 할 수 있다.

4.
다문화사회를 지키는 파수꾼이 된 방문교육지도사 A

    2000년을 전후하여 결혼이주여성은 급속히 증가했고, 이들의 안정적 정착을 위해 다문화가정 방문교육이 시작되었다. 방문교육지도사는 결혼이주여성의 한국어교육을 위해 직접 다문화가정을 방문하는 역할을 맡았지만, 피부색도 다르고 언어도 다른 결혼이주여성을 만나 대화를 나눌 때 방문교육지도사들 또한 이들이 낯설게 느껴졌을 것이며, 이들을 위한 한국어교육도 쉽지 않았을 것이다. 그럼에도 A는 방문교육지도사로서 맡은 바 역할을 묵묵히 수행했다. 특히 다문화가족이 직면하는 다양한 문제에 대한 해결방안을 찾아 제시하는 등 이주민의 한국에서의 삶을 돕고자 노력했다. 이는 A가 다문화가족을 한국의 인적자원으로 보았기 때문이다. 따라서 A는 이들을 돕는 것이 나라를 살린다는 사명감으로 다문화가족을 만났고, 이들과의 신뢰가 쌓이며 인연이 깊어졌다. 2011년부터 10여 년간 방문교육에 참여하고 있는 A는 2024년 2월 현재, 묵묵히 다문화가정 방문교육 현장을 지키고 있다. 이에 저자는 A를 지역 다문화사회를 지키는 '파수꾼'이라 명명하고자 한다. 파수꾼이란 "어떤 일을 한눈팔지 않고 성실하게 하는 사람"을 비유적으로 이르는 말이므로 10여 년간 지역 다문화가정 방문교육지도사로서 묵묵히 삶을 살아온 A에게 적절한 명명임이 분명하다.

4장

방문교육지도사 B의 생애담

1.
방문교육지도사 B의 특성:
나 정말 잘한 거 같아

　B는 1961년 1남 8녀 중 여섯째(딸)로 태어났다. B의 가정은 많은 형제자매로 인해 가정경제 상황이 넉넉하지는 않았으나 아버지는 딸들을 귀하게 여기셨다. 이에 B는 자상하신 아버지의 사랑을 듬뿍 받으며 성장했다. 그녀는 중학교 때까지 고향에서 지냈으나 고등학교 때는 서울에 있는 언니의 도움을 받으며 학창 시절을 보냈고, 고등학교 졸업 후 서울에서 직장생활을 했다. 1989년 결혼 후 퇴사하고, 1994년 아이(딸)를 얻었다. B는 아이가 유치원에 다닐 무렵, 구청 신문에서 "동화읽는어른" 기사를 읽고 동아리 회원이 되었다. 함께 활동하던 동아리 회원의 권유로 2002년 방송대 교육학과에 입학하여 2006년 학사학위를 취득했다. 이를 통해 평생교육사, 보육교사 자격을 취득하고, 한국어교원 양성과정을 이수했다. 이후 사회복지사, 문해교육사 등의 자격을 추가로 취득했다. 한편 방송대 학사과정 중 봉사점수를 얻기 위해 2003년 시작한 중증장애인 봉사는 2019년 코로나19로 인해 봉사가 중단될 때까지 이어졌다.
　2009년 지역 주민센터의 행복상담원이 되기 위해 100시간 연수를 마치고 대기하던 중 학습 동기의 소개로 E지역 가족센터에서 방문교육지도사(한국어교육)를 시작했다. 이후 직무전환교육을 통해 가족생활지도 영역까지 활동 분야를 확장했다. 특히 청소년기부터 선생님이 되고 싶었던 B는 결혼이주여성과 그 자녀들의 선생님이 되어 이들과 깊은 라포를 형성하게 되었다. 2010년 근무처를 F지역 가족센터로 옮기고, 2021년 12월 은퇴할 때까지 이 일을 지속했다.

2.
방문교육지도사 B의 방문교육 이전 시기

1) 부모형제의 사랑은 울타리를 넘고

딸부잣집 여섯째 아이로 태어나다

B는 1961년 ○○시에서 직장생활을 하시는 아버지와 살림을 하시는 어머니 사이의 1남 8녀 중 여섯째 아이(딸)로 태어났다. 1960년대 한국에는 남아선호사상이 남아 있었으므로 B의 부모는 아들을 낳기 위해 부단히 노력했고, 이는 9남매라는 결실을 맺게 했다. B는 형제 많은 가정에서 부대끼며 살았기 때문에 둥글둥글 더불어 사는 삶이 익숙하다고 했다.

"저희가 친정이 9남매예요. 딸만 여덟 아들이 하나야. [조사자: 선생님, 몇째세요?] 저는 이제 딸로서 다섯째고 이제 오빠까지 하면 여섯째거든요. 근데 그렇게 막 둥글둥글 더불어 사는 게 나한테 조금 익숙했나. 그리고 그렇게 부유한 생활은 아니었잖아요. (중략) 부모님은 농사는 안 지으시고 시내에서 아빠가 직장 다니셨어요."

아버지, 어머니를 말하다

양육 태도란 양육자인 부모가 자녀를 양육함에 있어 나타내는 전반적인 행동 및 활동을 의미한다. 부모의 양육 태도는 부모-자녀 관계의 질을 결정하며, 자녀의 지적·정서적·성격적·사회적 측면 등에 중요한 영향을 미친다(박옥현, 2017: 7). 이에 B의 가정환경 중 부모에 대해 살펴보았다. B의 아버지는 넉넉하지 않은 가정경제 상황에서도 묵묵히 자녀들의 교육에 정성을 쏟았다. 특히 1960년대 남아선호사상에도 불구하고 B의 아버지는 아들보다 딸을 더 위에 두는 그런 분이었다.

"[조사자: 선생님은 스스로를 굉장히 긍정적으로 보시는데, 주위에서 어떤 영향이 있으셨나요?] 아버지 영향도 있어요. [조사자: 아버지는 어떤 분이셨어요?] 저희 아버지는 많이 배우시지는 못하셨는데, 항상 그 뭐지 저희 집에 딸이 많잖아요. 선생님, 그때는 아들 낳으라고 그렇게. (중략) 근데도 항상 뭐라 그럴까. 딸을 더 위에 두셨다고 생각해야 되나. 그리고 동네에서도 맨날 웃음이 끊이지 않는 집이 저희 집이었어요. (중략) 여자애도 무조건 배워야 된다. 부모가 능력이 없어서 대학교는 못 해주지만 고등학교까지는 어떻게든 내가 가르칠 테니까 너네가 해라 이런 거 있고, 아빠가 되게 자상하셨어요. 학교 운동회 같은 거 하고 이러면 엄마는 안 오셔도 아빠는 오셨어요. 그 정도로 되게 자상하고 딸들한테도. 이상이 좀 다르다고 해야 하나."

이렇게 아버지와 어머니를 소개하던 B는 본인의 부모에 대해 엄한 아버지와 자상한 어머니의 일반적인 부모 표상이 뒤바뀐 경우라고 했다. 이로 인해 B는 아버지와 더욱 가깝다는 느낌을 가지고 있었다. 말이 없으셨던 어머니에게는 부모에 대한 도리상 효도를 했다면, 아버지에게는 애틋한 마음이 많이 있다고 했다.

"저희 어머니는 작년에 돌아가셨는데, 저희 엄마는 되게 말이 없으시죠. 저는 실은 엄마보다도 아빠하고 더 친했어요. 그리고 되게 아빠를 더 좋아했어요. 우리 엄마는 좀 독하다 생각이 좀 있었고, 생전 눈물도 안 보이시고 되게 강인하셨던 분인 것 같아요. 엄마에 대해서는 그렇게 크게 막 애절하고 그런 거는 좀 덜해요. 그런데 이제 돌아가실 때 그래가지고 마음이 그게 좀 아프더라고요. 제가 그러니까 아빠 돌아가시고 나서는 되게 막 허하고 그랬었는데, 엄마가 이렇게 편찮으셨을 때는 못해준 것에 대해서 좀 미안한 감은 있지만. (중략) 그 엄마한테 해주는 거는 그냥 자식이니까 그냥 한다는 거. 사랑보다도 그런 의무감, 자식이니까 당연히 해야지 이런 게 좀 더 있었어요. 아빠보다도 근데 아빠는 마음이 우러나서 하는 게 있고 엄마는 약간 그런 분들."

청소년기 특별했던 가정환경을 이야기하다

청소년기 B의 가정경제 환경은 넉넉하지 않았다. 그러나 나이 차이가 많이 나는 첫째, 둘째 언니들은 외출할 때마다 매번 B를 데리고 나가곤 했다. 언니들은 B에게 예쁜 옷과 구두를 사주고 머리도 예쁘게 장식해주었기 때문에 B의 청소년기는 행복했던 기억으로 가득 차 있다고 했다. B의 언니들은 남자친구를 만나러 갈 때면 다른 동생들보다 B를 데리고 외출했는데, B는 언니들이 왜 그랬는지 모른다고 했지만 심층면담에서 자신이 아마도 다른 동생들보다 나이가 어리고 예쁘고 착했으므로 언니들이 남자친구와 데이트하는 데 방해받지 않는 적당한 방패막이가 될 수 있었을 것이라고 저자에게 해석해주었다.

"저는 어렸을 때는 되게 사랑받고 자랐던 것 같아요. 저희가 지금 딸만 여덟 명 있잖아요. 그냥. 큰언니, 둘째 언니하고 되게 나이 차이가, 차이가 많이 나요. 근데 이제 큰언니랑 둘째 언니가 옛날에 이제 어디를 나가거나 이러면은 꼭 누굴 델꼬 가. 왜 그랬는지 나는 모르겠어요. 우리 둘째 언니도 남자친구를 만나러 갈 때면, 꼭 나를 데리고, 데리고 간다. 그런데 다른 동생들도 많이 있잖아요. 꼭꼭 저를 데리고 갔어. (중략) 이렇게 데리고 갈 때도 항상 좋은 옷을 사주고 신발을 사줬어. 동생들보다도 내가 되게 많이 어떤 혜택을 받았다. 청소년 시절 중학교 때까지는 되게 제가 행복했던 것 같아요. 그러니까 뭐라지 집은 그렇게 잘살지는 않았는데 부족함이 없었지. 내가 느껴서. 옛날에 이렇게 막 사진 보면 이제 막 언니 머리 이렇게 올려가지고 사진도 막 가서 찍어주고. 또 양장점이라고 있잖아요. 그런 옷도 맞춰주고 신발도 구두를 신었고 이런 거 보니까."

그러던 중 셋째 언니가 결혼하고, 형부의 사업 자금을 마련하는 과정에서 B의 가정경제 환경은 급격히 어려워졌다. 이에 따라 B는 다른 형제들과 달리 서울로 상경하여 언니의 도움을 받으며 고등학교에 다니게 되었다. 이로 인해 B는 한창 예민했을 사춘기에 부모님과 헤어져 살아야 했으므로 종종 외로움에 시달렸다고 했다. 그러나 지방에 남아서 어려움을 감내해야 했던 다른 형제들과 비교하면, 서울에서 언니와의 자취생활이 오히려 넉넉했다고 했다.

"그리고 고등학교 때는 이제 서울로 왔지. (중략) 저희 집안이 엄청 힘들었어요. 왜 그러냐면 저희 셋째 형부가 저희 집을 담보로. (중략) 그렇게 해서 굉장히 힘들었어요. 그런데 저는 언니한테 와버렸잖아요. 그러니까 우리 언니가 나한테는 또 엄청 해줄 거 다 해줬잖아요. 등록금도 내주고 교복도 다 했지. 뭐 아무튼 부족함이 없이 둘이만 사니까. 근데 그 밑에 동생들은 너무 힘들게 했어. 나는 지금 생각하면 동생들한테 그게 너무(미안해). 그때는 내가 어리니까 고등학교를 (서울에서 공부하게 되어서). 그래가지고 외로운 거 외에는 부족한 감이 없고. 둘이만 있으니까 되게 외롭다. 엄마가 해주는 밥 이런 거 먹고 싶고, 내가 해서 먹어야 하고 막 이러니까. 그런 거는 좀 불편하고 외로웠는데 경제적으로 제가 힘들지를 않았어요. 근데 동생은 (중략) 그래서 굉장히 힘들게 살았는데 나만 너무 풍족하게 산 거야. 근데 지금도 되게 미안하고 저는 청소년기 때까지는 너무 괜찮았다."

저도 고생 많이 했어요

B의 원가족은 셋째 언니네 가정에 사업 자금을 지원하면서 어려움을 겪었다. 그 당시 B는 서울로 상경하여 직장에 다니는 언니의 도움을 받으며 고등학교에 다닐 수 있었다. 이에 따라 B는 현재까지도 언니에게 마음의 빚을 가지고 있다고 했다. 한편 꿈 많고 호기심 많은 사춘기에 언니와 자취하며 고등학교를 다녔던 시기에 대해 B는 "저도 고생 많이 했어요"라며 이야기해주었다. 그 시기는 경제적으로 힘들었다기보다 부모님과 떨어져 살아야 했기 때문에 매번 완행열차를 타고 고향에 다녀올 때면, 고향을 떠나기 전날부터 울었던 기억을 이야기했다.

"선생님, 저도 고생 많이 했어요. 중학교 때까지는 엄마 아빠랑 살고 그래요. 고등학교 때부터는 이제 언니가 혼자 서울에 있으니까 서울로 왔어. 이제 학교를 다녀. 제가 밥도 많이 해 먹어야 되고. (중략) 학교 다닐 때 되게 고생 많이 했죠. 제가 밥해 먹고, 언니랑. 언니는 그런 거 잘 안 해요. 저 언니 돈으로 가르쳤거든요. 고등학교를 저희 언니가 가르쳐가지고 지금도 마음의 빚이 있어가지고. (중략) 언니한테 신세를 졌다. 이게 그 강박이 있어요. 그래가지고 지금은 언니가 저보다 조금 더 못살아. 제가 늘 언니 뭐 있으면 그냥 언니 먼저 챙겨주고. (중략) 그래서 저는 막 언니가 그때 직장을 계속 다녔었는데 뭐 옛날에 그 푸르넷 금성출판사 그런 것도 하고요. 언니 거기에서 지점장까지 올라가고 그랬었지. 그랬는데 이제 저를 계속 고등학교를 가르쳤잖아요. 그래서 거기 회사에서 나오는 책 이렇게 진짜 필요도 없는데도 '이거 사' 그러면 두 말 없이 사줘야 되고, 내가 형편이 다 되어서 그런 건 아니지만 아무튼 딴 데 아껴서라도 그렇게 해서 사주고, 지금도 이제 언니가 나보다 조금 더 힘드니까 명절 때 고구마 나오면 고구마 사서 보내고."

B는 청소년기를 이야기하며 다시 그 시절로 돌아가는 듯했다. 특히 B는 청소년기에 상경하여 언니의 도움을 받으며 고등학교에 다녔기 때문에 부모님과 헤어져 살아야 했으므로 고향을 떠나 부모 없이 살아야 하는 그 상황이 힘들었다고 했다. 이에 부모님을 뵙기 위해 고향에 다녀올 때면 주로 기차를 이용했는데, 요즘의 KTX나 새마을호 등의 초고속 열차와 다르게 그 당시에는 정거장마다 정차하는 무궁화호가 있었고, B는 이를 주로 이용했다고 했다. 그 당시에는 가정경제 상황이 매우 좋지 않았으므로 서울에서 저녁에 무궁화 완행열차를 타고 출발하면 다음 날 아침에 고향에 도착할 수 있었다고 그 당시를 이야기했다. 밤새 완행열차를 타고 서울

과 고향을 오가며 매번 울었던 청소년기를 이야기하며 그 당시에는 부모의 사랑에 굶주려 있었다고 이야기했다.

"경제적으로 힘든 게 아니라 부모랑, 부모님이랑 헤어져 사는 게 힘들었어요. 방학 때 집을 가잖아요. 선생님 그러면은 이제 가서는 너무 좋죠. 올 때는 너무 슬프잖아요. 그러면 오늘 그때는 기차를 타고 다니거든요. 완행열차도 있어요. 지금 KTX도 있고 새마을도 있고 그러잖아요. '무궁화'라는 거는 역마다 다 서는(정차하는) 거예요. 그러면 저녁에 서울역이나 용산역에서 타잖아요. 아침에 떨어져요. 기차가 역마다 다 서니까 그거를 타고 가고 이제 올 때도 이제 돈이 없으니까 우리 아버지가 조금 용돈도 주고 이러니까 그걸 타고 이렇게 오고 그러는데, 오늘 이제 기차를 타고 가야 된다 그러면 저녁, 만약에 (저녁) 기차여도 아침부터 울어요. 근데 간다는 생각이 너무 슬퍼가지고 계속 올 때마다 우는 거예요. (중략) 올 때마다 울고 아빠가 이제 가끔 우리 보러 서울에 오시잖아요. 그러면 이제 내가 모셔다드려. 학교 다닐 때니까 언니는 이제 회사 가고 그러면은 아빠를 기차역에 모셔다드리고 오면서 버스 안에서 계속 울어. 그래가지고 오면 언니한테 혼나. 그러고는 이제 가서는 되게 좋은데, 아침부터 울면 이제 식구들이 '쟤 이제 또 시작했다' 해가지고 이제 '그러려면 너 다음에 오지 마. 왜 그렇게 울면서 뭐 하러 와? 오지 말라'고 그러지. 집에 가서 도착하면 이제 또 계속 생각나서 우니까 또 언니한테 혼나지. 계속 그런 생각이 제일 많아요. 그러니까 되게 사랑이 조금 굶었어. 좀 고팠어."

청소년기의 B는 특별히 선생님이 되고 싶었다. 그러나 넉넉하지 못한 가정경제 환경으로 인해 B는 후기 청소년기에 고등교육의 기회를 갖지 못했다. 그런데 결혼 및 출산, 자녀 양육기를 마치고 B는 대학 진학의 기회를 가지게 되었다. B의 이러한 방송대 학사과정은 이주 여성을 대상으로 하는 다문화가정 방문교육지도사로서 공적 업무에 장기적으로 몸담게 되는 동력이 되었다. 덧붙여 B는 남을 돕는 것에 대해 특별한 가치를 부여했고, 고등학교 등 학창 시절에 사귀었던 친구들과 꾸준히 관계를 이어오고 있다.

"저는 진짜 선생님 되고 싶었어요. (중략) 선생님이 되면, 난 정말 애들을 많이 사랑하고 나 진짜 잘해줘야지 막 그래서. [조사자: 특별히 좋아한 과목이 있으세요?] 저는 조금 특별히 막 좋아하고 이런 거보다는 학교 다닐 때는 수학을 조금 잘했던 것 같아요. 근데 이제 고등학교랑 중학생 때는 별로 그냥 골고루 골고루."

"저는 이렇게 좀 남 도와주고 이런 것을 되게 좋게 생각했던 것 같아요. 지금도 이렇게 보면은 막 누가 얼마를 기부를 했다. 막 이런 거 보잖아요. 그런 부분에 제일 마음이 많이 가요. 누구 도와줬다 누구 해줬다 이렇게 지나가다가 갑자기 사람을 구해줬다 막 이런 거 있잖아요. 그런 거에 되게 마음이 제일 많이 가는 게 저한테 그런 DNA가 조금 있었던 거 같아요. 저희 친구들끼리는 그냥 맨날 놀았던 거 같아요. 그건 대학교 안 나왔으니까. 그것이 그 친구들 있잖아요. 그냥 친구라면 지금도. 두 달에 한 번씩 만났는데. 두 달에 한 번씩 모임이 있어요. 그 친구들이랑 같이. 3년 전에 베트남도 갔다 오고. 그다음에 유럽 여행도 친구들이랑 같이 (다녀오고). 다달이 조금씩 모아가지고 갔다 오고."

2) 지난했던 결혼과정은 성장이 되고

취업과 결혼을 이야기하다

1970년대 진학률을 보면, 중·고등학교 진학률은 각각 56.5%, 68.8%로 매우 낮았다. 2000년대를 기점으로 여성의 사회참여 기회가 늘면서 여자 청소년의 대학 진학 비율은 1970년대 20%대에서 2005년 80%대로 급격한 상승을 보였다(전북일보, 2007). 이처럼 1960년대 출생한 B는 후기 청소년기에 고등교육의 기회를 얻기는 쉽지 않았다. 이에 따라 B는 고등학교를 졸업하고 취업했다. 1980년대 당시 여학생의 경우, 인문계 고등학교에 입학하여 대학 입시를 준비하기보다는 주로 상업계 고등학교에 입학하여 주산, 부기 등의 관련 자격을 취득한 후 은행이나 일반 사무실의 경리로 취업하곤 했다. 이를 반영하듯 B는 고등학교를 졸업하고 친척이 운영하는 자동차 부품 가게, 주택공사, 관리사무소 등에서 경리로 일했다. 그러던 중 고등학교 졸업 후까지 함께 지내던 언니가 결혼하자, 혼자 생활하며 외로웠던 B는 사무실 근처에서 만난 남성과 가까워졌고 이는 결혼으로 이어졌다. B의 결혼은 부모형제의 결혼 조건 등에 대한 견해 차이로 지난한 과정을 거쳐야 했다. 이에 대해 B는 혼자 지내다 보니 외롭기도 했고, 셋째 언니네 형부로 인해 힘들었던 가정사 때문에 마음이 착해 보이는 사람을 선택하게 된 것으로 유추했다. 그런데 반대할수록 더욱 결혼해야겠다는 의지가 생기더라고 했다. 이러한 경험으로 B는 장성한 자녀의 결혼에 대한 깨달음을 이야기했다.

"[조사자: 고등학교 졸업하고 취업하신 거예요?] 네, 삼촌 자동차 부품 가게 경리, 주택공사 관리사무실 근무, 아파트 관리소 근무 등 경리로 일했어요. (중략) 그러니까 되게 사랑이 조금 굶었어, 좀 고팠어. 이 남자가 잘해주니까. 그것도 좀 영향이 있었던 것 같아요. 우리 반대한 언니가 그랬어. 얘가 아마 어렸을 때, 학교 다닐 때 너무 외롭게 있어가지고 이 남자가 생기니까 그런 어떤 잘해주거나 이런 건 없었어요. (중략) 그래도 이제 항상 혼자 있다가 누군가가 이때 생겼다고 생각하고, 내가 좀 마음을 확 준 것 같아. 근데 나중에 보니까. 너무 괜찮고. (중략) 제가 결혼할 때 이제 얼마나 반대를 했겠어요. 근데 남편이 너무 착해요. 저는 이제 어떻게 어떤 공간에서 알게 돼서 공간보다도 저희 이제 회사 다닐 때 회사 근처에서 자주 보게 돼가지고. 그냥 결혼을 했는데 남자가 너무 착하고 너무 잘생겼어. (중략) 근데 저는 내 생각에 우리 형부, 셋째 형부 그 사람 보고 이제 사람이 이렇게(해서 친정을 어렵게 만드는 거 보고). 악해서 그런 거는 아니지만 아무튼 아버님을 조금 어떻게 어떻게 해가지고 집을 그렇게 했잖아요. 그러니까 그런 영향이 있지 않았나 싶기는 해요. 그리고 이제 언니가 사는 거 보고 너무 힘들게 사니까. 이 남자랑 살면 나는 마음은 편할 것 같다. 그런 느낌도 좀 있어서. 이 남자가 너무 착하고 선하고 이러니까 그래서 이제 결혼을 하기로 마음을 먹었죠. (중략) 그렇게 해서 이제 결혼을 한다고 하니까 이제 집에서 난리가 나서 (중략) 지방에서 올라오고 서울의 언니들이 이제 매일 저한테 출근하죠. 출근해갖고 네가 마음을 바꿔라, 어쩌라는 얘기를 계속 저한테 하죠. 근데 그게 욕심이었는지 진짜로 좋아서 그랬는지 모르지만 반대를 하면 할수록 선생님 더 해야 되겠다는 생각을 그러니까 지금 저도 터득했어요. 자식을 키우면서 그러는 게."

부모형제의 반대를 무릅쓰고 강행한 결혼이었기 때문에 B와 그녀의 남편은 더욱 노력했다. 이는 B의 진술에서 발견할 수 있는데, 결혼 후 30여 년이 지난 현재까지 부부싸움을 한 경우는 두세 번밖에 없다고 했다. 이에 B의 자녀는 "엄마, 아빠가 안 싸워서 어른들은 안 싸우는 줄 알았다"고 생각했단다. 1989년 결혼하여 막내며느리로서 착한 시댁 식구들과 알콩달콩 지내고 있는 B는 다시 태어나도 현재의 남편과 결혼하고 싶다며 남편을 자랑했다. 또한, 심하게 반대했던 친정 언니들도 괜스레 결혼을 반대했다며 B의 남편을 칭찬한다고 했다.

"결혼은 89년도 … 시댁에서 막내."

"선생님, 한 거의 30년 지났는데. 30년 동안 싸운 거 한 두세 번 정말 안 싸우고 살았거든요. 저희 딸애가 어느 날 중학교 때 그랬어요. '엄마, 누구 엄마 아빠랑 싸웠다.' 그래서 '어른들도 마음에 안 맞아서 싸우기도 해.' '나는 엄마 아빠가 안 싸워서 어른들은 안 싸우는지 알았어.' 그 정도로 그렇게 (중략) 근데 이제 결혼을 해서 보니까 남자가 더 착해. 내가 생각했던 것보다 더 착해요. 그 시댁 식구들이 다 착해요. 친구들한테 맨날 그래. 우리 시댁 식구는 진짜 너무 착해. 시댁 조카들도 너무 착해. 지금 맨날 착하다는 거 달고 살아. 그리고 조카들이, 신랑도 착해. 나는 착한 건 아니고 내가 그냥 내 팔자였나 봐. (중략) 다음 생에 태어나면 정말 또 이 남자랑 살고 싶은. 너무 괜찮은 남자. 최고예요. (중략) 그리고 이제 그때는 막 그렇게 반대를 했어도 지금은 언니들도 그때 괜히 반대했어. 살아보니까 너무 괜찮지 그니까."

지난한 결혼 승낙을 받다

B는 결혼 전, 언니가 결혼하고 혼자 지내며 외로웠던 이야기를 했다. 그 당시 B는 형제들이 같은 서울에서 살았지만 외롭게 혼자 버텨야 했기 때문에 형제들에 대한 원망이 컸다고 했다. 그러던 중 한 남자를 만났고 결혼 승낙을 받기까지 부모형제와의 지난한 조율 과정이 있었다고 했다.

"계속 집안에서 제 반대로 어쩌고 근데 나는 그때만 해도 선생님, '아니 언제부터 나를 그렇게 걱정을 했다'고. 내가 혼자 이렇게 자취생활. 이제 언니가 같이 있다가 언니가 결혼을 했잖아요. 그런데 나 혼자 살았잖아요. 그때도 내가 어떻게 살았는지 언니들도 서울에 같이 있으면서도 물어보지도 않고 나 혼자 살도록 내버려뒀으면서, '아니 언제부터 나를 그렇게 사랑했다'고 하는 반발심이 막 일더라고. 그래서 그러면서 왜 와가지고 지금 이렇게 못 하게 하고 이제 막 이러냐고 되게 원망을 많이 했어요."

특히 자상했던 아버지의 모습은 결혼 과정에서도 발견할 수 있는데, 결혼 승낙을 받는 과정에서 B는 가족들과 소통의 어려움이 있었다. 그런데 아버지는 가족 중 처음으로 B의 마음을 헤아려주었다. 저자와 심층면담을 진행하던 중 갑자기 B는 그 당시 아버지가 결혼을 승낙하며 B에게 보여준 행동을 시연해주었다. B는 마치 아버지가 된 듯이 저자의 손을 잡고 B와 그녀의 남편이 행복하게 살 것을 당부했던 아버지의 모습을 재연했다.

"이 남자랑 우리 남편이랑 결혼을 할 때도 아빠가 제일 먼저 이해를 해주셨어요. '그래 네가 한다 하면 어쩔 수 없지. 그런데 한 번만 마음을 바

뛰어보면 안 되겠니?' 그렇게 이제 저도 편지를 쓸 때는 엄마보다도 아버지한테 썼어요. 이렇게 이렇게 해서 결혼을 하고 싶다. 근데 부모님이 너무 반대하면 내가 마음이 아프니까 부모님 허락을 받고 나는 솔직히 결혼하고 싶다. 이런 식으로 이제 편지를 써서 보냈어요. 그리고 나서 아버지가 이제 나중에 오셨죠. 엄마가 아버지가 먼저 오시고 이제 남편보고 (중략) 둘이 행복하게 아버지가 이런 식으로 무슨 일이 있어라. (저자의 손을 잡으며, 본인 아버지가 했던 모습을 보여주심.) 손을 잡으라 그래. 이렇게 행복하게 잘살아야 한다 이러면서. 되게 자상하셨어요."

아버지는 B의 마음을 가장 먼저 이해하고 결혼을 허락했지만, 어머니는 B의 결혼에 대해 침묵했다. 이에 따라 B는 어머니의 마음을 헤아리기까지 긴 시간이 필요했다고 했다. 지난했던 결혼 과정을 이야기하며 B는 부모의 마음을 이해할 수 있을 것 같다고 했다. B도 이제 자신의 부모처럼 자녀의 결혼을 준비해야 하는 연령이 되었으므로 요즘 장성한 자녀의 결혼을 생각해보면 그 당시 어머니 마음을 이해할 수 있을 것 같다고 했다.

"그런데 우리 엄마는 그런 거 없으니까. 엄마한테는 좀 그렇게 애틋한 그런 건 없어. 그런데 제가 이제 엄마가 돌아가시고 애를 키워보고 이러니까, 그러니까 돌아가시기 전이라도 내가 애를 키워보니까 아버지보다도 엄마가 정말 마음이 아팠겠다. 하나 생전에는 그러니까 내가 그냥 살 때는 엄마한테 그렇게 막 애틋하게 그런 건 없었는데, 이제 애를 키워보니까. 그래서 우리 엄마한테 잘해주지는 못했지만, 엄마 마음은 이해가 좀 되더라고. 그 말한 게 제가 제일 잘한 것 같아요. '모르지만 너무 미안하다'고, '하늘에서 봐도 내가 아주 행복하게 잘 살 테니까.' 그래서 엄마가 아빠 들으시고. (중략) 근데 내가 아이를 키워보니까 그때 엄마 마음을 알게 되고. 그래서 내가 이랬을 때 우리 엄마가 얼마나 마음이 아팠을까. 그리고 이제 딸이 조금만 이렇게 뭘 잘못하잖아요. 그러면은 다 용서가 돼. 우리 엄마는 이것도 참았는데 얘가 나한테 하는 거 아무것도 아니다. 이게 돼요. 그렇구나. 내가 정말 이 남자랑 결혼할 때 우리 엄마는 어땠을까. (중략) 얘가 나 이렇게 속 썩인 거는 거기에 대하면은 진짜 빙산의 일각이고 아무것도 아무것도 아니야. 이래서 그때부터 이제 조금 더 엄마를 더 많이 알게 되고 그러니까 이렇게 자식을 키워보니까 그때 엄마가 'OO 시집가면 알 거다' 맨날 어른들이 그랬어요. 근데 시집가도 몰라. 시집가도 모르고 애를 키워봐야 알겠더라고. 근데 이제 저는 그냥 이런 말 해서 그렇게 했지만, 진짜 자기 속으로 나와서 그렇게."

자녀 양육에 대해 말하다

B는 결혼도 늦었지만 자녀를 얻기까지 많은 노력을 했다. B는 1남 8녀 중 여섯째이고, 남편은 7남매 중 막내이므로 B는 많은 가족보다 조촐하게 작은 가족을 꿈꾸었다. 어릴 때 형제가 많아서 북적이며 살았기 때문에 혼자 쓰는 방도 갖고 싶고, 가져보지 못한 것들에 대한 아쉬움이 있었다. 그러나 자녀를 키워놓고 보니 자녀에게 형제가 있었으면 더 좋았겠다는 후회가 있다고 했다.

"예, 많이 늦죠. 89년 결혼하고, 친구들 중에 제일 늦은 거. (중략) 저 너무 힘들었어요. 왜 그러냐면 너무 까탈스러웠어요. 아무한테도 안 가요. 제가 너무 힘들어서. 그리고 또 저는 그런 거 있어요. 선생님, 친정이 너무 많으니까 근데 또 시댁도 많아. 시댁도 7남매야. 저는 정말 좀 가정이 이렇게 식구 많이 없어가지고 내 방도 갖고 싶고. 그렇게 살아오지를 못해서 나는 정말 하나만 낳아서 정말 잘 키우고 싶다. 그런 것도 있었고, 네 힘들게. (중략) 저는 다 키우고 나니까 한 두세 명 있었으면 더 괜찮지 않았을까. 애를 위해 더 낫지 않았을까 싶어요. 저보다도."

3) 그 사람이 생각나고

동화읽는어른, 동아리 활동을 경험하다

B는 자녀 양육을 위해 동아리 활동을 하게 되었다. 예를 들자면, B는 지역 신문에 게재된 기사에서 '동화읽는어른'을 만나게 되었다. 동화읽는어른은 1993년 사단법인 어린이도서연구회의 지역 모임이 생기면서 '책읽는엄마'가 구성되어 공부 모임을 시작했고, 1998년 소모둠을 중심으로 하는 지역 연합 체제로 개편했다(동화읽는어른, 2022). 자녀 양육기의 여성은 같은 산부인과에서 자녀를 낳거나, 같은 유치원에 자녀를 보내며 새롭게 친구를 사귀게 된다. B도 자녀를 위해 가입한 '동화읽는어른' 동아리 모임의 회원들과 깊은 관계를 맺게 되었고, 이들은 B에게 새로운 배움의 길을 안내했다.

"어떻게 알게 됐냐고요? 아마 그 지역 신문 이런 거 있잖아요. (중략) 그렇게 해서 알게 된 것 같아요. ○○구청 이렇게 막 나오잖아요. 그런 거 할 때 아마 제가 보고 수원 모임도 하고 이럴 때 정말 활동 많이 했어요.

좋은 책 읽어준다고 맨날. (중략) 서로 하고 그쵸. 선생님들 좋은 책 사면은 또 제가 그런 거 되게 잘해요. 선생님 책을 사잖아요. 그러면은 제가 다 주문 받아가지고 딱딱딱 해서 해주는 거. (중략) 계속하다가 이제 아기가 좀 크고 중학교 가고 이러니까 고등학교쯤 가니까 서서히 놓게 되더라고."

방송대에서 고등교육의 기회를 잡다

B는 가정경제 환경으로 인해 후기 청소년기에 고등교육의 기회를 갖지 못했다. 그런데 자녀를 위해 가입한 '지역 동화읽는어른' 동아리 모임에서 만난 동아리 회원이 방송대 입학을 권유했다. 그렇게 시작한 방송대 학사과정에서 B는 자신감을 가지게 되었다. 이처럼 B를 방송대로 이끌어준 동아리 회원과의 성장 경험은 방문교육지도사로 만나는 결혼이주여성들에게 전달되었다.

"방송대도 선생님, 저 그러니까 가끔 그런 생각해요. 정말 주위에 사람을 잘 만나야 된다고 생각해요. 제가 이제 그 아이가 어렸을 때 어린이도서연구회, 동화읽는어른 모임이. (중략) 저도 막 애들한테 늦게 막 있고 그냥 편하니까 막 이렇게도 키워보고 싶고 너무 잘해주고 싶고 그러면. (중략) 그거 하고 있을 때 거기에 회원 중에, 제가 어디 들어가면 항상 언니 뻘이 돼요 선생님. (중략) 같이 하자고 그러더라고요. 그래서 '난 싫어. 안 할 거야' 이랬더니, '해' 막 이러면서 자기는 국문과 공부하러 갈 거래. 그래서 '언니도 해' 그러면서 서류를 갖다주고 '빨리 이거 해.' 그래가지고 그거를 이제 하고 그 친구는 국문과 하고 저는 이렇게 보니까 국문과보다 교육과가 낫겠더라고. 나한테도 맞겠더라고요. 그래서 제가 거기에 이제 들어갔어. 그게 제가 40대, 네 2002년인 거 같아. 2년 정도에. 3, 4, 5, 6년이니까 아무튼 … 어떤 이게 계기라든가 뒤에 누구 만났냐 이것도 정말 중요해요. 이거 한마디 해볼까? (제가 무언가를) 계속할 때, 그 (방송대를 소개해준) 친구랑 지금 헤어져가지고 지금 알지는 못하는데, 계속 뭔가 제가 시작하고 이렇게 하게 될 때마다 그 사람을 생각하게 되더라고요."

중증장애인 시설에서 10여 년 봉사하다

B는 '동화읽는어른' 동아리 회원의 소개로 방송대에서 교육학을 전공하게 되었고, 그곳의 소개를 통해 봉사활동을 하게 되었다. 방송대는 한 학기 30시간 이상 지정 기관에서 약속된 봉사활동을 마치면 해당 봉사활동을 1학점으로 인정한다. 대부분의 방송대 학생들은 봉사활동으로 1학점을 받으면 바로 해당 봉사활동을 종결한다. 그러나 B는 2003년에 시작한 봉사활동을 코로나19로 활동을 멈추게 될 때까지 계속했다. B는 이러한 자신의 선택을 '사회봉사자'라는 MBTI 성격 유형으로 설명하며 타고난 성격이라고 했다. B의 ESFP는 MBTI의 16가지 성격 유형 중 하나다. MBTI 성격유형은 네 가지 분리된 지표(index)로 구성되어 있는데, 이는 첫째, 에너지의 방향을 기준으로 E(외향)와 I(내향)가 있고, 둘째, 정보 인식의 방식을 기준으로 S(감각)와 N(직관)이 있다. 셋째, 사건 판단을 기준으로 T(사고)와 F(감정)가 있고, 넷째, 외부세계에 대처해나가는 양식을 기준으로 J(판단)와 P(인식)가 있다. 이를 조합한 성격유형 ESFP는 사교적인 유형이라고 명명된다. ESFP 유형은 주로 사교적이고 수용적이며 친절하고 만사를 즐기는 유형으로, 함께하는 사람들에게 일을 통해 재미를 느끼게 한다(김정택·심혜숙 외, 1994: 30).

"동화 모임도 하고 봉사도 열심히 하고. (중략) 저는 중증장애인 시설 10년도 넘게 했어요. 선생님, 매주 월요일에 그러니까 그것도 계기가 있었어요. 방송대 갔는데 그걸 봉사를 하면 선생님이 1학점을 준대요. 그래가지고 거기 이제 같이 스터디하신 분들이랑 몇 명이서 시작을 했는데, 중간에 하다가 다 그만두시더라고요. 학점만 따고 나면. 저는 계속 그걸 했어요. 그래가지고 코로나 있기 전까지. (중략) 거의 그때까지도 근데 거기에서 이제 거기가 너무 면역력이 약한 친구들 있잖아요. 거기서만 생활하는 친구가 그분들이 거기에서 이제 외부 사람은 당분간 이제 안 받으니까 이게(코로나) 금방 끝날 줄 알았죠. 조금 좋아지면 다시 하겠다고 했는데, [조사자: 계속하게 된 이유가 무엇일까요?] 사회봉사자."

"[조사자: 봉사는 방송대 입학하면서부터 하셨나요?] 그때는 아니고 아마 2학년 때."

학문의 즐거움이 계속되다

"늦게 배운 도둑질에 날 새는 줄 모른다"라는 속담은 그곳에 남들이 모르는 재미가 있기 때문에 그 일을 함으로써 얻는 재미로 인해 때로는 끼니를 거르거나 잠도 잊고 열심히 한다는 의미가 있다. 이 속담으로 B의 학습 경험을 설명할 수 있다. 예를 들자면 나이가 들어감에 따라 집중하는 데서 오는 재미나 결과를 통해 얻게 되는 내적 보상의 기쁨은 어렸을 때보다 더 가치 있게 생각된다고 볼 수 있다. 특히 B는 늦은 나이에 시작한 학사과정에서 배움의 즐거움을 발견하고 보육교사, 사회복지사, 평생교육사 등 각종 자격을 취득했다.

"사복(사회복지사)이 2급, 보육교사 1급. 그거는 뭐지 평생교육사 네네. 몇 과목을 이수를 이렇게 하면, 사회복지는 제가 따로 저기로 아마 사이버 대나 뭐 그런 거로, 한국어 양성교육 그거는 자격증은 아니고 수료증. 효지도사도 있어요. 아마 이거 그것도 따로 제가 공부해가지고. 그다음에 성교육 그것도 했어요. 성교육상담사도 수료증으로, 성교육 같은 경우도 공부를 해놓고 보니까 그분들하고 대화가 조금 되더라고요. 방문교육으로 찾아가는 (다문화가정) 남편들이 이제 너무 그러니까."

"연계는 아니고 학점은행제로. 제가 6년도인가 졸업했으니까. 다니면서 했는지 뒤에 했는지 제가 모르겠어요. 그 복지사 자격증을 보면 알 수 있을 텐데. 한국어교원 양성과정은 그건 이수증이라고 방송대에서 한 거 그거는 자격증 아니에요. (중략) 제 생각에 이때 제가 공부를 제일 열심히 했던 것 같아요. 방송대에 들어가가지고 한 거의 10년까지 계속 방송대 공부하고. 언제 제가 2009년도부터 이거 했었잖아요. 8월부터인가. 그때까지는 계속 뭔가를 배웠던 것 같아요. (중략) 그리고 이게 있으면 선생님, 막 그게 연계가 돼요. 그게 나중에 제가 그걸 알게 됐어. 이게 뭔가를 하나를 하면 저 사람이 저걸 어떻게 하지? 그런데 거기에 어떤 게 연계가 계속돼요. 사람을 만나면서, 알게 되면서 계속 연계가 되더라고요. (중략) 어느 분이 가르쳐주셨던 것 같아. 어디 성폭력상담소를 가니까 이런 교육을 해주더라. 거기 가면 또 무슨 가정폭력도 따야 되고. 이렇게 하는 거예요. (중략) 거기에서 학교 강의 같은 데 가서 연결해주고."

B가 취득한 가정폭력상담사, 효지도사 등 다양한 자격 과정은 학교

나 기관 등의 강의로 연계되었다. 봉사를 넘어선 강의 또는 상담 등의 경험은 다문화가정 결혼이주여성을 전문적으로 도울 수 있는 기초자원이 되었다.

3.
방문교육지도사 B의 방문교육 시기

1) 남편만 보고 왔는데

다문화가정 방문교육지도사에 지원하다

2008년 「다문화가족지원법」이 제정되었다. 이에 따라 여성가족부는 지역 다문화가족지원센터를 통해 다문화가족을 돕기 위한 다각적인 사업을 펼치게 되었고, 다문화가정 방문교육사업은 이 중 가장 대표적인 사업이다. 그 당시 B는 주민센터에서 진행하는 행복 상담원을 준비하고 있었으나 해당 일자리는 쉽게 취업의 기회를 제공하지 않았다. 이때 함께 공부하던 동료 학습자가 B에게 다문화가정 방문교육을 소개했다. 당시 B는 한국에 온 이주민에게 한국어를 가르치는 방문교육지도사의 역할에서 큰 의미를 찾았고, 주부로서 가사를 돌보며 할 수 있는 일이었기 때문에 적은 수입에도 개의치 않았.

"저는 맨 처음에는 ○○시에 행복 상담원이라는, 직원은 아닌데 일자리

상황 약간 이런 것처럼 그거 하시는 분이 있었어요. 소정의 급여도 좀 있었고. 저도 그냥 파트타임으로 그거 조금 해볼까 하고, 주부들이 집에 있다가 가서 하기에는 그래도 괜찮은 것 같아요. (중략) 그런데 계속 (자리가) 안 나고 있었어요. 기다리고 있었는데 이제 어느 분이 저랑 같이 그거 공부하신 분이 여기를 소개해주셨어요. (중략) 그래서 되게 의미 있는 게 이 일이었던 것 같아요. 처음에. 저희 한국 사람보다는 오셔가지고 이제 한국어도 배우고 한다니까 괜찮다. 내가 좀 도움을 줄 수 있겠다. 그런 생각이 들더라고요. 그리고 그 가정생활로써 또 그냥 시간 조절도 좀 되고, 급여는 별로 생각 안 했던 것 같아요. 직장 다녀서 돈을 벌려고 생각했으면 아마 더 그렇죠. 좋은 걸 찾았겠죠. 근데 그렇죠. 시간도 적정하고 그때도 또 조금 주신다고 하고 그러니까 그래서 그걸 하고."

2008년 방문교육사업 초기의 방문교육지도사 채용기준을 보면, 학사학위는 물론 (유치원, 보육교사 포함) 전직 교사, 건강가정사, 사회복지사, 한국어교원, 기타 사회활동 경험 등을 요구했다. B는 한국어교원 양성과정을 이수한 덕분에 방문교육지도사에 채용될 수 있었다. 그러나 현장에서 활동하며 다양한 분야의 지식과 경험의 필요성을 느꼈다. 이에 B는 가족센터에서 제안하는 전환교육을 통해 한국어교육에서 가족생활지도로 영역을 확장하며 다분히 노력했다.

"네, 저희 양성교육이라고요 그것도 받았고, 저 개인적으로 또 방송통신대에 가가지고 밤에 하는 그런 관련된 과목 뭐가 있었어. 또 듣고. 우리는 그냥 한국 사람이니까 한국어는 하지만 전문적으로 그렇게 우리는 그냥 말하니까 그냥 하는 거지 문법적으로 아는 것도 적고. 그래서 이제 나름대로 막 공부를 좀 여기저기 다니면서 그렇게 하게 됐지요. (중략) 그리고 뭐 나름 막 자격증 같은 거 있죠. 학습, 사회복지 자격증도 있고 그 다음에 어린이 보육교사 자격증도. 무슨 그거 제가 그때는 막 제가 공부하던 시절이라서 이것저것 관련된 거 많이 했어요. 생활지도로 전환해서 선생님, 자녀만 하는 게 아니라."

결혼이주여성을 바라보는 관점을 말하다

레비나스(Levinas)는 약하고 가난한 타인에 대한 무한 책임을 주장했다. 고통받는 타인의 얼굴에 응답하는 책임감은 형이상학적 의미에서 절대자로 향하는 자기초월로 이해했다. B는 결혼이주여성을 돌보는 것에 대해 한국인으로서 누군가는 책임져야 하는 일이라고 했다. 결혼이주여성은 남편만 보고 한국으로 이주했기 때문에 한국에는 이들을 도와줄 사람이 없고, 방문교육지도사는 이들과 가장 먼저 마주하는 사람이다. 이를 언급하며 B는 이들에게 동생처럼, 딸처럼 정말 잘해주고 싶었다고 했다.

"그런 마음도 있고, 되게 저는 좀 측은지심(惻隱之心)이 더 많았어요. 저 안됐다는 느낌이 있잖아요. 그니까 '한국인으로서 같이 책임져야 될 부분도 있다'고 생각을 했어요. 저는 여기에서 와가지고 남편 혼자 보고 왔잖아요. 예, 그래 왔는데 누군가는 진짜 도움을 줘야 되고. 그런데 우리가 그분들하고 제일 먼저 마주치는 사람이잖아요. 그렇죠. 그러니까 그분들한테 최대한 정말 잘해주고 싶고, 뭐 딸 같고 아무튼 동생 같고 막 그런 느낌이 되게 더 많아요."

B는 결혼이주여성들에게서 자기개발보다는 자기희생을 발견했다.

이에 B는 고국에 있는 가족을 경제적으로 돕기 위해 혼자 한국으로 결혼 이주한 여성들의 상황을 이해하며 측은함을 느꼈다.

"선생님, 불쌍한 거보다 좀 그렇게 생각하면 불쌍하다도 맞기는 맞겠다. 이상하다는 느낌보다는 측은함, 약간 그런 게 있잖아요. 그러니까 그 사람이 외국 사람이라서가 아니라 그 환경 자체만 보고 측은함이고 이런 거는 있었죠. 이렇게 살 수밖에 없고, 그리고 그 온 가족들, 나라 다 저버리고 혼자 와가지고 그쵸. 너무 외롭잖아요. (중략) 내가 환경이 이러니까 나는 그냥 더 잘살기 위해서, 나를 발전시키 위해서 이런 것보다. 내가 이렇게 감으로 해서 내가 거기 가서 우리 부모도 도울 수 있고, 우리가 좀 잘살면 여기다 좀 보내줄 수 있고. (중략) 선생님, 자기를 더 발전하기 위해서 그런 세계로 가고 이런 사람도 있었겠지만, 내가 본 학습자들 중에는 그런 사람보다는 조금 희생이 더 많은 (중략) 어쩌면 자기희생으로 해서 우리 가족을 좀 먹여살리고 뭐 이런 거를 제가 더 느낌을 더 많이 받았던."

2) 방문교육은 삶의 활력이 되고

방문교육지도사로 힘들었던 순간을 말하다

다문화가정 방문교육을 학습자 중심으로 구분해보면, 결혼이주여성을 위해서는 한국어교육과 부모교육이 제공되고, 다문화가정의 자녀를 위해서는 자녀생활서비스가 제공된다. B는 방문교육지도사 채용 시 한국어교육 분야로 입사했으나 전환교육을 통해 가족생활지도 분야로 영역을 확장했다. 주로 한국어교육을 담당했던 B는 방문교육 현장에서 한국인 가족의 폄하, 타 지역 다문화가족지원센터와 다른 처우, 학습자의 학습능력 저조 등으로 인해 좌절의 순간을 겪기도 했다.

"약간 굉장히 저기한 집들은 가끔 이렇게 좀 우습게 보는, 같이 사는 사람 한국 사람. 학습자들은 별로 그런 경우 많이 없어요. 이게 학습자들은 아직 한국에 대해서 잘 모르잖아요. 그러니까 그런 사람 어쩌다 한 명 이러지 내 가족들 중에. 저는 다행히 그렇게 모나게 해주신 분은 없었던 것 같아요. 그리고 뭐 이렇게 다른 센터하고 우리하고 이렇게 여기 센터하고 선생님 다 똑같지 않아요. 기본적으로 나오는 거는 똑같은데 이렇게 처우가 조금씩 다를 때 그럴 때 똑같은 일을 하고 이렇게 이렇게 돈으로 대접 그런 것보다 그게 사실 따지면 돈으로 지금 차별을 받는 거 잖아요. 근데 돈보다도 그 자존심이 상하는 거지. 제 문제인데, 나는 막 열심히 가르쳐줬는데 이 친구가 너무 한국어를 못해.(중략) 이럴 때 이제 학습자가 좀 잘 따라와주지 않을 때 이럴 때 되게 회의감이 들고(중략) 그럴 때 막 그만두고 싶다."

방문교육지도사의 핵심 역량은 포용력이다

직업은 "생계유지를 위해 일정 기간 동안 종사하는 일의 종류(유사한 직무의 집합)"로 정의된다(좋은날,* 2022). 직업의 조건으로는 경제적인 거래관계가 성립하는 활동인 '경제성', 주기적으로 현재 하는 일을 계속적으로 행

---

* 출처: https://rjcats.tistory.com/311/검색일: 2022.4.3.

할 의지와 가능성이 있을 때를 말하는 '계속성', 사회공동체적인 관점에서 사회적 기여를 전제로 하는 '사회성', 비윤리적·반사회적 활동으로 인한 수익은 직업으로 인정하지 않는 '윤리성', 수감자처럼 속박된 상태에서의 수익활동은 직업으로 보지 않는다는 '비속박성' 등이 있다. 이러한 인식을 바탕으로 직업으로서의 방문교육지도사를 살펴보면, 사회공동체 구성원으로서 건강한 한국 다문화사회를 위한 사회성·윤리성을 찾을 수 있고, 규칙적·반복적으로 방문교육이 지속되므로 계속성을 찾을 수 있다. 방문교육은 경제적인 거래관계가 성립하므로 경제성을 확보하고 있으나, 투자 대비 낮은 처우로 인해 큰 경제성을 확보했다고 하기는 쉽지 않다. 그럼에도 10여 년간 방문교육 현장을 지켜온 B는 직업으로서 방문교육지도사의 역량을 알려주었다. 무엇보다 방문교육지도사는 결혼이주여성의 입장이 되어 친정엄마처럼 따뜻한 포용력을 갖추는 것이 중요하다고 했다. 다문화가정 결혼이주여성과의 문화 차이를 인정하고, 사랑을 바탕으로 하는 포용력이 어떤 실력보다 중요하다고 했다. 이를 위해 방문교육지도사로서 적절한 연령대는 50대에서 65세 전후를 꼽았다.

"저는 그냥 사랑만 있으면 된다고 생각해요. 마음이 충분하고 그 사람을 저는 불쌍하게 안 보는 것도 괜찮을 것 같고, 문화가 다르다고 그 사람 다름을 인정해주면 이런 일을 하는 데 아무 지장이 없어. 저는 실력보다 그게 훨씬 중요하다고 생각을 하거든요. 한국이 어차피 오랫동안 살면 그 사람 당연히 배우겠죠. 맨날 듣고 말하고 하는 게 한국어인데. 당연히 하시고 조금 더 천천히 배워도 상관없고. 그래서 그냥 저는 사랑만 있고 이러면 (중략) 아, 포용력. 따스함 이렇게 좀(보듬어주는 그런 것). 그분들은 (나를) 엄마라고 부르고 그래도 결혼이주여성에게 엄마일 수도 있고 아닐 수도 있지만, 일단 그런데 다 나이가 어리잖아요. 그래서 진짜 여기 오면 아무도 없으니까. 친정엄마같이 좀 따뜻하게 따뜻하게 해주시고. 좀 감싸주고 '그래그래, 네 말이 맞아.' 이런 식으로 포용하고 따뜻하게 대해주는 거. 그게 제일 저는 실력보다도 더 필요할 것 같아요. (중략) 40대보다는 한 50대 넘는, 왜 그냥 사실 우리도 그런 거, 같은 나이끼리는 아무래도 맞먹게 되니, 연령대에서 차이가 있는 게 좋겠다. (중략) 65세 정도 은퇴가 있어도, 정년이 있어도 한 65세 정도는 괜찮을 것 같아요. 그렇죠. 그거 왜 그러면 또 너무 나이 많으면 공감대 형성이 어렵잖아요. 이렇게 세대 차이가 나니까 그런 거 때문에 한 65세 정도는 해도 괜찮아. 한 65세 정도는 괜찮을 것 같아. 나이가 너무 많아도. 이제 경험이나 지혜 같은 거 되게 좋기는 한데."

방문교육지도사로서 장기근속의 동력을 살피다

2008년 전국 80개소의 다문화가족지원센터에는 총 2,313명의 방문교육지도사가 있었는데(손제령·김경화, 2009: 28-29), 2023년 전국 219개소의 다문화가족지원센터에는 총 1,860명으로 방문교육지도사가 감소했다(공공데이터 포털,* 2023). 한편 이들의 처우는 매우 열악한데, '사회복지사 인건비 가이드라인'의 80% 내외 수준으로 이는 일반 사회복지기관의 처우에 비해 훨씬 낮은 수준이다(정의당, 2019). 그러나 다문화가족지원센터 방문교육지도사의 이직률은 6.14년(정의당, 2019)으로, 다문화가족지원센터 실무자와 다르다. 예를 들자면 다문화가족지원센터 실무자의 근속 연수는 1년 미만 및 1년 이내로 서비스의 연속성과 전문성을 논하기 어려운데, 방문교육지

---

* 출처: 데이터 상세 | 공공데이터포털(data.go.kr)/검색일: 2024.9.8.

도사의 근속 연수는 이에 비해 매우 높다. 이는 2007년부터 최근까지 방문교육지도사는 정년 없이 55세 이상 고령자를 우대하며 채용한 것과 관련이 있다고 볼 수 있는데, 2021년 60세 정년이 적용되어 방문교육지도사의 은퇴가 진행되고 있다(한국일보, 2019).* B는 10여 년간 방문교육지도사로서 현장을 지킨 이유를 '보람', '사회적 인정', '삶의 활력'에서 찾았다. 특히 한국어를 전혀 모르던 결혼이주여성이 한국어 말문이 트일 때, 보람되고 재미있었다고 했다. 또한 학습자들이 B를 '선생님'으로 명명하며 선생님으로 대우해줄 때, 방문교육사업에 참여하면서도 집안일을 돌볼 수 있을 때, 사회적으로 중요한 일에 참여한다며 인정받을 때, B에게 방문교육지도사는 삶을 살아가는 활력이 되었다.

"[조사자: 묵묵히 10년 이상 하신 거잖아요. 2009년부터 2021년까지 하셨으니까.] 한 14년 햇수로는 그렇게 (중략) 저는 그랬던 것 같아요. 되게 보람되고 재미있었고. 그다음에 이제 그 사람들이 막 한국어 하나도 몰랐다가 (한국어를 잘) 하게 되면. 그리고 이런 것도 있긴 있어요. 선생님이라고 되게 인정받는 거. 그런 것도 있고 경제적으로는 좀 그랬는데 아마 보람된 게 제일 많았던 것 같아요. (중략) 그리고 일할 때 되게 '사회적인 인정'도 조금 있긴 있죠. 선생님, 그렇죠. 집에 있는 저런 사람보다는, 집안일 사이에 일하고 있어서 너무 인정받는 그런 것도 한몫을 하고 있죠. 또 그 학습자들도 선생님이라고 하니까. 대우해주고. 그렇죠. 나를 필요로 하는 뭔가가 있다는 게 또 살아가는 '활력'도 되고 그러지 않았을까 싶기도 해요."

---

* 출처: 한국일보, 2019.10.18. "처우 개선의 역설"… 해고 내몰린 다문화 지도사들"(hankookilbo.com)/검색일: 2022.1.13.

또한, 10여 년간 방문교육지도사를 하면서 B는 남편에게 미안했던 이야기를 들려주었다. 예를 들자면 가정에 머무는 시간이 많은 B의 남편은 아내와 함께할 시간이 부족함을 아쉬워하며 종종 B의 퇴사를 권유했다.

"그거 하면 저는. 저희 남편 맨날 그만두라고. 남편이 자기랑 놀자고. 조금만 하고 제가 시작할 때 이렇게 오래 할 줄 몰랐었거든요. 저도 마찬가지로 근데 이제 하다 보니까 이렇게 오래 했는데, 특별히 후회스러운 거 그런 건 없었던. (중략) 그런데 남편한테 좀 많이 미안하죠. (중략) 이제 맨날 내가 없으니까 그래서 저한테는 이 직업이 선생님이 더 좋았어요. 그 아침에 이제 차가 있으니까 아침에 가서. 한 사람 공부하고 집에 와서 밥 같이 먹고 또 그다음에 이제 오후에 저는 (수업)하고 자기는 이제 운동 가고 이게 좀 잘 맞았어."

3) 진짜 선생님이 되고

다문화가정 방문교육은 사회적 인정이었다

B는 방문교육지도사로서 타자성 실천에서 헌신보다 보람을 이야기했다. 특히 천성적으로 타인을 돌보는 일을 선호하는 B는 기억니은도 모르던 결혼이주여성들이 한글을 깨우치고 한국어 말문이 트일 때면, 보람을 넘어 행복했다고 했다.

"헌신보다는 되게 보람이 있어요. (중략) 헌신도 물론 있었고 자기 천성도 있고 하지만, 그 되게 보람이 있어. (중략) 처음에 제일 생각나는 친구는 네팔 친구예요. 근데 그 친구들 진짜 아야어여 기역니은도 모르고 하나도 모르고 오는 거야. 근데 이제 그분이 와가지고 (중략) 근데 정말 그분이 한국어를 배워가지고 이렇게 말문이 트여서 말을 하게 되잖아요. 제가 너무 행복하지. 그런 보람이 아마 저를 계속 일을 하게 하지 않았을까."

B는 누군가의 삶을 돕는 것은 결과적으로 자신의 삶을 살찌우는 것이라고 했다. 예를 들자면 B는 결혼이주여성을 돕는 방문교육 과정에서 행복을 넘어 보람을 느끼게 되었기 때문이라고 했다.

방문교육 현장에서 청소년기 꿈을 이루다

B는 청소년기에 선생님이 되고 싶었다. 이에 B는 중년에 지역 동화 읽는어른 모임의 동아리 회원을 따라 방송대에 입학할 때도 선생님이 될 수 있는 교육학과에 입학했다. 그러나 영어 과목에 대한 두려움으로 인해 선생님이 되고 싶었던 청소년기 꿈과는 멀어지게 되었다. 이후 방문교육지도사로서 결혼이주여성에게 한국어교육을 하게 되었는데, 그녀들은 B를 '선생님'이라고 불러주었다. 이에 B는 어려운 상황에서도 방문교육지도사로서 10여 년간 활동할 수 있었음을 고백했다.

"저는 진짜 선생님 되고 싶었어요. 선생님이 되고 싶어가지고 그때 초창기에는 방송대에 다녀도 선생님이 될 수 있는 그런 게 있었어요. 아, 근데 저 영어 울렁증이 영어가 너무나도 무서워서 못 했어요. 정말 선생님도 못 하고 근데 선생님, 제가 이것(방문교육지도사)을 오래 했을 수도 있어. 내 꿈이 선생님이었는데 이렇게 뭔가를 가르치고 내가 보람을 얻고 이랬는데 너무 나한테는 좋았으니까."

4.
방문교육지도사 B의 정년 은퇴

2008년 「다문화가족지원법」이 제정되었고, 이를 기반으로 여성가족부는 같은 해에 다문화가족지원센터를 운영하기 시작했다. 센터가 운영하는 다양한 사업 중 대표 사업은 다문화가정 방문교육사업인데, 그 사업의 중심에서 방문교육지도사가 탄생했다. 그 당시 다문화가정 방문교육사업은 정부의 재정지원일자리사업으로 추진되었기 때문에 나이 제한이 없었다. 특히 정년 없이 55세 이상의 고령자를 우대했기 때문에 중·장년 여성들에게 인기가 있었다. 이에 따라 다문화가족지원센터 실무자의 근무경력이 1년 미만(63.4%)이고, 1년 이내 퇴사는 42%(이병준·석영미, 2015)이나 다문화가정 방문교육지도사의 이직률은 6.14년이었다(정의당, 2019). 이처럼 대부분의 방문교육지도사는 열악한 근무조건에서도 장기근속했는데, 이는 방문교육지도사가 주로 중·장년 여성이 가정을 돌보며 할 수 있는 일자리였기 때문이다. 그러나 2019년 해당 사업이 사회복지사업으로 분류되면서 2021년 12월 말부터 60세 이상 방문교육지도사의 정년 은퇴가 진행되었다. 이에 따라 B는 같은 해 다문화가정 방문교육지도사를 퇴직했다.

"선생님, 잘 계시죠? 신경 써주셔서 감사합니다. 저는 일 안 하고 쉬려고요. 남편도 원하지 않고요. 이제 나이가 드니 제가 매일 나가는 게 싫은가 봐요. 하하. 같이 놀러 다니재요."

저자는 박사학위를 취득한 후에도 심층면담으로 만났던 방문교육지도사들과 지속하여 소통하고 있었다. 특히 B는 다문화가정 자녀들에게 깊은 애정을 가지고 있었으므로 저자는 2023년 2월, B에게 다문화가정 자녀를 도울 수 있는 학습 상담사 자리를 소개했다. 그러나 B는 방문교육지도사로서 열정적이었던 중년의 삶을 뒤로하고 남편과 느긋한 노년의 삶을 즐기고 싶다고 했다.

5장

방문교육지도사 C의 생애담

1.
방문교육지도사 C의 특성: 고난을 통해 성장하다

　방문교육지도사 C는 1956년 서울의 유복한 가정에서 2남 4녀 중 3녀로 태어났다. 그녀의 아버지는 생필품을 비롯한 다양한 취급품을 도매로 유통하셨는데, 이 사업은 매우 번창하여 후일 창고와 가게를 따로 둘 정도였다. 전후 한국 사회에서 생필품은 그 어느 때보다 더욱 필요했던 품목이었기에 사업은 순풍에 돛을 단 듯 순항할 수밖에 없었다. 혼자 창고와 가게를 운영하고 관리하던 아버지는 이내 시골의 친척들에게 도움을 요청했다.

　아버지의 사업을 도우러 상경한 시골 친척들은 마땅히 거주할 데가 없어 그녀의 아버지는 방을 내주었다. 즉, 일자리와 함께 숙박까지 모두 마련해준 셈이다. 따라서 방문교육지도사 C는 어린 시절 자신의 가족을 포함해 친척들까지 함께 거주하는 대가족 집단 속에서 자라났다. 풍족함을 누리며 자유분방한 다른 형제들과 달리 방문교육지도사 C는 독서와 사색을 즐기며 어린 시절을 보냈다. 이후 중학교 1학년 시절 아버지를 여읜 사건은 걱정과 불안함으로 진로 탐색을 갖게 한 인생의 첫 격동이었다.

마음먹고 공부한 방문교육지도사 C는 숙명여고를 거쳐 K대 생물학과에 진학했으며, 학교에서 만난 남자 친구와 교제하다가 졸업 후 곧바로 결혼했다. 방문교육지도사 C는 졸업 후 다양한 사회 경험도 없이 결혼이라는 인생의 큰 무대 위에 올랐던 것이다.

아들과 딸 쌍둥이를 낳아 기르는 동안 한 번도 겪어보지 못한 경제적 어려움과 남편의 배신이라는 큰 아픔을 겪었지만, 방문교육지도사 C는 삶을 포기하지 않았다. 과외를 통해 가정경제를 책임졌으며, 세 자녀에게 정서적 안정과 물질에 대한 개념을 심어주는 현명한 엄마가 되었다. 힘들었던 시기, 자신에게 그 모든 발판을 제공해준 I시에 고마움을 느낀 방문교육지도사 C는 보답하려는 의미로 지역아동센터 자원봉사를 시작했으며, 이를 계기로 다문화가정 방문교육지도사가 되었다.

방문교육지도사 C는 다문화가정 방문교육지도사 업무를 통해 다양한 결혼이주여성들을 만났다. 때로는 엄마로서, 때로는 상담가로서 함께 웃고 함께 울며 그 길을 지나왔다. 방문교육지도사는 제2의 인생이었다며, 그래서 지난 고난의 순간들이 지금의 인생을 빛내는 원동력이었음을 자신 있게 말한다. 은퇴가 없던 방문교육지도사 체제에서 정부 방침에 따라 은퇴할 수밖에 없었고, 그에 따라 방문교육지도사 C는 현재 은퇴한 상태다. 다문화가정 방문교육지도 업무를 하면서 겪은 수많은 경험은 방문교육지도사 C의 삶에 지금도 밤하늘의 별처럼 반짝반짝 빛나고 있으며, 우리에게 자신의 소중한 경험을 나누고자 한다.

2.
방문교육지도사 C의 방문교육 이전 시기

1) 유복한 유년 시절을 보내다

전후였지만 유복했던 유년 시절

방문교육지도사 C는 1956년 서울에서 2남 4녀 중 3녀로 태어났다. 6.25전쟁이 지나고 얼마 지나지 않은 시기였기 때문에 당시 상황은 가난과 혼란스러움 그 자체였다. 그러나 생활용품 도매업을 하신 아버지 덕분에 방문교육지도사 C는 가난을 모르고 자랐다.

"우리나라가 다 정말 엄청 파괴됐을 때 이제 태어난 거예요. 그 당시엔 '하꼬방'이라는 게 있어요. 하꼬방은 일본말로 그 판자촌같이 생긴 집이에요. 그래서 제가 이제 거기에서 태어났어요. 근데 저희 아버지는 시장에서 그 도매, 비누 치약 성냥 이런 거를 하는 도매. 지금 같으면 LG같이. 그 당시에 저희 아버지는 창고 놓고, 가게는 작은 데서, 그래서 돈을 그때부터 인제 많이 버셨어요."

방문교육지도사 C의 아버지는 사업 수완이 좋으셨다. 그래서 도매업은 날로 번창했다. 비록 시장에서 가게를 운영했지만, 소매업이 아닌 대규모 유통으로 운영하는 도매였다. 또한 창고까지 따로 두어 물품 준비와 재고를 철저히 관리했다. 아버지의 사업은 퍽 잘되어 좋은 집으로 이사하게 되었는데, 이는 삶의 질이 격상하는 계기가 되기도 했다. 즉 이전의 판잣집이던 '하꼬방'에서 2층이 딸린 집으로 이사하면서 다양한 악기를 비치하며 살게 되었다. 전후 가난했던 한국 사회 속에서 다양한 악기를 비치하며 산다는 건 보기 드문 환경이며, 물질적으로 풍족한 형편일지라도 시대적으로 앞선 마인드가 있어야 가능한 일이었다. 그만큼 방문교육지도사 C의 부모님은 시대적으로 앞선 마인드임이 분명했으며, 자녀들에게 다채롭고 열린 환경을 심어주고자 노력하셨다. 그 시절 자유롭고 웃음 가득했던 2층집에서의 풍요로운 삶은 그녀의 추억 속에 오래오래 장식되어 있다.

형제들과 다른 성향의 나

아버지의 사업은 성공 가도를 달렸고, 드디어 방문교육지도사 C의 가족은 2층짜리 저택으로 이사를 가게 되었다. 그곳의 전축에서 울려 나오는 음악에 맞춰 언니 오빠들은 춤을 추었고, 집안은 늘 흥겨움과 소란함으로 가득했다. 예술적 재능이 뛰어난 형제자매들에게 어머니는 피아노며 가야금 그리고 무용 등을 배우게 하셨다. 그러한 형제들과 달리 방문교육지도사 C는 혼자 책을 읽고 사색을 즐기는 조용한 중학교 시절을 보냈다. 그러나 갑작스러운 아버지의 사망은 지축이 흔들릴 만큼의 큰 충격이었으며, 가족들의 삶을 이리저리 흔들었다. 방문교육지도사 C는 유년의 자유로움과 사춘기의 행복함을 아버지의 사망으로 인해 한층 내려놓게 되었다.

"그때 엄마가 큰언니에게 피아노를 가르치셨어요. 셋째는 가야금을 가르쳤어요. 넷째는 무용을 가르쳤어요. 엄마가 이제 그렇게 하길 원했던 거예요. 오빠들은 맨날 그 당시 전축 틀어놓고 막 트위스트 추고, 언니 오빠들이랑 집이 맨날 시끄러웠어요. 저는 안 놀았어요. 체질이 안 맞았어. 거기 있다가 제 중학교 1학년 때 아버지가 돌아가셨어요."

방문교육지도사 C의 형제들이 예술적 끼와 자유로움을 외부로 마음껏 발산했다면, 그녀는 내적 자양분을 쌓았던 것 같다. 즉, 형제들과 다른 성향의 그녀 자신을 올곧이 지켜나갈 수 있었던 자신감은 책과 사유를 통해 길러진 능력에서 비롯된다. 이는 방문교육지도사 C의 전 생애를 통틀어 단단한 속근육을 기르는 첫 경험이 아니었을까. 성향은 쉽사리 바뀌는 것이 아니다. 평생토록 바뀌지 않는 것 또한 성향이다. 부단한 노력과 자기계발을 통해 일정 부분 고칠 수는 있어도 그 사람이 원래 갖고 있는 부분은 고쳐지지 않는다. 예컨대 모나거나 튀는 행동을 노력하여 고치는 것은 성격적인 부분이다. 성격은 사회 환경에 따라 바뀔 수 있는 후천적 범주다. 그러나 성향은 태어날 때부터 지닌 내재된 것으로 선천적인 것이어서 쉽사리 바뀔 수 있는 부분이 아니다. 방문교육지도사 C는 아버지의 사망으로 인해 더욱 생각이 깊어지고 독서에 심취하는데, 이러한 성향은 그녀에게 처음부터 있었던 것으로 보인다. 음악에 맞춰 춤을 추고 노래하는 자유분방하고 활달한 다른 형제들과 달리 그녀는 그렇게 놀지 않았으며 자신의 체질에 맞지 않았다고 고백했기 때문이다.

아버지의 사망에 따른 내적 갈등
아버지의 사망은 가족 모두에게 큰 시련이고 아픔이었다. 특히 배우자를 잃은 어머니는 이후로도 오랫동안 힘든 시간을 보내셨다. 그런 어머니를 보며 방문교육지도사 C는 많은 염려를 한다. '어머니 혼자 어떻게 가족 부양을 하며, 자식 교육은 가능할까?' 등의 현재로선 결코 도울 수 없는, 그래서 더욱 마음 아픈 염려를 한다. 언니 오빠들이 열심히 공부하는 모습을 보였더라면 방문교육지도사 C의 이러한 고민은 애초 없었을 것이다. 방문교육지도사 C의 바람과 달리 집안에 공부하는 형제들은 없었다. '엄마를 기쁘게 해드리고 싶다'라는 생각이 머릿속에 번개처럼 내리쳤다. 친한 친구와 의기투합하여 그때부터 바로 공부를 시작했다. 친구들이 모두 하교한 방과 후 시간을 이용하여 둘은 열심히 공부했다. 열심히 공부한 결과 친구는 경기여고를, 방문교육지도사 C는 숙명여고에 진학하게 되었다.

"그러고(아버지가 돌아가시고) 나니까 엄마가 늘 방에서 혼자 계시는 거예요. 그러고 있는데 엄마가 너무 불쌍해요. 아버지가 돌아가시면서 거기서 이제 제가 느꼈던 거예요. 오빠들 언니들은 공부도 안 하고 맨날 놀아. 엄마는 우리를 앞으로 어떻게 키울까? '나라도 공부를 해야겠다.' 거기서 마음이 확 바뀐 거예요. '공부를 해야지.' 우리 반 친군데 걔하고 공부를 열심히 했어요. 걔하고 둘이. 걔는 경기여고에 갔어. 나는 그 당시에 숙명여고 들어갔어요."

학생으로서 엄마를 위해 할 수 있는 건 공부밖에 없다고 생각하여 방문교육지도사 C는 열심히 공부하기로 마음먹었다. 자신이 처한 현재 상황에서 할 수 있는 것이 무엇일까를 고민하고 그것을 실행에 옮기는 방문교육지도사 C의 결단력에 박수를 보낸다. 생각만 하고 실행에 옮기지 않는 나태함을 찾아볼 수 없다. 생각조차 하지 않고 사는 삶의 단순함 또한 찾기 어렵다. 사유의 일상화에서 오는 힘이라고 해석된다. 사랑하는 사람을 위해 나의 시간과 노력, 헌신을 기꺼이 투자하고자 하는 마음은 나보다 상대방을 더욱 생각하고 위하는 이타심에서 발현된다. 가족도 가까운 타인이다. 스스로가 아닌 이상 그 누구도 타인이므로. 이러한 타인에게, 타인을 위해 나의 것을 내어놓을 줄 아는 사람은 인간에 대한 사랑과 '타인에 대한 연민'이 바탕에 깔려 있지 않을까?

K대학교에 진학하다

방문교육지도사 C는 이후로도 열심히 공부해서 K대학교 생물학과에 진학했다. 원래는 의대에 진학하고 싶었지만, 바람대로 되지 않아 차선으로 택한 과였다. 대학교에 진학하면서부터 용돈은 스스로 벌어야겠다고 다짐했다. 집안 형편이 넉넉한 덕분에 학비를 벌어야 하는 의무감은 없었다. 다만 용돈 정도는 벌고 싶었다. 아르바이트하며 번 용돈으로 두 동생에게 과외선생님을 붙였다. 과외뿐 아니라 독서실이든 어디든 데리고 다니며 동생들을 공부시켰다. 덕분에 동생들 모두 좋은 대학에 진학했으며, 막냇동생의 경우 현재 K예종 교수로 재직하고 있다.

> "K대 의대를 봤는데 이상하게 떨어졌어. 떨어져서 K대 생물학과를 들어간 거예요. 엄마한테 '엄마 뭐 돈 주세요' 하면은 언제든지 돈을 줬고, 졸업할 때까지 진짜 경제관념도 없는 거예요. 뭐든지 풍족해요. 가정부도 항상(집에 있었어요)…. 동생 두 명을 제가 거의 막 끌고 다녔어요. 독서실도 다니고…. 그래서 이 밑에도 D대 나왔나? 남편도 서울대 교수고 애도 잘 살았어요. 막내가 그 K예종 교수로 여기에 있어요. 남편도 여기 있구요."

방문교육지도사 C는 두 동생에게 과외를 붙여 공부시킬 만큼 교육에 열성적인 면을 보였다. 부모를 대신해서 자처한 행동으로, 누구나 쉽게 하지 못하는 행동이다. 어려웠던 1970년대 당시의 시대적 상황을 고려한다면 더더욱이나 그렇다. 그러나 본인이 열심히 공부해서 K대학교에 진학했고, 또 하면 된다는 것을 체험했기에 동생들에게도 같이 누리기를 원했을 것이다. 나 혼자 잘되면 그만이라는 이기심이 아닌 더불어 잘살아야 한다는 생각으로 일찍이 아버지에게서 배운 노블레스 오블리주의 실천이다. 동생들 또한 싫을법도 했을 텐데 마다하지 않고 언니가 이끄는 대로 잘 따라줘서 현재의 능력을 발휘하며 살아가고 있는 것이리라. 멘토의 역할과 중요성이 엿보이는 대목이다. 누구나 멘토가 될 수 있겠지만, 누구나 훌륭한 멘토는 될 수 없다. 이상과 실천력이 더해졌을 때 멘토의 역량이 빛을 발하고 시너지 효과를 나타내는데, 멘토는 끊임없는 성찰을 통해 이러한 것들을 얻을 수 있다.

2) 삶의 치열한 시간을 보내다

결혼과 함께 경단녀가 되다

1979년 대학 졸업 후 방문교육지도사 C는 중학교 수학 교사로 취직했다. 그러나 결혼을 계기로 2년간의 짧은 교직 생활은 곧 막을 내렸다. 당시만 해도 여자의 결혼은 사회생활을 방해하는 큰 걸림돌로 작용했다. 살림과 자녀 양육은 여성에게 부과된 주된 업무로 인식되던 시기였다. 남편은 대학교 2학년 때부터 만나왔던 과 선배였다. 부족함 없이 순탄하게 살아온 방문교육지도사 C는 결혼을 앞두고 시댁의 경제적 배경은 고려 대상이 되지 않았다. 남편은 강남의 D그룹에 입사해서 과장까지 초고속으로 승진했다.

"79년에 대학 졸업하고 그다음에 바로 (중학교 교사로) 학교를 갔어요. 그러고 나서 2년을 하고, 81년에 그때 결혼을 했어요. 당시는 지금처럼 맞벌이가 아니라 결혼을 하면 그냥 집에 있어서 아이 낳고 살림을 해라. 그래서 그때 2년 하고 그만둔 거예요. 우리 남편은 D그룹 다녔으니까 아주 잘나갔죠. 과장에 아주 잘나갔죠."

고학력 전문직 여성이 결혼과 함께 사회적 인식으로 인해 전업주부가 되는 모습을 목도했다. 자신의 꿈을 위해 쏟았던 수많은 시간, 공부, 커리어는 아랑곳없이 살림과 자녀 양육이라는 프레임에 가두는 행위다. 본인 한 사람뿐만 아니라 나아가 사회에도 마이너스적인 인식이고 제도다. 물론 살림과 자녀 양육이 중요한 것도 사실이다. 살림은 차치하고서라도 자녀 양육은 한 국가의 건설만큼이나 중요한 일이다. 그러나 보편적 인식으로 굳어져서는 곤란하다. 같은 학교, 같은 과를 졸업했지만 결혼 후 남편은 대기업에서 탄탄대로를 걷고 있고, 방문교육지도사 C는 전업주부가 되어 경력단절의 길로 들어서고 있었다.

이는 오늘날 큰 문제로 대두된 신생아 수 감소 및 인구절벽과도 상관이 있다. 방문교육지도사 C처럼 고학력과 전문직이라는 창을 가졌음에도 여자는 임신과 출산이라는 방패 앞에 속수무책 포기할 수밖에 없는 일들이 많다. 인구증가는 곧 국가 경쟁력이라고 하면서도 정작 여자의 임신과 출산은 경력단절을 초래하여 고학력 전문직조차 현실의 벽 앞에서 나가

떨어지게 된다. 그야말로 모순이다.

똑같이 대학교육을 받고 교사로서 자신의 꿈을 펼치다가 결혼이라는 이유로 자신은 집에서 살림하고, 남편은 가장이라는 이유로 사회에서 자신의 재량을 맘껏 펼치고 있을 때, 방문교육지도사 C의 마음은 어땠을까? 남편이 벌어다준 돈으로 살림하며 육아하는 것이 마냥 행복했을까? 방문교육지도사 C는 힘차게 날갯짓을 하다가 사회의 시스템으로 인해 허망하게 둥지로 떨어져버린 경우다. 그때의 못다 한 날갯짓을 그녀는 평생 가슴속에 품고 있었으리라.

이루 말할 수 없는 고통의 연속

첫아들을 낳고 3년 터울로 딸 쌍둥이까지 얻은 방문교육지도사 C는 세상 부러운 것이 없었다. 능력 있는 남편, 건강하고 예쁜 아이들까지 있어서 하루하루가 행복한 삶이었다. 어느 날, 한 여자의 방문이 있기 전까지는 그 행복이 영원할 줄만 알았다. 그녀는 남편의 외도녀였다. 공부만 하며 순수하게 살아온 방문교육지도사 C였던 터라 그러한 일은 상상조차 하지 못했다. 정신적 타격이 심하게 왔고, 그때 받았던 충격과 상처는 이후 10년 동안 방문교육지도사 C를 괴롭혔다. 인생에서 겪지 않아도 될 그때의 일은 방문교육지도사 C에게 인생의 큰 변곡점이 되었다. 나쁜 일은 한꺼번에 온다고 했던가. 정신을 차릴 새도 없이 남편은 일찌감치 퇴직했다. 퇴직금으로 연천에 땅을 샀다. 충전소를 지을 용도로 매입한 땅이어서 당장 가정에는 아무런 수입원이 되지 않았다. 퇴직 전 남편의 회사 조합 아파트를 서울 M동에 분양받았다. 오직 아이들의 교육을 위해 서울로 이사를 계획했다. 마지막 잔금 치를 돈을 남편에게 건넸는데, 꿈에 부푼 방문교육지도사 C에게 돌아온 건 또 한 번의 배신이었다. 남편이 미국으로 이민 가는 친구에게 돈을 다 줘버린 것이다. 잔금 치르느라 살고 있던 아파트도 처분했기 때문에 하루아침에 갈 곳도, 지낼 곳도 없는 처지가 되어 버렸다. 설상가상 친구를 위해 서줬던 보증이 잘못되어 그 많은 빚마저 떠안게 되었다. 방문교육지도사 C는 삶의 한가운데로 노 저으며 들어오는 극심한 고통을, 고통이 일으키는 파장을 온몸으로 느꼈다.

> "쌍둥이가 이제 우유 한창 먹을 땐데, 갑자기 어떤 여자가 집을 찾아왔어요. 그게 가장… (말을 잘 잇지 못함) 상상을 못 했죠. 그때부터 인제 제가 한 10년, 10년은… (말을 잘 잇지 못함) 막 아이들을 어떻게 키웠나, 뭐 어떻게…. 정말 정신이, 제정신이 아닐 정도로, 인제 막 그 타격이 너무 심했어요. 남편이 이제 회사도 그만뒀어요. 지금은 연천에서 엘피지 충전소를 하는데요, 그때는 땅만 샀어요. 중간에 저희가 그 D그룹에서 이제 아파트 분양을 받았어요. 그러고 있는데 우리 남편이 그 마지막 잔금을, 자기 친한 친구가 미국으로 이민 가는데 그걸 다 줬어요. 그 돈을. 아… (한숨 쉼) 그러고 있는데 가장 큰 타격이, 저희 남편 친구 보증을 섰어요. 그게 딱 인제… 다 터진 거예요."

시련은 누구에게나 힘들다. 그것이 관계에서 비롯됐든, 물질에서 비롯됐든 힘든 건 마찬가지다. 방문교육지도사 C의 시련은 그 모든 걸 포함하고도 신뢰 기반의 시련마저 찾아와 시련의 종합세트를 맛보았다. 남편은 어느새 외도를 하기 시작했고, 상대 여자는 방문교육지도사 C의 집에까지 찾아오는 상식에 어긋난 행동을 했다. 그러한 그녀는 저 멀리 어디선가 삶의 이죽거림이 그녀를 빤히 바라보고 있음을 충분히 느꼈을 것이다. 이후 10년 동안 방문교육지도사 C는 고통 속에서 시간을 보냈다. 믿고 사랑했던 배우자로부터의 배신은 그녀의 삶을 수렁 속에 빠뜨려 몸부림칠수록 더욱 깊은 절망 속으로 빠져들게 했다.

　게다가 고등학교, 대학교 친구들은 서울 강남에 거주하는 데 비해 자신은 수도권 광역시에서 살아가고 있어 자존심이 여간 많이 상한 게 아니었다고 했다. 그녀는 이 악물고 돈을 모아 서울에 아파트 한 채를 분양받았다. 강남에서 살고 있는 친구들과 비교되는 것도 싫었지만, 무엇보다 자녀들 교육만큼은 서울에서 시키고 싶은 것이 그녀의 바람이었다. 따라서 서울 아파트는 그녀에게 있어 현실에서 벗어날 수 있는 탈출구요, 미래를 위한 희망의 도움닫기였던 셈이다. 아파트는 잔금만 치르면 되는 상황이었고, 그 잔금은 남편을 통해 전달하게끔 남편 손에 들려줬다. 그러나 그 마지막 희망은 산산조각 났고, 조각난 희망은 파편이 되어 방문교육지도사 C의 가슴을 후벼팠다.

　사람 좋은 방문교육지도사 C의 남편은 그 아파트 잔금을 이민 가는 친구에게 여비로 사용하라며 선뜻 줘버렸다. 방문교육지도사 C와 상의 한마디 없이. 남편은 친구에게 고맙고 좋은 사람으로 기억될 수 있을지 몰라도 방문교육지도사 C는 억장이 무너지는 순간이었을 테다. 남자와 여자의 차이인지, 아니면 아내를 이해하지 못한 남편의 이기심인지, 가장이 하겠다는데 그거 하나 이해하지 못하냐는 가부장적 사고방식의 잔재인지 모를 수많은 이유 앞에 방문교육지도사 C는 현실에 순응하지 못하는 패배자일 뿐이었다. 이루 말할 수 없는 고통의 연속이었다.

삶의 치열한 시간들

　평탄한 삶을 걸어온 사람이 시련 앞에서 강해지기란 쉽지 않은 법이다. 평탄한 삶을 시샘하여 운명이 꽃샘추위처럼 다가와 마구 흔들었지만,

그녀는 굴복하지 않고 당당히 맞섰다. 앞뒤를 재고 있을 여유가 없었다. 어린 자녀들과 먹고살아야 하는 일이 당장 시급했죠. 방문교육지도사 C는 그렇게 강인한 여성이자 엄마로 변모해가고 있었다.

> "그때부터 이제 남편을 믿고 살아서는 안 되겠구나. 이제 내가 어떻든 꾸려가야겠다. 그래서 이제 그때부터 집에서 과외를 시작했어요. 처음에는 한 명 두 명밖에 없었죠. 그러고 나서 이게 그야말로 부업? (웃으며) 동네 여자가 부업을 하라고 하더라고요. 봉투 붙이는 거. 그 얘기 하면 우리 형제들은 울어. 아, 정말…. 그 봉투 붙이고 아이들은 어리지, 근데 아이들 간식비도 없지. 그러니까는 애들도 그냥 뒷바라지 하나도 못 했어요. 다행히 집에서 과외를 하면서, 이제 애들 정서적으로 '엄마가 저기 있다', 숙제나 보고, 한 번도 못 봐줬죠."

결혼하면서 경력단절녀가 된 방문교육지도사 C는 다시 일을 시작했다. 수입원이 없었기 때문에 친정엄마와 언니들에게 돈을 융통해왔다. 그마저 남편이 벌여놓은 충전소로 들어가버렸고, 아이들 간식비며 부식비 마련을 위해 뭐라도 해야 했다. 봉투 붙이기 부업을 시작으로 집에서 동네 아이들 한두 명을 놓고 가르쳤다. 과외 학생은 점점 늘어나 밤 10시까지 학생들을 가르치며 치열하게 살았다. 집이라는 한 공간 안에 있을 뿐 어린 자식들 챙기기엔 빠듯한 시간과 체력이었다. 자녀에게 줄 수 있는 건 엄마가 시야에 있다는 정서적 안정감 그 하나였다. 지금도 기억나는 건 어린 아들이 종이비행기를 접어달라며 방문교육지도사 C에게 부탁했던 일이다. 과외 교습을 하느라 밤늦게까지 바쁜 시간을 보낸 방문교육지도사 C의 눈에 들어온 건 종이를 붙들고 잠들어 있는 아들의 모습이었다. 아이에게 종이비행기 하나 접어줄 시간조차 없었나 하는 미안함과 안타까움에 눈물이 흘렀다. 그러나 후일 장성한 자녀들은 그때의 시간을 이렇게 추억한다고 한다. "돈은 없었지만, 엄마가 늘 함께 있어서 든든했다"고. 방문교육지도사 C는 평탄하게만 살아온 삶 속에서 연달아 찾아온 고난을 회피하지 않고 담대히 맞섰다. 어린 세 자녀의 까만 눈동자가 떠올라 더더욱 굴복하지 않았다. 고난과 역경을 거치며 단단해진 마음의 테는 살면서 두고두고 큰 자산이 되었다.

3) 돕는 삶을 경험하다

타자지향적인 삶을 배우다

이타적인 삶은 그저 주어진 것이 아니다. 어렸을 적 부모의 이타적인 모습을 보고 터득했을 수 있고, 자신만의 특별한 경험이나 깨달음을 통해 내재화된 가치가 삶의 모습으로 발현되는 것이다. 방문교육지도사 C는 어렸을 적 친척들을 대했던 아버지의 모습에서 더 이상 현현할 수 없는 이타심을 발견했다. 전후 어려웠던 시기에 고향 친척들을 자신의 집으로 불러들여 한집에 살면서 사업에 동참하게 했던 아버지는 자신과 가족뿐만 아니라 주변 사람들을 함께 위할 줄 아는 사람이었다.

> "근데 이제 저희 아버지 형제분이 다 부여분이세요. 충청도. 다 그 시골분이세요. 그러니까 아버지가 이제 장사를 하니까 그 시골에 있는 사촌 오빠 언니들이 이제 다들 저희 집에, 인제 다 같이 사는 거야. 그니까 저

희는 뭐 대가족이에요. 늘 대가족이에요."

아버지는 커다란 나무 그늘과도 같았다. 당신의 자녀가 여섯이나 됐지만, 고향의 사촌들까지 다 거둬들이는 넉넉한 품을 지니셨다. '내 식구만 잘살면 그만'이라는 이기적인 생각 따위는 아버지에게 존재하지 않았다. 그저 같이 잘되기를 바라고, 조카들도 자식처럼 생각하면서 한 지붕 안에 거하게 하셨다. 적지 않은 형제자매에다 사촌형제들까지 '하꼬방'에서 대가족을 이루고 살았던 방문교육지도사 C는 일찌감치 더불어 사는 삶을 배웠을 것이다. 그러면서 배려가 몸에 배었을 것이며, 자라는 동안 진정한 공존의 가치를 깨닫는 계기가 되었을 것이다. 어렸을 적부터 이러한 모습을 보고 자란 그녀는 자연스레 이타적인 사람으로 변모하며 성장했다.

이웃의 선한 조력자 성일 엄마

힘겹고 어려운 삶의 고비를 관통하는 동안 방문교육지도사 C에게 도움의 손길을 내민 이가 있었다. 바로 이웃집 성일 엄마였다. 어린 아들과 딸 쌍둥이를 혼자 양육하기에는 너무나 버겁고 힘들었다. 당시 외도 중이던 남편은 가정일에 나 몰라라 했고, 고3 수험생이던 막냇동생의 수발 때문에 친정어머니는 옴짝달싹 못 하던 상황이었다. 가정경제 꾸리기를 비롯한 어린 세 남매 양육은 오로지 방문교육지도사 C의 몫이 되었다. 쌍둥이 목욕시킬 때, 쌍둥이를 병원에 데려가야 할 때마다 성일 엄마는 구세주처럼 나타나 도와주었다. 그뿐 아니라 경제적 어려움을 겪고 있을 때도 방문교육지도사 C의 학벌을 아깝게 생각하여 과외를 주선해준 사람도 성일 엄마였다.

"쌍둥이가 아파, 목욕도 시켜야 돼. 그러면은 누가 나를 많이 도와줬냐면은 아파트 우리 옆집, 옆집에 사는, 제가 평생 정말 은혜를 지고 사는 사람이에요. 그분이 와서 '어? 목욕시켜?' 그러면은 와서 목욕 같이 시켜줘. 그다음에 이제 애기가 아파. 그러면 그 당시에 쌍둥이 유모차가 있었어요. 근데 저는 인제 서울로 이사를 가야 되니까 돈을 한 푼이라도 모으려고 쌍둥이 유모차를 안 샀어. 그랬는데 이분이 내가 이제 한 명을 업고 병원에 가. 그리고 나면 이제 걔를 봐요. 그리고 나면 한 명을 또 와서 다시 업고 또 가는 거예요. 그리고 우리 큰애는 거의 옆집에서 살았어요. 밥도 거기에서 해주고."

바쁜 방문교육지도사 C와 남편의 잦은 부재로 인해 첫째 아이는 거의 이웃집에서 살다시피 했다. 돌봄을 비롯한 식사 대부분을 이웃집에서 도맡아 해주었다. 그녀에게는 평생 잊지 못할 은인과도 같은 소중한 사람이다. 가정과 자녀에게 소홀한 남편에 대한 서운함 때문에, 혼자서 어린 세 자녀를 키워야 한다는 부담감 때문에 방문교육지도사 C는 많은 눈물을 흘렸다. 그럴 때마다 성일 엄마는 현재의 어려움보다 자녀들이 다 자란 미래의 행복을 말하며 위로를 건네주었다.

"첫째 걔는 기억나는 게 밤에 나한테 인제 '엄마 비행기 접어줘, 비행기 접어줘.' 종이를 가지고 있는데 밤에 보니까 그 종이 붙들고 있는 거야. 비행기를 접어줄 시간이 없었던 거야. 너무 바쁘니까 아무도 안 도와주니까 뭐 밥도 옆집 가서 먹어야 되고, 남편이라도 와서 애랑 놀아주면 좋은데 남편도 뭐 별로 관심도 없고. 그래서 정말 많이 많이 울었어요. 그래서 내가 그랬어요. '아아, 나는 아이들 셋 키우기에 너무 힘들다.' 그랬더니 성일 엄마가 '지금은 힘들어도 나중에는 지금 힘들었던 거에 대한 보상을 세 배 이상 받을 거'라고 했어요. 근데 정말 그 말이 맞았어요."

이웃집 성일 엄마의 사랑과 도움으로 방문교육지도사 C는 힘든 시절을 잘 이겨낼 수 있었다. 이웃으로부터 조건 없는 사랑을 받은 방문교육지도사 C는 성일 엄마를 평생의 은인이라고 칭했다. 좋은 친구를 두는 것은 그렇게 값진 일이다. 아무런 보상이나 기대 없이 선뜻 도움의 손길을 건네는 친구가 있다면, 그 역시 자신이 삶을 잘살아왔다는 방증이기도 하다. 자신을 포함한 자신의 가족만 알고 세상을 이기적으로 살아가는 자에게 자비와 친절을 베풀 사람은 거의 없기 때문이다. 그렇기에 방문교육지도사 C는 그 자신 역시 이웃집 성일 엄마와 좋은 유대관계를 맺었을뿐더러 베푸는 삶을 살았을 거라고 추측된다. 사회는 상호작용을 기반으로 유지된다. 상호작용은 이기심이 아닌 서로를 위하고 배려하는 마음에서 아름답게 승화한다. 곧 타자성이다. 이렇듯 타자성의 실천은 따뜻한 마음을 전하는 것을 넘어 누군가에게 평생의 은인이 되는 행위이기도 하다.

받은 만큼 베푸는 삶을 살다

많은 시간이 흘러 자신을 성장시킨 배경이 되었다는 사실을 깨달아 감사를 느끼는 사람, 그리고 그 감사를 마음속에만 담아두지 않고 베풂의 실천으로 옮기는 사람이 우리 사회에서 차지하는 비중은 얼마큼 될까. 선한 실천은 곧 선한 능력이 된다. 그것은 방문교육지도사 C가 여실히 입증해주고 있다.

"I시가 뭐 어떻든 나한테는 고마운 도시예요. (중략) 제가 어렵고 힘들 때 제가 과외를 엄청나게 많이 해서 그 돈으로 우리 아이들도 학교 다 보내고 그랬죠. 그렇게 살 수 있었어요. 그래서 앞으로도 제가 건강이 허락되면은 그냥 제가 가지고 있는 재주는 가르치는 거고, 또 내가 경험했던 것처럼 도와주고. 근데 제가 도와준 것보다 받은 게 많아요."

방문교육지도사 C는 대졸이라는 학력과 그간의 배움이 있었기에 과외를 할 수 있었다. 또한 어렵고 힘든 시기에 과외를 통해 돈을 벌며 살 수 있었던 I시는 평생의 은인 같은 도시다. 그래서 건강이 허락하는 한 I시를 위해 봉사하기로 다짐했다. 자존심과 자녀들 교육 때문에 그토록 떠나고 싶었던 I시였지만, 현재의 자신을 있게 한 고맙고 자랑스러운 곳이라고 고백한다.

방문교육지도사 C는 결혼이주여성들에게 방문교육지도 업무를 하며 오히려 그녀들에게 배운 점들이 많다고 한다. 가족의 행복을 무엇보다 소중하게 여기는 나이 어린 결혼이주여성들을 보며 자신을 돌아보게 되었다고 한다. 또한 출신국에서 가족의 행복을 무엇보다 소중하게 여겼던 결혼이주여성들이 진심으로 부러웠다고 했다.

3.
방문교육지도사 C의 방문교육 시기

1) 제2의 인생을 살다

방문교육지도사를 하게 된 동기

　방문교육지도사 C의 아들은 평소 게임을 좋아하여 대학도 게임과에 진학할 정도였다. 게임에 많은 시간을 할애하며 시간활용을 제대로 하지 못하는 아들을 보며 방문교육지도사 C의 마음은 타들어갔다. 그러던 중 방문교육지도사 C의 아들은 군 복무를 위해 입대하게 되었는데, 방문교육지도사 C의 마음이 그렇게 흐뭇할 수 없었다고 한다. 정해진 시간 속에서 규칙적인 생활을 할 수 있다는 사실이 무엇보다 좋았다. 게다가 세 끼 식사는 물론 급여도 지급한다니 감사하지 않을 수 없었다. 군 복무 동안 아들을 안전하게 보호해줄 국가를 위해 방문교육지도사 C는 뭔가 도움 되는 일을 하고 싶었다. 마침 길을 가다가 처음 만난 지역아동센터에 들어가 봉사활동 의사를 내비쳤고, 그곳에서 아이들에게 수학을 가르쳤다. 그렇게라도 함으로써 방문교육지도사 C는 자신이 받은 감사를 이 사회에 환원하고 싶었다. 1년의 시간이 흐른 뒤 아동센터 담당자의 추천을 받아 ○○사회복지관(○○다문화가족센터 전신) 방문교육지도사에 지원하게 되었다. 방문교육지도사 C의 지역아동센터 봉사는 2004년부터 2018년까지 15년이라는 긴 시간 동안 이루어졌다.

> "2004년도에 제 아들이 군대를 갔어요. 그러고 났는데, 아 이 군대를 간다는 거는 나라에서 우리 아들을 보호해주는 그런 느낌이 들더라구요. 여러 가지로. 왜냐면 그때 한창 대학교 다니고 하면은 여러 가지 문제를 일으킬 땐 나라에서 보호해주고 밥도 주고. 그래서 아 나도 인제 뭔가 나라를 위해서 보답을 해야 되겠다. 그러다가 이제 길 가다가 이제 봉사를 시작해야겠다. 그래서 지역아동센터를 갔어요. 아무나 보이는 센터에 들어갔어요. 그래서 이제 1년을 했어요. 어느 날 공고가 붙었어요. 그 ○○복지관에. 방문교육지도 선생님을 뽑는다. 그래서 그 사무장이 부르더라고요. '선생님, 이런 봉사하는데 이거 한번 해보실래요?' 근데 저도 그동안에 굉장히 많은 세월을 봉사하고 아이들 가르치고 뭐 학교에 있고 해서 인제 좀 그래 어른들을 한번 대해보고 싶더라구요. 그래서 지원을 한 거죠. 그렇게 방문교육지도사를 시작하게 되었어요."

아들의 입대를 국가의 보호시스템으로 생각하는 부모도 드물 것이며, 그것이 고마워서 국가에 봉사하거나 재능기부를 하려는 부모는 더더욱 흔치 않을 것이다. 아들의 군 입대가 결국은 방문교육지도사 C의 새로운 인생, 제2의 인생을 살게 한 계기가 되었다. 당시 방문교육지도사 C는 아들 때문에 가슴 졸이는 순간이 많아 늘 걱정을 안고 살았다고 했다. 그랬던 아들이 군대에 간다고 하니, 그야말로 국가의 부름을 받고 국가의 보호 속에서 안전하게 지낼 수 있어 정말 감사했다고 한다.

방문교육지도사 C는 삶을 새롭게 해석하고 긍정적으로 바라보는 면이 짙다. 이는 부족함 없이 다양한 감각을 익힌 어린 시절의 유복한 환경에서 받은 영향일 수도 있다. 결혼 후 그녀가 어려운 시절을 겪었을 때도 포기하지 않고 끝까지 버텨낸 것도 이러한 맥락이다. 또한 힘든 일을 겪으면서 삶을 넓고 멀리 내다볼 줄 아는 인생의 내공을 쌓았을 수도 있다. 이러한 모든 것이 함께 작용하여 아들의 군 입대를 '축복'으로 받아들인 경지에 도달한 것이다. 뉴스를 통해 자녀의 군 입대를 막으려 편법을 사용한 몰지각한 부모의 모습을 볼 수 있다. 또한 이중국적자로 지내다가 군 입대 즈음 한국 국적을 포기한 청년의 모습도 유튜브를 통해 확인할 수 있다. 이러한 시대에 부모가 나서서 아들의 군 입대를 환영하고 나라에 감사하는 일은 극히 이례적이라 할 수 있다. 이러한 소식을 전해 들은 아들은 부모에게 무한한 신뢰와 자기점검을 하지 않을 수 없을 것이다.

처음이었지만 확실했던 교육 이수

방문교육지도사 C는 1세대 다문화가정 방문교육지도사다. 그렇다 보니 국가로부터 보수교육 및 다양한 활동을 교육받는 혜택을 입었다.

"2008년도에 오픈한 거예요. 거기에 2008년도에는 저희가 최초의 방문지도사예요. 그래서 ○○대학교에 대대적인 보수교육부터 아주 많이 받았어요. 한 일주일 정도 받았나? 왔다 갔다 거리면서 집에서 출퇴근할 사람하고 뭐 그런 식으로 해서 저희가 철저히 교육을 받았어요."

"국립국어원에 가서 양성과정을, 저희를 따로 가르쳤어요. 근데 그 내용이 정말 아주, ○○○ 교수, 아주 유명한 그 교수들이 다 나와서 저희를 가르쳤어요. 숙식하면서 강의를 매일매일 들어요. 그러고 난 다음엔 일주일 끝나고 난 다음에 인제 보수교육을 또 받았어요. 보수교육을 또 받고 그다음에 이제 시험을 보는 거예요. 그래서 이제 거기서 점수를 못 따면 탈락이에요."

방문교육지도사는 다문화가정 방문교육 활동을 통해 가장 가까이에서 한국 내 초기 다문화가정이 처한 상황을 직접 경험하며 돕는 인적자원이다. 이는 2006년 중앙건강가정지원센터에서 결혼이주여성을 위한 아동 양육도우미를 양성했던 것이 그 시초다. 또한 결혼이주여성의 다문화가정 내 부적응을 돕고 건강한 정착 및 적응을 위해 2008년 후반에 다문화가정 방문교육사업이 시작되었다(남정연·김영순, 2022: 62). 이렇듯 초창기 다문화가정 방문교육지도사 멤버였던 방문교육지도사 C는 국가로부터 다양한 교육 혜택을 받았다.

예컨대 국립국어원에서 숙식을 제공하며 이들의 양성과정 교육을 진행했는데, 한국어교육의 한 축인 교수로부터 직접 강의를 들었으며 과정의 마무리는 테스트를 통해 완벽성을 추구했다. 그 시절을 회고하는 방문교육지도사 C의 눈빛은 밝게 빛났으며, 자신감으로 가득 차 있었다. 배움 자체를 좋아하는 그녀이기에 물 만난 물고기처럼 온 정신이 펄떡펄떡 살아 숨 쉬었을 것이다.

제2의 인생으로서의 방문교육지도사

수학 과외를 하다가 다문화가정 방문교육지도사를 하게 된 방문교육지도사 C는 새로운 시각에 눈이 떠진 것을 발견하게 되었다.

"아! 방문교육지도사는 나의 제2의 인생을 살게 해준 직업이다'라고 생각을. 그러니까 제1의 인생은 우선 뭐 아이들하고 내 가정이고. 그다음에 아이들이 어느 정도 대학도 갔고, 손에서 떨어질 쯤에서 제가 또 다른, 이 다문화 여성들을 만남으로써 또 다른 인생을 아주 멋지게 살 수 있었던 거라고 생각해요. 이 다문화(방문교육지도사)를 하면서 이주여성들의, 정말 이주여성들한테, 정말 저는 올인할 수 있었어요. 그래서 저는 가족들한테 고맙다 그랬어요."

자녀 셋 모두 장성하여 비로소 방문교육지도사 C는 자신을 위해 시간을 쓸 수 있었다. 그러나 그 시간 또한 철저히 남을 위한 돌봄으로 채워진 이타적 시간이었다. 방문교육지도사 C가 이주여성과 그녀들의 자녀를 위해 열정적이고 아낌없는 돌봄을 베풀 수 있었던 데는 가족들의 응원이 있었기에 가능한 일이었다. 남편과 세 자녀는 각자의 역할을 충실히 이행했으며, 특히 자녀들은 다문화가정을 위해 열정적으로 일하는 그녀를 진심으로 존경했다. 가족들의 희생이 아니었다면 방문교육지도사 C의 바깥 활동은 힘들었을 테다. 그런 고마운 마음을 누구보다 잘 알았던 방문교육지도사 C는 퇴임식 하던 날 가족들에게 진심을 담아 고맙다는 인사를 전했다.

2) 주체와 타자의 교체

방문교육지도사 C는 결혼이주여성들과 밀접한 교류를 통해 그들의 삶 깊은 곳까지 들여다볼 수 있는 공적인 사람이었다. 때로는 결혼이주여성 자신이 되기도 하고, 때로는 주체와 타자가 교체되는 경험을 통해 상호주관성을 깊게 깨닫는 과정을 겪기도 했다. 이러한 일련의 일들은 방문교육지도사로서 더욱 가치 있고 의미 있게 다가가는 일이기도 했다.

방문교육지도사로서 보람 있는 나날

방문교육지도사 C는 방문교육지도사로서 보람 있는 날들이 많았다. 그러한 경험은 일을 하는 동안 힘든 순간들을 이겨낼 수 있도록 도와준 비타민과도 같았다.

"어느 날 은행 볼일을 보러 갔어요. 그런데 은행분이 '어? 다문화지도사세요? 좋은 일 하시네요. 제가 금리 깎아드릴게요.' 그래서 금리를 깎아준다든가 또는 대학교 동창들 만나면 '너 너무 훌륭하다!' 그러면서 저한테 막 용기도 주고. 제 대학교 동창들 만났을 때 '네가 최고야!'라고 막 했을 때 굉장히 좋았어요."

남편의 마이너스통장 개설을 위해 함께 방문했던 은행의 직원은 방문교육지도사 C의 직업을 알고 대출금리를 인하해주었다. 사회적으로 가치 있는 일을 함으로써 받은 호의였다. 그뿐만 아니라 대학교 동창 모임에 나갔을 때도 친구들은 방문교육지도사 C가 훌륭한 일을 한다며 진심으로 격려와 응원을 해줬다. 자신이 하는 일을 타인 또는 가까운 지인들에게 인정받는다는 것은 더없이 기쁜 일이다. 방문교육지도사 C는 다문화가정 방문교육지도사 일을 통해 이러한 즐거운 경험을 종종 했다. 또한 현장 업무를 통해 보람을 느낀 적도 있었다.

"정말 저한테 막 욕하고, '선생님이 뭔데 그러냐.' 심할 때는 그런 분들도 많이 있어요. 그럼 저희는 이제 침착하게 대처하죠. '어머니 그런 게 아니라요. 요즘 시대가 이렇습니다.' 이렇게 해서 해결을 했어요. 그래서 감사해서 얼마 전에 귤 한 박스 보내왔어요. '그렇지 않았으면 우리 며느리가 태국으로 도망을 갔을 거예요.' 하시면서. 그래서 그럴 때 보람을 느끼죠."

현장 업무에서 자주 겪는 문제 중 하나가 이주여성과 시어머니 간의 고부갈등이다. 그럴 때 방문교육지도사 C는 이주여성을 도와주고 시어머니의 이해를 이끌어내는 것이 중요하다고 했다. 즉, 며느리와 시어머니의 문화가 서로 다른 것과 시대가 많이 달라졌음을 시어머니에게 인지시키고 이해하게 하는 것이다. 고부갈등이 원만하게 해결된 현장의 시어머니는 방문교육지도사 C에게 감사의 인사와 함께 선물을 보냈다. 방문교육지도사 C의 중재가 아니었더라면 며느리는 이미 출신국으로 가고 없었을 일이었다. 현장 업무에서 감사 인사를 전해 받는 것 또한 방문교육지도사 C에게 보람된 일이 아닐 수 없다.

"지금은 아이 낳고 어떻든 정서적으로 안정이 돼서 살아가는 모습을 보는 게 제가 이거에 가장 큰 보람이죠."

방문교육지도사 C는 학습대상인 결혼이주여성이 한국에 정착하는 것 이상으로 그들의 안정과 행복한 삶을 우선시했다. 한 나라의 국민이기 전에, 직업인으로서 만나는 학습자이기 전에 인간애를 실현해야 하는 인격체로 바라보았다.

경제권 확보를 위한 경제관념 교육하기

방문교육지도사 C는 딸에게 가르치듯 학습자들에게 경제권 또한 강하게 가르쳤다. 이전의 무계획한 생활습관에 변화를 주기 위해서는 경제관념을 강하게 심어주는 것이 중요하다고 생각했다.

"그러니까 저, 제가 가르친 거는 경제관념. 특히나 필리핀 여성들은 경제에 대해서 그렇게 큰 비중을 안 둬요. 그 나라마다 저기 달라요. 근데 이제 베트남 같은 경우는 은행을 이용 안 해요. 못 믿으니까. (중략) 그들이 은행 이용을 안 해요. 그니까 여기 와서도 돈을 쥐고 있는 거예요. 그리고 그 돈으로 뭘 사냐면, 금을 사요. 그들은 이 금을…. 은행을 이용할 줄 모르고. (중략) 경제관념도 없으니까 막 먹어. 비싼 거. 그러니까 막 소고기 아무리 비싸도 먹어요. 새우, 왕새우. 그러니까 시어머니들이 기절을 하시지. (중략) 경제권이 없잖아요. 남편이 안 주잖아요. 나는 그러면요. '저기 애 아빠한테 돈 달라고 해.' '한 달에 5만 원이라도, 10만 원이라도 남편한테 달라고 해.' 그러면 이렇게 쥐고 있는 거. 그니까 남자들도 이 아내를, 자기 동반자다 이런 감정…(을 갖는 거예요)."

필리핀과 베트남 결혼이주여성들의 문화 이질성은 경제관념에도 그대로 드러났다. 낙천적이고 현재의 행복을 추구하는 필리핀 결혼이주여성은 노동을 통해 부의 축적은 얻을지 몰라도 동전의 양면처럼 따라오는 고되고 힘든 삶은 원하지 않았다. 반면 베트남 결혼이주여성은 고향에 송금하기 위해 자신의 수입을 따로 관리한다. 이러한 각기 다른 양상에 방문교육지도사 C는 경제관념 또한 다르게 접근하며 해결책을 제시했다. 즉 필리핀 결혼이주여성에게는 좀 더 절약하는 습관을, 그리고 베트남 결혼이주여성에게는 남편의 신임을 얻기 위해 가정경제에 도움이 될 수 있도록 제시한다. 여성으로서, 가정주부로서 방문교육지도사 C 역시 지나온 과정이었기에 결혼이주여성 편에서 그들의 입장이 되어 제시한 나름의 솔루션이었다.

중재자 되기

방문교육지도사 C는 종종 중재자 및 상담가 역할을 하기도 했다. 비록 결혼이주여성을 대상으로 방문교육을 실행했지만, 그들 편에서만 대변하지 않았다. 그녀를 둘러싸고 있는 시댁과 남편이라는 문화적 맥락이 차지하는 범위를 간과할 수 없었으며, 서로 다른 문화를 이해하도록 돕기 위해서는 때로 결혼이주여성의 시어머니와 남편의 입장에서 바라볼 필요가 있었기 때문이다.

> "이제 한국어가 서투니까 시어머니가 뭐 '○○야!(며느리 이름을 부름)' 이랬는데, (며느리가) 반말을 했던 거예요. 그랬더니 아들하고 엄마하고 달려들어서 때렸어. 많이 때렸어요. 이제 가방을 들고 (중략) 친구 집에 가서 있었어요. 제가 친정엄마예요. 아무도 없잖아요. 그래서 제가 시어머니한테 찾아갔어요. 찾아가서 '사실은 이렇게 해서 애가 못 알아들어서 이렇게 했으니까. 어머니, 시간이 지나면 지날수록 이 관계는 어색해집니다. 그러니까 ○○(며느리)은 잘못한 거 없습니다. 그러니까 어머니하고 아드님이, 지금 애가 ○○(며느리의 친구)네 집에 있으니까 오늘 저녁에 가서 데려오세요.' 그래가지고 가서 데리고 와서 이제 그게 무마가 됐어요."

한국어는 경어법이 발달한 독특한 언어 체계를 가졌다. 이러한 점 때문에 결혼이주여성들이 한국어를 배우는 데 있어 무척이나 어려워한다. 한국어가 서툰 결혼이주여성에게는 더욱 어렵고 힘든 문법이다. 시어머니의 부름에 반말로 대답한 며느리에게 시어머니와 남편이 함께 달려들어 폭력을 행사한 경우다. 언어를 비롯한 서로의 문화를 이해하지 못한 상호주관성이 결여된 경우다. 방문교육지도사 C는 자신 역시 시어머니 신분이었기에 누구보다 시어머니의 입장을 이해할 수 있었다. 그랬기에 알아듣지 못함에서 온 실수였음을 상기시켰으며, 폭력으로 몸과 마음에 상처받았을 결혼이주여성을 안심시키기 위해 시어머니에게 데리고 올 것을 당부했다.

결혼이주여성과 시어머니 사이에서 중재자 역할을 자처한 방문교육지도사 C는 그 내공을 살아온 연륜과 지혜라고 했다. 즉, 연륜이 없었다면 그들에게 접근할 지혜조차 없어서 틀어진 사이를 돕지 못했을 것이라고 했다. 따라서 방문교육지도사 C는 지혜를 가진 나이 든 방문교육지도사가 꼭 필요하다고 전했다.

"어떤 시어머니가 며느리를 구박하고, 더럽다고 막 구박하고, 다른 사람들한테 막 전화해서 우리 며느리 너무 더럽다고. 냉장고 여러 가지. 저런 막 소리 지르고 청소도 안 하냐 뭐라 하고. 그니까 얘가 가고 싶죠. 고향에 가고 싶죠. 그래서 얘가 매일 울었어요. 그래서 제가 어머니를 만났어요. '어머니, 저도 시어머니예요. 어머니가 이렇게 더럽다고만 하시지 말고 혹시 얘가 고향에서 치우는 거를 못 배웠거나 그럴 수도 있어요. 그러니까 어머니가 같이 해보세요. 오늘은 우리 여기 치워볼까? 저기 치워볼까? 한번 해보세요. 그러면은 어 그렇게 어머니가 막 지적하면은 갠 자존심 상하고요. 그냥 한번 해보세요.' 그랬어요. (중략) 그전에 내가 시어머니를 대했을 때와 내가 느끼지 못한 것들, 그거를 이제 왜 어머니하고 같이 공유를 하는데요. 그러면서 인제 시간이 가니깐 이 어머니가 달라졌어요."

청소하지 않아 집 안이 지저분하다며 며느리를 타박하고, 지인과 통화하며 며느리 흉을 본 시어머니에게 방문교육지도사 C는 조곤조곤 상황을 설명하며 이해시켰다. 자신 역시 시어머니 위치에 있으므로 누구보다 시어머니 입장을 잘 이해할 수 있었기 때문이다. 학습자인 결혼이주여성의 편에서 무조건적인 이해를 바라는 것이 아닌, '시어머니'라는 같은 입장에서 이해를 요구하므로 그녀는 더욱 설득력 있게 접근할 수 있었다. 공감을 전제로 하는 이해 요구는 방문교육지도사 C의 연륜에서 비롯된다고 해도 과언이 아니다. 이러한 부분에서 방문교육지도사 C는 "살아오면서 연륜과 지혜가 없으면 이 부분에 대해서는 터치할 수 없다"라고 강조한다. 즉 "저도 며느리를 2012년도에 얻었기 때문에 시어머니예요. 그러면서 내가 그전에 만난 그 시어머니와 내가 시어머니가 돼서 그 시어머니를 만났을 때, 이거는 생각이 완전히⋯." 그렇기 때문에 방문교육지도 업무를 단순한 티칭으로 봐서는 안 된다고 주장했다. 방문교육지도사 C가 시어머니와 결혼이주여성 간의 중재자 역할을 할 수 있었던 것은 삶의 연륜과 지혜가 있었기 때문에 가능했다.

베트남으로 쫓겨날 이주여성을 위해 항변하는 인권가
방문교육지도사 C는 결혼이주여성이 단순히 한국 생활에 잘 적응할 수 있도록 한국어를 가르치고 한국문화를 알려주는 사회통합의 기능에만 머무르지 않았다. 억울한 상황에 놓인 학습자를 위해 그녀는 잔다르크가 되기도 했다.

"이제 시댁 식구들이, 그래서 내가 혹시 가족들이 재산 문제 때문에 올 것 같애. 그래서 내가 그 아주버님한테 전화를 했어요. '가족분들 모여서 이 재산에 대해서 이야기할 때 저 부르세요. 제가 모르면 변호사 대동하고 갑니다.' 그래서 저는 변호사도 알아봤어요. (중략) 얼마 전에 이 분(결혼이주여성 남편)이 유서처럼 썼습니다. 이 아내한테 3천만 원을 주기를 바란다는, 이 유서가 있었기 때문에 저는 '이 남편의 유언대로 3천만 원을 주세요'라고 얘길 했어요."

갑작스러운 남편의 사망을 겪게 된 결혼이주여성이 또 다른 궁지에 빠졌다. 즉, 시댁 식구들은 의사소통이 원활하지 않은 그녀를 모든 상황에서 배제하려고 했다. 한국어가 능숙하지 않은 결혼이주여성이 자신의 의견을 피력한다는 것은 어려울 뿐만 아니라 낯선 한국에서 도움 요청할 곳이 드물었다. 유산 상속의 어려움과 자녀가 없다는 이유로 출신국으로 돌아가야 하는 결혼이주여성의 중첩적인 어려움 속에서 방문교육지도사 C는 결혼이주여성 편에 서서 차근차근 해결해나갔다. 그 결과 결혼이주여성은 사망한 남편의 뜻에 따라 유산을 제대로 받을 수 있게 되었다.

유산 상속처럼 중요한 일은 허투루 해결할 일이 아니었다. 이에 방문교육지도사 C는 통역사를 불러 결혼이주여성이 요구하는 대로 하고자 했다.

"이제 통역하는 학생한테 물어봤어요. 혹시 3천만 원만 받아도 얘가 괜찮나 하고 한 번 물어봐주라. 그랬더니, 거기(베트남)서 3천만 원은 큰돈이죠. 엄청 큰돈이죠. 그래서 그애가 괜찮다고 하더래요."

방문교육지도사 C는 학습자가 결혼할 당시 통역을 담당했던 통역사를 불러 유산의 현금화를 물었다. 베트남에서 3천만 원은 적은 액수가 아니기에 결혼이주여성은 흔쾌히 현금으로 상속받길 원했다.

이주여성의 시댁 식구와 유산 상속 문제가 일단락되자, 이제는 출입국본부에서 위장전입을 의심했다. 한국 이주 후 7개월 정도 되었을 무렵이라 자녀가 없었던 것이 큰 이유였다.

"남편이 없으니까 애기도 없죠. 그러니까 이 사람을 여기서 더 연장을 해줘야 되나 말아야 되나(문제가 많았죠). 이제 그 문제 때문에 서류가 많아요. 남편 사망진단서 떼와라, 어디 가서 뭐 하라. 그래서 뗐어요. 여기저기 막 다니면서 애를 데리고 이제 출입국에 갔어요. 가서 이제 서류 접수를 했는데, 계속 조사관이 전화가 와요. 저를 보재요. '이 여자분이 남편하고 살았냐, 선생님이 봤냐?' 그니까 위장을 의심했던 거죠. 그래서 내가 '제가 보증합니다. 제 재직증명서 떼어달라면 떼다드리고 확실합니다.' 나중에 '선생님 보고 2년 연장합니다.' 그러니까 날더러 책임을 지래요. '제가 책임질게요.' 그래서 2년을 연장했어요."

시댁 식구를 비롯한 누구에게도 보호받지 못한 결혼이주여성을 위해 방문교육지도사 C는 자신의 재직증명서를 담보로 학습자의 신원을 보증했다. 출입국 업무 담당자는 방문교육지도사 C의 이러한 진실성을 보고 더 이상 위장결혼을 의심할 수 없었다. 학습자를 위해 방문교육지도사 C가 이렇게 최선을 다했던 것은 그들의 인권을 생각하지 않을 수 없었기 때문이다. 그 일을 할 수 있는 사람 역시 결혼이주여성과 가장 밀접한 곳에서 상호작용하며 공적 업무를 수행하는 방문교육지도사이기 때문이다.

그렇기 때문에 어려움에 놓인 결혼이주여성을 "이대로 그냥 비행기표 보내듯이 보낼 수는 없었고" 그들의 인권을 위해 앞장서야 한다고 했다.

3) 반지하에 비치는 한 줄기 햇빛

반지하 어두운 곳의 햇빛 같은 존재

누군가에게 햇빛 같은 존재가 된다는 것은 공사를 불문하고 쉽지 않은 일이다. 비록 그것이 한 줄기의 빛이라 하더라도 절망 가운데 있는 누군가에는 한낮의 풍요롭게 비치는 햇빛보다 더없이 소중한 빛일 것이다. 방문교육지도사 C는 그녀의 학습자들에게 햇빛 같은 존재였다.

> "처음에 2008년도는 페이스북도 없었고 인스타그램도 없었어요. 아무것도 없기 때문에 애네들이 결혼하자마자 어두운 반지하 방에서 가만히, 그리고 두려워서, 한국어를 못하니깐 두려워서 슈퍼도 못 가요. 그러니까 그 어두컴컴한 곳에서 가만히 이렇게 있는데, 저희가 들어갔으니 너무너무 정말 햇빛이었대요. 완전히 햇빛 비치는 것 같았대요. 그때."

지금처럼 결혼이주여성들의 소통창구가 활발하지 않았던 시기에 결혼이주여성들은 모든 것이 낯설고 불안했을 것이다. 언어가 통하지 않아 외출도 마음대로 하지 못하고 살던 때, 자신들을 도와주러 온 방문교육지도사는 너무나 반가운 존재였다. 의사소통을 할 수 있도록 한국어를 가르쳐주며, 낯선 문화를 조금씩 알아갈 수 있도록 한국문화를 알려주고, 무엇보다 혼자가 아닌 믿을 수 있는 사람과 외출할 수 있다는 사실은 반갑고 고마운 일이었다. 누구와도 소통이 없어 어두운 반지하 공간에서 남편이 오기만을 기다리면서 숨죽이며 살아가는 그들에게 방문교육지도사 C는 한줄기 햇빛이고 숨구멍이었다.

결혼식장에서 친정엄마 되어주기

방문교육지도사 C는 방문교육지도 업무를 하며 결혼이주여성들에게 다양한 역할을 했는데, 그중 하나가 '친정엄마 되어주기'다.

> "그 이주여성이 이제 한국에서 결혼을 하게 됐어요. 보통 이제 결혼을 중국에서 한 번 하고 한국에서 한 번 해요. 그런데 비행기가 연착돼서 내일이 결혼식인데 엄마가 못 오는 거예요. (중략) 제가 그 신부 엄마 자리에 가서 인제 진짜로 맞이했어요. 막 사진 찍고 막 그랬어요. 그러니까 그렇게 해서 막 그날 제가 완전 친정엄마가 됐어요."

중국 출신의 결혼이주여성 한 명이 한국에서 결혼할 당시 비행기 연착으로 인해 친정엄마의 참석이 어렵게 되었다. 학습자의 시어머니는 방문교육지도사 C에게 대신 친정엄마 역할을 부탁했다. 학습자의 결혼식 당일 방문교육지도사 C는 한복을 입고, 머리를 곱게 올려 식이 끝날 때까지 친정엄마 역할을 다했다. 학습자를 위해 방문교육지도사 C는 기꺼이 즐거운 마음으로 그 역할을 했다. 해당 학습자와는 이후 오랫동안 연락하며 지내는 '모녀' 사이가 되었다.

아기 못 낳아 쫓겨날 위기에 처한 학습자를 돕다

과거 결혼이주여성은 한국 이주 후 자녀 생산이 급선무였다. 임신이 잘 안 됐던 결혼이주여성의 시어머니는 이를 보다 못해 방문교육지도사 C에게 도움을 요청하기도 했다.

"애기를 못 낳아요. 애기를 못 낳으니까 어머니가 어떻게 하냐고 이제 저한테 막 그러는 거예요. 그래서 내가 '어머니, 그러면 우리가 저기 ○○병원이나 ○○대병원을 가봅시다. 가서 검사를 해봅시다. 그래가지고 어머니, 나, ○○이(학습자) 셋이 또 이제 여기 ○○대병원을 왔어요. 와서 검사 다 하고, 그렇게 해서 (아기) 가질 수 있다. 나중에는 중국에서 친정엄마가 약 해서(보내줘서) 애기를 낳았어요."

결혼이주여성의 시어머니는 며느리 몸에 문제가 있다고 여겨 더욱 초조해했다. 초조함은 방문교육지도사 C에게 전해져 결국 방문교육지도사를 주축으로 여러 군데의 병원에서 검사를 받기에 이르렀다. 검사 결과 이주여성의 몸은 아무 이상 없었다. 초조함은 상대를 더욱 힘들게 하는 원인이 되기도 한다. 방문교육지도사 C는 이주여성의 시어머니와 동행하여 검사를 돕는 무리수를 두기도 했지만, 이는 결국 이주여성의 심리가 편안해진 배경이 된 것으로 추측된다. 즉 임신 소식은 이주여성 본인이 누구보다 간절하게 원했을 터, 이상 없다는 검사 결과에 따라 불안하고 초조했던 마음이 눈 녹듯이 사라져 임신이 된 것이다. 여기에는 친정엄마의 응원도 한몫했다. 한국으로 시집간 딸이 임신이 안 된다는 소식에 친정엄마는 애가 탔을 것이다. 그래서 내로라하는 한약방을 수소문하여 딸을 위해 한약을 지어 보냈다. 방문교육지도사 C는 언제나 결혼이주여성을 우선으로 했다. 그리고 주변 사람들과도 잘 호응하면서 우리 사회의 한 구성원인 이주여성을 위해 포용할 수 있도록 몸소 실천하고 보여주었다.

아낌없이 주는 나무가 되고 싶다

방문교육지도사 C는 방문교육지도 업무를 하면서 기본적으로 봉사 정신을 밑바탕에 두고 업무를 진행했다. 즉 이국의 낯선 환경에서 살아가는 이주여성과 그들의 자녀가 제도권 내에서 자리 잡고 적응하도록 돕는 데, 자신이 할 수 있는 범위 내에서 돕는 것을 당연하게 여겼다.

> "그래서 그거 아기들이랑 삶이 이러면 사다줄 수 있는 거지. 근데 저는 그런 마음이 안 들어요. 이왕 뭐 내가 누구한테 도움을 줄 수 있으면 그렇게 살다 간다거나 맘을 먹어서 그런지."

언어소통이 어려운 이주여성이 방문교육지도사에게 시장 심부름을 시키는 경우가 종종 있었다. 이러한 문제는 방문교육지도사 개인에 따라 받아들이는 자세가 천차만별이다. 업무 외의 개인적인 일이라며 부탁을 거절할 수도 있고, 그들의 사정을 이해하고 부탁에 응할 수도 있다. 방문교육지도사 C의 경우 후자에 속했다. 나아가 자신의 도움이 누군가에게 가닿기를 원했고, 도움이 필요한 사람을 위해 살기로 작정했다. 그러한 방문교육지도사 C의 방문교육지도 마인드는 학습자에게 아낌없이 주는 나무가 되는 것이다.

타인을 위해 봉사하고 희생하기까지 하는 삶이 요즘 시대에서는 보기 드문 일이 돼버렸다. 사람은 혼자서 살아갈 수 없는 존재라고, 더불어 살아가야 하는 존재라는 말은 무성하다. 그러나 정작 나 자신만 되돌아보더라도 어려운 이웃을 얼마나 돌보며, 그들을 위해 시간이나 물질을 사용하고 있는지 심히 의심되는 대목이다. 각박한 세상을 탓하기 전에 스스로 각박하게 살고 있지는 않은지 반성해볼 필요가 있다. 세상을 각박하게 바라보지 않고 그저 따뜻한 마음과 용기, 나눌 줄 아는 담대함을 가진 방문교육지도사 C 같은 사람들이 이 사회에 넘쳐나기를 소망한다.

6장

방문교육지도사 D의 생애담

1.
방문교육지도사 D의 특성:
나의 사명은 타인을 향한 도움 주기

　　방문교육지도사 D는 1951년 3남 2녀 중 둘째로 태어났다. 공부를 잘했던 방문교육지도사 D는 고등학교 졸업 후 서울로 유학을 가고 싶었지만, 할아버지의 반대로 고향 인근의 ○○교대에 입학했다. 대학 졸업 후 초등교사로 42년을 재직했는데, 자신의 입신보다는 가정과 자녀를 우선시하여 평교사로 은퇴했다. 교사 재직 시 다문화가정 아동의 담임을 한 것이 은퇴 후 방문교육지도사의 길을 걷게 한 원동력이 되었다.

　　방문교육지도사 D의 할아버지는 일찍이 기독교 신앙을 받아들여 주위 사람들에게 본이 되는 삶을 살았다. 보따리 장사꾼이나 걸인들을 재워주고 밥을 먹여서 보내는 등 타자지향적인 삶으로 지역에서 추앙받는 인물이었고, 방문교육지도사 D는 어렸을 때부터 할아버지의 그러한 모습을 보며 자랐다. 일제강점기에 독립운동을 했던 할아버지는 갖은 옥고를 치렀고, 그 업적을 인정받아 국가 훈장을 받고 현재 대전 현충원에 모셔져 있다. 이를 기리기 위해 해마다 삼일절이면 방문교육지도사 D의 지역사회에서는 3.1 만세 행사가 이루어지고 있다. 또한 그날의 급박했던 사건을 재구성한 동화*도 출판되어 잊지 말아야 할 우리의 귀중한 역사를 어린이들에게 전하고 있다.

형제 중 할아버지의 영향을 가장 많이 받고 자란 방문교육지도사 D는 남을 챙기고 도와주는 것을 그 무엇보다 우선으로 했다. 이는 방문교육지도사로서 아동을 가르치며 돌보는 모습, 또한 결혼하면서부터 모시게 된 시부모님을 돌아가실 때까지 효도하며 잘 모신 생활사에 그대로 나타났다. 한편 일찍 돌아가신 할머니를 대신해 새할머니가 들어오셨는데, 매사 깔끔하고 빈틈없는 성정으로 인해 방문교육지도사 D의 어머니는 오랫동안 시집살이를 하셨다. 어머니의 노고를 안타깝게 여긴 방문교육지도사 D는 대학 시절 자신의 자취방에서 할머니를 모시고 함께 지냈다. 그 기간 동안 방문교육지도사 D의 어머니는 시집살이에서 자유로울 수 있었으며, 방문교육지도사 D 역시 외롭지 않게 지낼 수 있어 일거양득의 효과를 얻게 되었다. 할머니를 좋아했던 그녀는 자취방에서 할머니와 함께 살기를 원했으며, 할머니 또한 손녀의 부탁을 흔쾌히 수락한 덕분이었다. 효와 지혜를 동반한 그녀만의 해결책이었다.

방문교육지도사 D는 교직 경력을 살려 자녀 생활지도를 그 누구보다 자신 있게 담당했다. 가르치는 노하우, 짜임새 있는 수업시간 할당 등으로 서비스 대상 아동뿐 아니라 부모로부터 큰 호응을 받았다. 즐겁게 일하던 중 갑자기 생겨난 정년제로 또 한 번 은퇴하게 된 방문교육지도사 D는 날개를 잃어버린 것처럼 낙심이 컸다. 그러나 남편과 세 딸의 지지로 잘 극복해가고 있다.

---

* 고현숙(2022), 『그날의 약속』, 도담소리.

2.
방문교육지도사 D의 방문교육 이전 시기

1) 섬김과 배려의 모습을 보고 배우며 자라다

할아버지로부터 사랑을 배우다

방문교육지도사 D는 훗날 애국지사로 인정받은 할아버지의 영향을 가장 많이 받고 자랐다. 당시 할아버지의 말씀은 집안의 법이었고, 지역을 이끌어가는 동력이었다. 그만큼 방문교육지도사 D의 할아버지는 인품과 영향력을 두루 갖추신 분으로, 그녀가 평생 살아가는 동안 위대함을 느낀 사람이기도 했다.

"할아버지가 자랑스럽기도 하지만, 나한테 여러 가지 예절 교육이나 정신적인 그런 엄청 나라 사랑, 이웃 사랑, 이런 걸 강조를 너무 많이 하셔 가지고. 난 어려서 욕을 안 해보고 살았어. 욕하면 혼나. 예의범절에 대해서 엄청 가르치셔가지고, 친척분들은 그냥 '안녕하세요' 그러면 안 돼. 호칭을 부르면서 작은아버지, 큰아버지, 고모 '안녕하세요?' (중략) 내

친구들이 막 개구리 그런 거 잡아서 구워 먹기도 하지만, 닭 주고 막 이랬거든. (나는) 절대 그런 거 못 해. 죽이고 이런 거 못 해. 나는 너무 할아버지가 아주 그냥 교육을 너무너무 어려서부터 잘 시키셨고."

방문교육지도사 D의 할아버지는 그녀에게 사람에 대한 예의범절뿐만 아니라 살아 있는 생명에 대한 존귀함을 가르쳤다. 핵가족 시대를 살아가고 있는 요즘 청소년들은 조부모로부터 예의범절에 대해 교육받을 기회가 흔치 않을 것이다. 예의범절은 상대방을 존중해줌으로써 자신의 자존감 역시 세워나가는 기능을 한다. 자신이 맺은 타인들과의 관계 속에서 이러한 예의를 지켜나간다는 것은 결국 세상을 더욱 밝고 가치지향적인 순기능을 하는 역할로 이끄는 것이다. 살아 있는 생명체에 존귀함을 갖는 것 역시 타자에 대한 배려다. 약자라도 경시하지 않는 마음, 미물이라 하여 함부로 하지 않는 마음 등은 사회적 약자와 더불어 살아가는 사회에서 꼭 필요한 것들이다. 방문교육지도사 D는 어렸을 적부터 이러한 것들을 할아버지를 통해 배워나갔고, 자라는 동안 내면화했다.

방문교육지도사 D의 할아버지는 훗날 애국지사로 인정받아 건국훈장을 받고 대전 현충원에 안장되었다. 그러한 할아버지께 방문교육지도사 D는 평생 "하여튼 애국에 대해서는 아주 강조를 많이 하셨다"라고 회고했다. 애국, 즉 나라를 사랑하고 백성을 어여삐 여기는 마음은 그녀가 교사가 된 것과 무관하지 않다. 할아버지는 방문교육지도사 D의 어린 시절부터 교사가 될 것을 공공연하게 다짐시키곤 하셨다. 이렇듯 살아온 환경은 한 사람의 정체성 형성 및 직업 선택에도 관여하는 중요한 상호작용이 아닐 수 없다.

타인을 향한 섬김과 배려를 보며 자라다

어렸을 적 방문교육지도사 D의 집에는 다양한 어려운 이웃들이 찾아와 깃들었다. 그들을 내치지 않고 품어주는 할아버지의 따뜻한 인품 때문이었다. 방문교육지도사 D는 그러한 할아버지가 이끌어가는 가풍에서 자라나 타자지향성이 자연스레 몸에 배었다.

"어려서부터 옛날에는 인심이 다 그랬다고 치지만, 유난히 우리 집은 보따리 장사건, 거지건, 뭐건 우리 집에서 뭐 이렇게 밥 챙겨주고 상 차려서 이러고 맨날 그런 거 보면서 살았어요. (중략) 어려서부터 교회학교, 주일학교에서 이렇게 자라면서, 응 그런 걸 이제 보고, 할아버지의 영향을 또 내가 제일 많이 받았어. (중략) 남 챙기는 거 누구 뭐 이렇게 도와주고(그랬어요)."

교회 장로셨던 방문교육지도사 D의 할아버지는 하나님 사랑, 이웃 사랑을 몸소 실천하는 분이셨다. 거지가 찾아와도, 보따리 장사꾼이 찾아와도 언제든 그들에게 밥을 내주는 친절을 베풀었다. 천하고 귀함을 따지지 않고 한 사람을 인격 그 자체로 대했음을 알 수 있다. 방문교육지도사 D는 어렸을 때부터 그러한 모습을 보면서 "정신적인 교육을 많이 받았다"라고 전했다. 그래서 그런지 "내가 모른 척해도 되는데, 친구들이고 뭐고 막 이런 거를 원래 많이 해서" "옛날부터 나는 하여튼 오지랖이 넓다 그럴까"라며 웃음을 지었다. 그녀가 말한 오지랖은 어려운 사람을 못 본 척하지 않고 기꺼이 도움의 손길을 내미는 따뜻한 마음이었다. 할아버지의 영향을 가장 많이 받았다고 고백한 방문교육지도사 D는 어렸을 적부터 타자를 위해 섬기는 마음이 마치 DNA처럼 각인되어 그녀의 삶에서 흘렀다.

도움을 실천했던, 평생 잊지 못할 사건

고등학교 2학년 때 방문교육지도사 D는 잊지 못할 경험을 했다. 아직 어렸던 그녀였지만 방문교육지도사 D는 누나 같은 마음으로, 엄마 같은 마음으로 한 아이의 영혼을 살렸다. 방문교육지도사 D의 희생과 지혜가 있었기에 가능한 일이었으며, 평소 어려운 이웃을 보고 지나치지 않는 가정환경에서 자란 덕분이기도 했다.

"내가 고2 때쯤인가? 시골 애 아닌 것 같이 아주 멀끔한 애 하나가 전학을 온 거야. (중략) 근데 처음에는 그렇게 밝고 명랑하고 그러던 애가 점점 이제 힘들어하고. 그래서 걔가 또 나를 잘 따르고 내가 또 이렇게 잘 안내해주고 챙겨주고 막 이러면서 했는데, 애가 참 불쌍한 애야 알고 보니까. 할머니네서 살다가 온 건데, 할머니네로 도망가고 싶은 거야. 근데 아빠도 안 보내고. 그래갖고 나한테 차비를 해달라는 거지. 그래서 줬어요. (후략)"

중학생 남자아이의 전학은 방문교육지도사 D에게 많은 놀라움과 충격을 안겨준 사건이 되었다. 인근 초등학교 선생님의 아들이었던 전학생은 부모님의 이혼으로 할머니 댁에서 살다가 다시 아버지 집으로 오게 된 경우였다. 그러나 새엄마에게 적응하지 못한 전학생은 다시 할머니 댁으로 가고 싶어 했고, 이러한 바람을 아버지는 들어주지 않았다. 전학생은 평소 자신을 잘 챙겨주고 자신 역시 잘 따랐던 방문교육지도사 D에게 여비를 부탁했다. 방문교육지도사 D는 우선 자신이 갖고 있던 공금인 교회 주일학교 돈을 전학생에게 주었다. 당시 "학생이면서도 학교에 그때 신문이 영어 신문이라고, '뉴스턴트지' 뭐 이런 신문을 학교에서 이제 내가 받으면 각 교실에 애들한테 나눠주고 얼마 받고 하는 게 있었어. 많은 돈은 아닌데 이제 용돈으로, 주일학교 공금으로 내가 메꿔야지" 하는 생각으로 주었던 거다.

학생의 신분으로 물질적인 도움을 주기에는 한계가 있었다. 그러나 방문교육지도사 D는 이를 핑계 삼지 않고 대안까지 마련하여 돕고자 했다. 돕기로 작정했을 때는 지혜와 기지를 발휘하여 실천에 옮기는 모습을 확인할 수 있었다. 이렇듯 방문교육지도사 D의 어려운 사람을 향한 마음은 때로 대범하기까지 했다. 무모함이 아니라 대범하다고 하는 까닭은 비록 어린 나이지만 해결책을 계획하고 실행했기 때문이다. 타자를 향한 사랑과 실천은 때로 대범함이 필요하다는 것을 방문교육지도사 D를 통해 알 수 있다.

남자아이가 무사히 검문소를 통과하여 할머니 댁으로 간 날 "내가 얼마나 울었는지 알아? 불쌍해" 하며 방문교육지도사 D는 눈시울이 빨개지도록 울먹였다. 그러고선 "그러고 나서 소식을 몰라. 아니 지금까지도 몰라"라며 그때 이후 영영 소식을 전해 듣지 못했다며 제대로 말을 잇지 못했다. 어느 곳에서든 건강하고 행복하게 살아가기를 바라는 마음이 진심으로 엿보였다. 만날 수 있는 통로가 있다면 주저하지 않고 한달음에 달려갈 그녀였다. 우정과 연민이 담긴 그날의 특별한 기억은 평생 그녀의 가슴속에 자리 잡아 닳거나 사라지지 않았다. 자신의 힘으로 감당할 수 없을 만큼 큰일임에도 돕기를 주저하지 않았던 그녀는 진정 어려움을 외면하지 않는 사람이었다.

효자상, 효부상을 받은 부모님

방문교육지도사 D의 부모님은 근동에서 효자상, 효부상을 받을 만큼

조부모님께 순종했고 또한 성실히 모셨다. 그녀는 이러한 배경을 조상 대대로 내려온 믿음의 가정에 있음을 고백했다.

"우리 아버지도 효자였어요. 엄마도 효부상을 받았어요. ○○에서. 엄마는 믿음 좋은 가정에서, 이제 장로님 딸로 이제 이렇게 왔는데, 우리 할아버지가 워낙 온 동네가 추앙하는 인물이다 보니까 우리 엄마는 더군다나 성격도 그런 데다가 항상 순종이지 뭐. 농촌이라 농사를 지으셨지만, 할아버지한테 아주 순종적이었고 믿음 생활하시면서 우리 5남매, 또 어렵지만 교육시킬 만큼 다 시키고, 기독교의 영향을 받아서."

1남 3녀 중 장남이자 둘째였던 방문교육지도사 D의 아버지는 가정과 교회에서 모범을 보이며 할아버지를 모셨다. 어머니 역시 믿음의 가정에서 자라 신앙심이 두터웠으며, 순종적인 성향으로 가정을 화평하게 이끌어나갔다. 그러나 종종 힘든 시집살이를 겪기도 했다. 할아버지의 영향으로 집에는 손님과 객이 끊이지 않았으며, 그 모든 손님 접대를 한 어머니의 노고는 이루 말할 수 없었다. 어머니는 "싫은 내색도 못 하고, 살림 잘하고 그냥 …. 속에 있는 걸 말 못 하는" 성격이었기 때문이다. 여자로서 엄마를 이해할 때쯤 방문교육지도사 D는 엄마를 생각할 때마다 '참 힘들었을 수도 있었겠다'라고 생각했다.

그뿐만 아니라 일찍 돌아가신 방문교육지도사 D의 할머니 대신 새 할머니가 오셨는데, "성격이 굉장히 깔끔한 만큼 우리 엄마를 힘들게 했어"라고 회상했다. 할머니와 사이가 좋았던 방문교육지도사 D는 교육대학 졸업 후 첫 발령 때 할머니를 모시고 와 함께 지냈다. "할머니가 나 밥 해줘야 된다고 그러셔서 '잘됐다(고 생각했어).' 왜냐하면 그때만 엄마가 이제 마음이 편해. (할머니가) 나랑 같이 살았으니까." 효부로 살아가는 것은 자신의 많은 부분을 희생하고 감내하기에 한편으로는 고충이 따를 수 있다. 이러한 어머니의 속사정을 이해했던 방문교육지도사 D는 어머니가 조금이나마 편히 지낼 수 있도록 배려한 속 깊은 딸이었다.

2) 초등 교사가 되다

교사를 꿈꾸다

방문교육지도사 D는 어렸을 때부터 교사를 꿈꿨다. 그녀의 다재다능함은 초등학교 교사에게 꼭 필요한 자질이었다. 만능 재주꾼다운 자질은 교회 주일학교를 통해 형성되었고, 그러한 기회를 방문교육지도사 D는 감사하게 여겼다.

"초등학교 교사는 깊이 있게 잘하는 게 아니라 뭐든지 다 잘해야 되거든. 근데 교회에서 그런 걸 많이 배워가지고 입학해서부터 이제 두각을 나타냈어. 중·고등학교 6년을 장학생으로 다녔어. (중략) 담임선생님이 ○○대 영문과 보내라고 우리 집에 와서 얘기하니까 우리 집에서 다 놀라. '○○대 학비도 비싸지만 서울까지 가서 못 한다.' 선생님이 '그러면 ○○사대 영문과, 영어교육과를 보내라'고 하니까 충청도까지 어떻게 보내냐고 우리 할아버지가…."

요즘처럼 어린이집이며 유치원이 없던 시절 방문교육지도사 D는 교회 주일학교에 다니며 노래와 율동, 동화, 성경 암송 등을 배우고 익혔다. 주위 어른들은 그러한 방문교육지도사 D를 '다재다능'하다며 칭찬했다. 모든 것에 뛰어난 그녀는 친구들과 확연히 달랐다. 그녀의 활약은 입학 후 더욱 두드러져 자신을 "따라오는 애가 없을" 정도였다고 했다. 그리하여 중·고등학교 때는 6년 내내 장학생이 되어 "학비를 한 번도 안 내고" 학교에 다녔다. 어려서부터 교회학교에서 배운 것을 바탕으로 방문교육지도사 D의 자신감은 배가 되었다.

고등학교 3학년 때는 ○○대 영문과 출신의 담임선생님을 롤모델 삼아 영어를 열심히 했다. 영어를 "엄청 좋아해서" 성적 역시 상위권이었다. 사춘기 소녀가 좋아하는 선생님의 과목이 영어였으니 영어 성적이 잘 나올 수밖에 없었다. 담임선생님은 ○○대 영문과로 진로를 추천했지만, 방문교육지도사 D의 집안에서는 격렬하게 반대했다. 그도 그럴 것이 "농촌에서 오빠도 있고 남동생도 있고" 게다가 "요즘처럼 쉽게 딸내미를 객지로" 유학 보내는 시기가 아니었기 때문이다. 이후 담임선생님은 뜻을 굽혀 충청도의 사대로 보내기를 원했으나 이 역시 할아버지의 반대로 좌절되고 말았다. 할아버지는 큰손녀인 방문교육지도사 D가 아는 사람 하나 없는 객지에서 생활하는 것을 원하지 않으셨다. "고모네 집에 가서 거기 (고모 집 근처에 있는) 교육대학교 댕겨갖고 선생 하라"고. 그리하여 "몇 날 며칠 이불 뒤집어쓰고 울다가" 결국 고모 댁에서 통학하며 교육대학에 다녔다.

지금도 교사는 높은 인지도를 자랑하는 직업이다. 하물며 당시에는 더욱더 "선생님이 최고"인 시절이었다. 그렇기에 방문교육지도사 D가 교대에 입학한 것을 두고 그녀의 할아버지는 "손녀딸이 교사 된다"며 매우 좋아하셨다. 할아버지가 애국지사인 것과 손녀딸이 '선생님'이 되어 아이들을 가르치는 것은 결코 무관하지 않다. 거기에는 사람과 그 사람들이 이

룬 거대 공동체인 국가라는 형이상학적 타자를 사랑함에서 오는 결과이기 때문이다. 안타깝게도 할아버지는 방문교육지도사 D의 교육대학 졸업 후 교사가 되는 것을 보지 못한 채 병환으로 돌아가시고 말았다. 3.1 만세운동으로 인해 옥중에서 고초를 당했던 것이 지병이 되어 두고두고 할아버지의 육신을 괴롭혔다. 그토록 자랑스러워하시던 손녀의 교육대학 입학은 아마도 3.1 만세운동 다음으로 할아버지에게 큰 업적이 아니었을까.

학부모와 동료의 소개로 남편을 만나다

교육대학 졸업 후 초등학교 교사가 된 방문교육지도사 D는 비교적 이른 나이에 결혼했다. 초등학교 교사라는 안정된 직장과 젊은 나이의 여성은 중매쟁이에게 날개를 달아주는 것과 다름없었기 때문이다.

> "결혼을 일찍 했어. 스물다섯에. 스물둘에 발령받고, 또 그냥 나를 탐내는 학부형이 그냥 중간에 내 선배 선생님을 다리를 놔가지고. 지금 남편하고 결혼을 나는 스물일곱 넘어가야 할 거야 그랬는데 스물다섯에(했어요). 옛날에는 스물다섯, 스물여섯에 (결혼을) 다 했어요."

방문교육지도사 D의 결혼 이야기는 그녀의 활달한 성격만큼이나 스펙터클하며, 또한 그녀의 직업만큼 안정적인 스토리로 시작되었다. 평소 방문교육지도사 D를 눈여겨보던 학부모가 있었는데, 자신의 친척과 방문교육지도사 D를 연결해주기 원했다. 그래서 다른 교사에게 부탁하여 방문교육지도사 D를 소개받았다. "선생 며느리 못 얻어 다 난리"였을 만큼 교사는 안정된 직장과 사회적 명성 및 지위로 인해 신붓감으로서 최고를 자랑했던 시대였다. 방문교육지도사 D가 결혼하던 시기에는 여자 나이

25~26세 정도 되면 거의 모두 결혼했다. 싱글을 고집하며 나이가 들어도 결혼하지 않는 사람 또는 결혼하더라도 서른을 훌쩍 넘기는 요즘의 세태와는 사뭇 다른 양상이다.

방문교육지도사 D가 보여준 아가씨 적 사진은 그 모습이 매우 예뻤다. 화장기 하나 없이 수수한 모습이었지만, 세련미 넘치는 얼굴이었다. 20대 중반의 아가씨가 화장 안 한 얼굴로 엷은 미소와 함께 정면을 빤히 응시하고 있는 모습은 누가 봐도 근사했다. 예쁘고 세련된 모습이라는 연구자의 진심 어린 칭찬에 방문교육지도사 D는 "화장기 없는 얼굴이야"라며 수줍어했다. 그러면서 자신에게도 그와 같은 봄날이 있었음에 만족해 했다. 지금은 "늙어서" 예쁘지 않다고 했지만, 그녀는 여전히 예쁘고 아름다웠다. 그리고 당당했다.

돈이 약속 안 지키지 애가 안 지켜?

방문교육지도사 D는 어려운 형편에 처한 제자에게 함부로 대하지 않고 그들을 이해하며 배려하는 사람이었다. 선행은 물질로만 하는 것이 아니라 상대방을 마음으로 충분히 이해하고 자존심이 상하지 않도록 돕는 배려가 있을 때 진정한 가치를 얻는다. 이러한 측면에서 방문교육지도사 D는 타자지향성과 배려가 마음 깊숙이 자리 잡고 있어 언제든 스프링처럼 튀어 올라와 제 역할을 한, 진정한 선행을 베푼 사람이라고 할 수 있다.

> "한 10년 전쯤에 그때 가르쳤던 애들이 전화해서 자기네들 반창회, 동창회 같은 동기들 모임이 있는데 선생님 오시라고(연락이 왔어). (중략) 세무사 여자애가 조금 늦게 도착해가지고 혼자서 따로 나한테 큰절하고 자기 자녀들이나 동료 직원들한테 내 얘기를 여러 번 했다는 거야. (중략)

그때는 육성회비를 못 걷으면 보험회사처럼 반 실적을 이렇게 내고, 교감선생님이 불러다가 막 혼내. (중략) 가정방문을 가면 뭐 부모가 있나, 가서 집을 이렇게 보면 내가 보태줘야 될 집인데 오죽하면 못 내겠어. 그거를 그래서 내 월급으로 냈어. (중략) 근데 얘는 나한테 고마운 게 뭐냐면, 눈물이 핑 돌아서 얘기하더라고. (중략) '돈이 약속 안 지키지 애가 안 지켜?' 그렇게 심하게 나무라지도 않고 선생님이 내주셨다는 거야."

오랜 세월이 흘러 제자들이 스승이었던 방문교육지도사 D를 동창회 모임에 초대했다. 30년이라는 긴 세월이 흐르도록 스승을 잊지 않고 찾는다는 것은 자신의 스승이 진정으로 존경할 만한 사람이었음을 방증한다. 매월 납부해야 하는 육성회비는 가난한 그 시절 학부모나 학생들에게 무겁디 무거운 짐이었으리라. 학교는 그러한 사정을 알면서도 반마다 경쟁을 부추겼다. 마치 보험회사의 실적처럼 반마다 실적을 매겼고, 학교에서는 선생님들에게 "교대 나왔으면서 애들 돈도 못 걷고 뭐하냐?"라며 인격 모독까지 서슴지 않았다. 그러면 선생님들은 어쩔 수 없이 "언제까지 가져올 거냐?"라며 학생들 애들 목을 조르는 상황에 이르게 되었다. 학교 측은 미납 학생을 대상으로 담임선생님에게 가정방문까지 시켰다. 마치 빚 독촉을 하러 가는 빚쟁이와 다름없었다. 방문교육지도사 D는 학교의 성화에 못 이겨 가정방문을 하지만, 맞벌이를 나간 학부모가 있을 리 없었다. 오죽했으면 눈에 보인 학생의 집안 형편이 방문교육지도사 D가 도와줘야 할 형편이라고 했을까. 가난한 형편에 독촉하고 채근한다고 육성회비가 나올 리 만무했다. 독촉할수록 학생의 자존감은 더욱 낮아질 것이며 방문교육지도사 D 역시 마음이 편치 않았을 것이다. 이런 속 깊은 생각을 가진 그녀는 자신의 사비로 제자들의 미납 육성회비를 대신 냈다.

이러한 스승의 배려와 따뜻한 마음을 평생 잊지 않고 열심히 공부하여 세무사가 된 제자는 스승의 선행을 널리 전했다. "돈이 약속 안 지키지 애가 안 지키냐?"며 학부모와 제자의 마음을 보듬어주었던 사실을 평생 가슴에 간직했다. 이처럼 방문교육지도사 D는 언제나 사람을 사랑하며 존중하는 마음이 내면에 깊이 깔려 있었다. 어려운 사람을 보면 모른 척 외면하지 않고 자신의 사비를 털어서라도 도와주는 이타적인 면이 강한 사람이었다. 개인주의와 이기주의가 팽배한 요즘 같은 시대에 방문교육지도사 D 같은 사람이 우리 주위에 많다면 이 사회는 웃음소리와 온기가 끊이지 않을 것이다. 잎 무성한 나뭇가지에 새가 날아들어 노래하듯이, 제자는 방문교육지도사 D의 곁에 앉아 "공부 시간에 뭐 어땠고, 무슨 체육 시간에 어땠고, 그래서 선생님이 너무 좋았다"라며 선생님과의 상봉을 매우 즐거워했다.

3) 가족을 위한 섬김과 희생

승진보다 가족이 우선

방문교육지도사 D는 승진보다 자녀와 가족의 안정이 우선이었다. 즉 자신의 승진을 위해 치러야 하는 가족의 희생을 원하지 않았는데, 지인과 그 자녀 사이의 일을 보면서 더욱 확실하게 마음을 굳혔다.

"나는 그렇게 엄마인 내가 섬에 들어가서 진짜 한 달에 한 번밖에 못 나오고 이러면서 내가 교감 교장이 되면 뭐 하나, 애들 옆에서 내가 엄마로서 아이들을 잘 길러야지. 애가 중요하지 않냐 싶어서 나는 아예 그거 포기했어요."

방문교육지도사 D가 교감, 교장으로 승진하기 위해서는 도서벽지 근무를 통한 가산점을 채우는 방법이 있었다. 예컨대 섬으로 들어가 교직 생활을 하는 것인데, 그러자면 가족들과 떨어져 지내면서 한 달에 한 번 정도 가족이 있는 집으로 돌아갈 수 있었다. 방문교육지도사 D는 승진도 중요하지만, 그보다 더욱 중요한 것은 '엄마'로서 자녀를 양육하고 곁에 함께 있어주는 것이라고 생각했다. 자신의 승진과 자녀 돌봄을 맞바꾸고 싶지 않았던 것이다. 전방으로 나가 일찍 승진한 후배를 타산지석 삼아 자녀 양육에 최선을 다하고 싶었다. 후배가 자기성취를 위해 열심히 일하는 동안 자녀는 어긋난 길을 갔고, 그 자녀는 결국 자퇴에 이르렀다. 방문교육지도사 D는 이를 "엄마가 집에 없는 시간이 많아서 그랬는지"라며 나름의 요인을 분석했다. 이렇듯 방문교육지도사 D는 자녀와 함께 살아가며 양육하는 것을 무엇보다 중요하게 여겼다.

방문교육지도사 D는 또한 훌륭한 교사였다. "내가 아이들 가르치고 이러는 게 이렇게 좋은데, 관리자 되면 또 그건 아니잖아. 그래서 나는 그거는 아니다"라고 고백할 만큼 가르치는 일을 천직으로 여겼다. 평교사는 학생들과 함께 호흡하며 수업을 진행할 수 있지만, 관리자는 가르치는 일과 별개의 업무를 한다. 가르치는 일이 더욱 좋았던 방문교육지도사 D는 관리자의 길을 '아예' 포기해버렸다. 아이들 가르치는 일을 이야기할 때마다 그녀의 표정은 신이 났으며 목소리는 한껏 들떠 있었다. 좋아하는 일을 한다는 것은 누군가를 사랑하는 일만큼이나 표가 나기 마련이다.

힘든 시집살이 속에서도 성심껏 시부모를 모시다

기독교 집안에서 자라난 방문교육지도사 D는 어렸을 때부터 순종에 대한 교육을 철저히 받았다. 하나님의 말씀 순종은 물론 어른에 대한 순종까지 친정 집안에서는 "순종해야 된다"라며 순종을 강조했다.

> "시어머니가 자꾸 뭐라고 그래서 내가 우리 아기를 놓고 밖에 나가서 왔다 갔다 하다가 내가 내 성질을 못 이겨서 그냥 죽을 것 같아 방에 들어와서 애 떨어뜨리고 그냥 발작 일어났어. 내가 성격이 활달하고 누구한테 할 말 하고 이러고 사는데, 학교를 그만두래 맨날. 네가 벌어먹고 사냐고. (시댁이) 좀 잘살거든. 맨날 구박받고 다녔거든. (중략) 나중에 우리 어머니가 폐암으로 고생하면서 투병할 때 내가 엄청 잘해가지고 어머니가 칭찬하시고. 나는 지금 죽어도 여한이 없다(고 하실 만큼 칭찬하셨어)."

방문교육지도사 D는 시어머니와 가치관 및 성격이 달라 결혼 초에 애를 먹었다. 그녀의 시어머니는 "시원시원하고 여장부고 그냥 말을 획획" 하여 대하기 어려웠다. 친정에서 늘 순종에 대해 가르쳤기 때문에 그녀의 시어머니가 무슨 말을 해도 "대꾸 한마디 못 하는" 며느리가 되었다. 이러한 일들이 반복되자 방문교육지도사 D는 마음의 병이 생겼고, 결국 발작 증세까지 보였다. 집안 형편이 넉넉했던 시댁은 며느리의 사회생활을 달갑지 않게 여겨 교직 생활을 그만두길 원했다. 또한 기독교 가문에서 나고 자란 방문교육지도사 D는 일요일에 교회에 가는 것이 무엇보다 중요하고 우선되는 일이었다. 그러나 그녀의 시댁은 기독교와 무관한 집안이었다. 오히려 "시집왔으면 시집(가풍)을 따라야지 무슨 교회를 가냐"라며 교회에 발길을 끊게 했다. 모태 신앙인으로서, 기독교의 영향을 받고 자란 방문교육지도사 D에게는 종교박해나 다름없었다. 이후 30년간 그녀는 교회와 끊어져 지내는 삶을 살았다.

그럼에도 방문교육지도사 D는 시부모님을 잘 섬기고 모셨다. 특히 폐암으로 말년에 고생하셨던 시어머니를 극진히 모시고 "엄청 잘해드리니까" 시어머니는 "지금 죽어도 여한이 없다"며 그녀를 칭찬했다. 이렇듯 방문교육지도사 D는 종교적 박해 같은 탄압과 자신의 교직 생활까지 인정받지 못할 만큼 힘든 시집살이를 살았지만, 성심껏 시부모님을 모셨다. 자신을 희생할 줄 알며, 어른을 공경할 줄 아는 방문교육지도사 D의 성품이었기에 가능했을 것이다.

위장전입을 하지 않다

방문교육지도사 D는 올바른 길이 아니면 가지 않는 올곧은 사람이었다. 기회를 기회라 여기지 않고 쳐다보지도 않음으로써 마음을 지키는 사람이었다. 자신에 대한 정직은 곧 같이 살았던 시부모님에게도 누가 되지 않았을뿐더러 자존감을 지키는 길이기도 했다.

> "당시에는 서울로 내가 주소를 옮겼으면 내가 서울로 들어갈 수 있는 1번 순서였어요. 왜냐하면 졸업과 동시에 I시에 발령받은 그 사람들, 우선적으로 들어갈 수가 있었거든. 근데 그때는 또 내가 나이도 어리고, 시부모님들하고 같이 살았는데, 그걸 주소를 이렇게 해서 위장으로 옮기고 그러는 거 할 줄 몰랐어."

수도권 지역에서 교직 생활을 했던 방문교육지도사 D는 법적 테두리 안에서 서울로 위장전입이 가능했다. 방문교육지도사 D에게는 서울로 갈 수 있는 우선권이 주어졌기 때문에 주소지만 변경하면 문제없었다. "나이도 어리고" "시부모님들하고 같이 살았는데" 마음만 먹으면 언제든 서울로 가고자 주소 변경을 했을 것이다. 서울은 방문교육지도사 D에게 꿈이자 아픔이 서린 곳이다. 학창 시절에 공부를 잘했던 그녀가 서울에 있는 대학에 진학하기 원했지만, 여자라는 이유로 할아버지가 반대하여 무산되었던 적이 있었기 때문이다. "그걸 주소를 이렇게 해서 위장으로 옮기고 그러는 거 할 줄 몰랐어"라며 자신의 무지로 치부했지만, 정작 그녀는 정직한 사람이었기에 그럴 마음조차 없었던 것이다. 이는 어린 시절부터 할아버지에게 받아온 영향의 결과이기도 하다. 하나님을 신실하게 섬겼던 모습과 타인에게 도움을 줬을망정 해를 끼치지 않았던 모습들에서 비롯된 올바른 가치관이 자리 잡고 있었기 때문이다. 이때 서울로 위장 전입했던 방문교육지도사 D의 친구는 교장이 되기도 했다.

3.
방문교육지도사 D의 방문교육 시기

1) 사명감으로 무장하다

교사 퇴직 후 나의 할 일

방문교육지도사 D는 퇴직 후 다문화가정 자녀들을 위해 일하기를 원했다. 퇴직이라 하지만 아직은 젊었고, 따라서 무슨 일이든 다시 시작하고 싶었다. 그러던 중 교사 재직 시 만났던 다문화가정 아이들의 모습이 떠올랐으며, 그 아이들을 위해 할 수 있는 일들이 많음을 깨달았다. 방문교육지도사 D가 다문화가정 방문교육지도를 하게 된 동기는 사명감이 밑바탕에 깔린 경험에 의한 확장이라고 할 수 있다.

"제가 교직에 있을 때 다문화가정 아이들을 담임해서 그애들의 부적응 행동 또 그 가정의 문제 이런 걸 좀 많이 겪어봤어요. (중략) 나는 내가 그런 과정에서 이 일을 하는 게 참 보람이겠다 싶어서 일종의 사명감 같은 걸 가지고 일을 하려고 왔기 때문에…."

방문교육지도사 D가 교사 재직 시 만났던 다문화가정 아이들은 오랫동안 그녀의 마음속에 자리 잡고 있었다. "불쌍하고 딱했던" 그 아이들에게 교사인 자신이 해줄 수 있는 일이라곤 "조금 더 관심을 보여주고 아이들을 격려해주는 일밖에"는 없었다고 했다. 퇴직 후에도 다문화가정 아이들에 대한 생각은 사라지지 않았고, 아이들과 그들의 가정을 위해 뭔가 도움이 되는 일을 할 수 있을 것 같다는 생각이 끊임없이 파고들었다.

방문교육지도사 D는 고민 끝에 인터넷 검색을 했고, 다문화가정 방문교육지도사에 대한 정보를 접하게 되었다. 방문교육지도사를 위한 면접 시 담당자는 그녀에게 "교사로 퇴직을 하셨는데, 이렇게 처우도 열악하고 힘들고 가정가정마다 이렇게 다니면서 이런 일을 해야 되고, 특히 우리 센터의 직원들이 지시하거나 요구하는 일을 다 받아들여서 하실 수 있을까요?"라며 첫 번째 질문을 했다. 이 물음에 방문교육지도사 D는 "다 할 수 있다. (중략) 그걸 꼭 지시라고 생각 안 하고, 목적을 달성하는 데 서로가 협력해서 같이 해나가는 일이라고 생각하면 나는 어떤 일도 다 수용할 수 있다"라고 대답했다. 사명감을 가지고 방문교육지도사에 지원했기 때문에 자신의 커리어는 내세울 필요가 없다고 생각했다. 또한 좋은 일을 위해서는 서로의 협력이 필요하므로 센터의 지시사항 정도는 언제든 수긍할 수 있다는 열린 마음도 내재했다. 즉, 그녀의 방문교육지도 동기는 투철한 사명감에 의한 것이었으며 그렇기에 방문교육지도 업무는 늘 진심일 수밖에 없었다.

전직 교사로서 갖는 장점

교사 출신이었던 방문교육지도사 D는 가르치는 노하우가 특화되어 있었다. 이러한 그녀만의 장점과 기술은 자녀생활서비스를 신청한 다문화가정 부모들에게 단연 인기 최고였다.

"우리가 하는 일은 그냥 어디 자투리 시간, 이렇게 그런 거 다 하고 너무 늦은 시간에 해달라거나, 뭐 이렇게 토요일 쉬는 날 해달라거나, 무슨 막 이래가지고 아주 그냥 시간 조율하기가 하루에 두 명밖에 못하거든요. 많이 하면 세 명은 늦게까지 해야 되는데. 그래서 아주 시간이 어려운데, 근데 참 웃기는 게 내가 교사여서 아이들을 잘 가르칠 수 있다고 이제 내가 얘기를 하잖아요. 그러면 '예? 잠깐만요, 잠깐만요. 저기 한문 선생님한테 시간 좀 바꿔달라고 그러고 누구한테 바꿔달라고 하면 돼요, 돼요.' 웃기잖아요. 그러면서 내 시간에 맞추는 거야 이제."

다문화가정 부모들은 방문교육지도사의 자녀교육보다 사설학원의 학습을 더 우선시했다. "전부 무슨 학원, 피아노 가고, 어디 가고 뭐 이렇게 여러 가지 애들이 하는 게 있는데 그런 거는 절대적으로 우선시하고" 있었기 때문이다. 이러한 양상은 방문교육지도사들이 일정을 조율하는 데 있어 애를 먹는 것으로 나타났다. 즉, 자투리 시간이나 학원 일정이 다 끝난 후의 시간을 방문교육지도사에게 요청하거나 할애하는 것이다. 일주일에 방문해야 하는 한 단위의 자녀교육이 4~5가정 정해져 있는 방문교육지도사로서는 이러한 행태가 달갑지 않았다.

이러한 상황에서 방문교육지도사 D가 학부모들에게 자신의 프로필을 소개하면 모두 '대환영'이었다. 그녀의 가르치는 능력은 전직 교사라는 타이틀이 보장하고 있었다. 방문교육지도사 D는 이후 자신의 시간에 맞게 방문교육지도 일정을 조율할 수 있었다. 따라서 교사 경력은 그녀가 방문교육지도 업무를 하는 데 많은 도움을 가져다준 소중한 경험적 재산이었다.

사명감으로 무장하다

방문교육지도사 D는 업무 중 만나는 아이들에게 지식적 목마름은 물론 육체적 배고픔까지 해결해주는 마음 따뜻한 사람이었다. 그뿐만 아니라 동료 방문교육지도사들이 꺼리는 업무도 마다하지 않고 도맡아 해결하는 멋진 사람이었다. 방문교육지도사 D의 방문교육지도 내내 베풂과 가르침이 함께했던 것은 다문화가정 아이들에 대한 사명감이 있었기 때문이다.

"어려운 가정들이 주로 있었어요. 그러니까 내가 갈 때 매일 간식을 챙겨가지고 가는 거야. 과자며 빵이며. (중략) ○○에 있을 때는 그렇게 많이 정말 내가 봉사하는 마음으로 (베풀었어요). (중략) 남편 또 수입도 있고 하니까 그렇게 베풀 수가 있었던 것 같아요. (중략) 그런데 이제 제가 제일 잘하는 게 고학년. 저는 방송대로 또 영문과를 (전공)했어요. 그래서 초등학교에서도 영어 전담이라고, 영어 수업을 내가 맡아서 하고 그랬거든요."

방문교육지도사 D는 다문화가정 자녀들과 만날 때 늘 간식을 챙겨가곤 했다. 부모가 맞벌이하러 나간 사이에 아이들은 늘 배고파했고, 그러한 모습을 모른 체할 수 없었던 방문교육지도사 D는 사비를 털어 과자며 빵을 사갔다. 봉사정신과 사람을 귀히 여기는 마음이 있을 때라야 가능한 일이다. 방문교육지도사 D는 공무원 퇴직자로서 나오는 연금과 남편의 수입이 있기에 베풀 수 있었다고 자신의 삶을 감사해했다.

한편 교사 출신인 방문교육지도사 D는 학부모들에게뿐만 아니라 동료 지도사들에게도 인기가 좋았다. 고학년 아이들 대상의 수학과 영어는 전문성을 요구했다. 따라서 방문교육지도사들은 고학년 자녀교육을 기피했는데, 방문교육지도사 D는 이 둘을 모두 감당할 능력을 탑재했다. 영문과 진학을 꿈꿨을 만큼 영어를 잘하고 좋아했던 그녀는 오랜 시간이 흐른 뒤에도 꿈을 포기하지 않았다. 교직을 겸하면서 방송대 영문과에 진학한 그녀는 하고자 하는 일은 반드시 이루고야 마는 사람이었다. 가슴속에 품은 꿈은 언제나 그녀를 향해 손짓하고 있었으며, 그 꿈을 이루고자 방문교육지도사 D는 도전하는 삶을 살아갔다. 영어에 대한 전문성을 갖춘 후 학교에서는 고학년 학생 대상 영어 전담을, 방문교육지도사 활동 시에는 동료 지도사들이 어려워하는 부분을 도맡아 하는 등 자신만의 변별력을 두루 갖추기에 이르렀다. 새롭게 성취한 꿈을 통해 학생들을 가르치고 동료들의 어려움을 해결해주는 만능 재주꾼이 되었다.

이러한 일들은 방문교육지도사 D의 사명감에서 비롯되었다고 해도 과언이 아니다. 돈이 있다고 모든 사람이 다 베푸는 것은 아니다. 베풂은 '베풀 줄 아는 것'이다. 즉, 삶의 습관과 교육을 통해 형성되는 인격적 소양이다. 다문화가정 자녀에 대한 마음 씀씀이, 그들을 향한 사랑은 그녀의 인격적 소양에서 발로된 사명감이었다.

2) 방문교육지도사의 의미

친정엄마 되어주기

방문교육지도사 D는 결혼이주여성의 부모교육을 하면서 친정엄마 같은 역할을 자주 했다. 한국에서 살아가며 출산과 육아를 경험하고, 익숙하지 않은 한국의 음식문화를 접하는 결혼이주여성들을 위해 그녀가 해 줄 수 있는 일이라면 언제든 두 팔 벌려 돕고자 했다.

"어느 집은 중국 엄만데 아기가 이유식 할 땐데 어떻게 하는지 모른대. (중략) 집에서 이유식 만들 재료를 채소 종류 한 다섯 가지, 고기 뭐 해서 매일 일주일에 두 번 가잖아요. 가서 같이 막 하면서…."

아기 이유식을 만들 줄 모르는 결혼이주여성을 위해 방문교육지도사 D는 "그때는 얼마나 내가 열심히 했는지" 모를 만큼 최선을 다했다. 이유식 재료인 채소와 고기를 준비해가서 결혼이주여성과 같이 만들고 보관 용기 및 방법까지 세세하게 알려주었다. 어떤 때는 자신의 집에서 직접 이유식을 만들어가기도 했는데, 그럴 때마다 상당한 금액의 재료비가 소요되었다. 그러나 재료비는 센터나 결혼이주여성에게 청구하는 것이 아닌 방문교육지도사 D가 오롯이 사비로 감당했다.

결혼이주여성의 아기뿐만 아니라 그녀들의 남편을 위해서도 방문교육지도사 D는 헌신했는데, 친정엄마가 아니고서야 과연 누가 그러한 일들을 감당할 수 있을지 의문이 들었다.

"수업 끝나고 그 집에서 어떤 때는 밥도 해주고 왔어. 이거 냉이, 냉이라고 할머니가 맛있다고 사랬대. 냉이를 어떻게 하냐고 그래서 내가 그거 다 씻어서 데치고, 된장찌개 조금 해주고, 고추장 이렇게 해서 무쳐주고, 이렇게 하는 거다(하고 보여줬어요)."

좌판에서 푸성귀를 다듬어 팔던 상인 할머니가 결혼이주여성에게 냉이를 판매했는데, 정작 결혼이주여성은 생전 처음 보는 이 식물을 어떻게 요리해야 할지 몰랐다. 상인 할머니는 그저 맛있는 봄나물이니 들여가 맛있게 먹으라며 등을 떠밀었을 것이다. 남편을 위해 맛있는 봄나물을 식탁에 올리고 싶었지만, 결혼이주여성은 처음 보는 냉이를 요리할 재간이 없었다. 고민 끝에 그녀는 방문교육지도사 D에게 냉이를 내보이며 요리해줄 것을 부탁했다. 방문교육지도사 D는 마치 딸이 부탁한 것처럼 정성껏 무치고 찌개를 하여 냉이 요리를 선보였다. 퇴근하여 돌아온 결혼이주여성의 남편은 생각지도 못한 냉이나물과 된장찌개를 맛보며 감동받았다. 결혼이주여성은 방문교육지도사 D에게 "아빠가 너무너무 맛있었다고 선생님께 감사하다"라고 남편의 감사 인사를 전했다. 결혼이주여성이 냉이 요리를 부탁했더라도 거절하면 그만이다. 그런 일은 방문교육지도에 포함된 업무가 아니라며 거절할 수도 있다. 그러나 방문교육지도사 D는 한평생 학생들을 가르쳐온 사람으로서 거짓말은 누구보다도 싫어하는 사람이었을 테다. 게다가 그녀의 '오지랖'과 이타심이 어김없이 발현했을 것이다. 이렇듯 결혼이주여성들을 위해 방문교육지도사 D는 친정엄마가 되어주기를 주저하지 않았다.

상담가가 되어 부부 사이 중재하기

때로 결혼이주여성의 가정에 작은 분쟁이 발생했을 때 방문교육지도사 D는 상담가 역할을 하기도 했다. 예컨대 아내를 자기 뜻대로만 움직이려고 했던 남편에게는 인격의 존엄을, 아내에게는 할 말을 함으로써 주체성을 확보하게 했다.

> "그 환경미화원 그런 집 같은 경우에는 엄마 변호를 내가 많이 해줬어. 아빠한테. 왜 그거를 그렇게 강제로 시키냐고. (중략) 그런 식으로 그냥 자꾸 엄마한테도 문 닫아걸고 그냥 안 열어주고. 그래가지고 싹싹 빌었다고 가버리라고. 자기는 그런대. 그러면 되냐고 내가 그래. 그러고 이제 막 이런 이 엄마한테는 내가 그래. '너무 그러지 말고 그냥 할 얘기도 좀 하면서 이렇게 목소리를 좀 내면서 살아야지 어떻게 이렇게 그냥 그러니?'"

환경미화원이던 결혼이주여성의 남편은 자신의 아내에게 환경미화원이 되기를 강요했다. 힘은 들지만 공무원 신분이라는 직업과 급여가 안정적이었기 때문이다. 그러기 위해서는 무거운 물건을 들어야 하는 시험에 통과해야 하는데, 이를 위해 남편은 이주여성 아내에게 매일 강도 높은 훈련을 시켰다. 체구가 작았던 결혼이주여성은 훈련 자체가 매우 고되어 살이 쪽쪽 빠질 정도였다. 그러나 남편은 훈련이 힘들어 아내가 환경미화원 시험을 포기하려거나 자신이 원하는 대로 따르지 않을 때면 문을 걸어 잠그기까지 했다. 그러고선 외출을 금지하며 비인격적인 행동을 했다. 방문교육지도사 D는 모욕에 가까운 대우를 받고 사는 이주여성에게 남편한테 할 말은 하고 살라며 격려와 위로를 했다. 자신의 목소리를 낸다는 것은 굳건한 의지를 향한 초석이다. 주체성으로 재구성된 자아는 타인이 자신을 함부로 하지 못하게 하는 힘을 가지고 있다. 방문교육지도사 D는 결혼이주여성의 남편에게도 환경미화원 일을 강제하지 말라며 부드럽게 조언했다. 결혼이주여성 부부와 형성된 라포를 바탕으로 그들 사이에서 지혜롭게 중재한 그녀는 훌륭한 상담가가 아닐 수 없다.

주위 사람들에게 인정받기

방문교육지도사 D는 방문교육지도 업무를 하며 주변의 많은 사람에게 인정받아 무엇보다 기뻤다. 사람은 누군가로부터 인정받을 때 자신이 하는 일에 대해 더욱 자긍심을 가지며 열심히 해나갈 수 있다.

"누구의 아내, 누구의 할머니, 누구 엄마로 그냥 집에서 그러고 어떤 공식적인 입장으로 살지를 못하니까, 나는 그래도 계속 그런 공적인 일을 하고 있으니까 '야, 네가 제일 부럽다.' (중략) 선생님(방문교육지도사 D)이 가르쳐주면 너무너무 이해가 잘되고 머리에 쏙쏙 들어온대. 이럴 때 나는 너무나 신이 나지. (중략) 어쨌든 간에 우리는 남편이고 우리 자녀들이고 다 나를 엄청 인정해주잖아. 고마워."

가르치는 다문화가정 학생부터 퇴직한 친구 그리고 가족에 이르기까지 방문교육지도사 D를 잘 아는 사람들은 하나같이 그녀를 최고로 인정했다. 퇴직 후에도 여전히 건강하게 사회생활을 하는 그녀의 모습을 보면서 친구들은 부러워했다. 인간은 사회적 동물이다. 사회에서 사람들과 더불어 공적으로 살아갈 때 공식적인 위치 또한 가질 수 있다. 군림하기 위해서가 아닌 존재의 살아있음을 확인하기 위한 또 하나의 방법이다. 사회생활을 하다가 퇴직한 방문교육지도사 D의 친구는 이러한 생리를 잘 알고 있었기에 여전히 건재한 방문교육지도사 D를 부러워했다.

방문교육지도사 D는 천생 교사다. 자신이 가르쳐준 학습 내용을 학생들이 제대로 이해했을 때 교사로서 행복해하고 뿌듯함을 느꼈다. 학생들이 선생님을 인정함으로써 얻는 행복감이다. 그녀는 가르치는 게 "아주 재미있어서" 수업할 때면 "저절로 가르치는 노하우"가 머릿속에서 나온다고 했다. 아이들과 함께 수업하는 그 자체가 방문교육지도사 D에게는 신나고 즐거운 일이었다. 가르치는 것은 방문교육지도사 D에게 주어진 능력이다. 그러한 능력은 거저 주어진 것이 아니라 그녀 스스로 다분히 노력하고 애쓴 결과다. 물론 가르치는 일을 좋아하기에 더욱 노력했을 수 있다. 이렇듯 자신의 능력을 바탕으로 좋아하는 일을 한다는 것은 축복이 틀림없다.

또한 방문교육지도 일이 힘들기도 하지만, 가족들의 위로와 인정이 있기에 그 무엇보다 의미가 크다. 사랑하는 가족들이 주는 힘은 위대하다. 가정 안에서 자신을 알아주고 최고라 인정받는 것은 진실하기 때문이다. 방문교육지도 업무는 방문교육지도사 D에게 인정의 욕구를 메워주는 채움의 의미가 되기도 했다.

3) 힘든 순간들

민원 제기에 방문교육지도사를 포기하려 하다

모든 일에는 좋은 일만 있을 수 없다. 고충을 겪기 마련이고, 그럼으로써 경험의 나이테가 조금씩 두꺼워져 베테랑에 가까워진다. 방문교육지도사 D 역시 자존심이 상할 만큼 모멸감을 겪었지만, 다문화가정 방문교육지도 업무를 좀 더 이해하는 기회가 되기도 했다.

"나는 그때 다른 선생님들하고 달리 노트북을 가지고 다니면서, 이제 학교 선생님들이 쓰는 자료들도 있고 재미있는 좋은 게 많아서 그걸 가지고 수업하는데, 그걸 한번 보고 이제 다른 걸로 넘어가려고 그러는데 애가 계속 그거 하고 싶다고 하면서, 내 따귀를 때린 거야. 여섯 살 여자애가."

방문교육지도사 D는 자녀생활서비스로 만났던 중국 다문화가정 부모와 학습자를 잊지 못했다. '나는 못 하겠다. 내가 생각했던 일이 이게 아닌데'라는 큰 충격을 안겨준 당사자들이었기 때문이다. 새내기 방문교육지도사였던 그녀에게 씻을 수 없는 모멸감을 안겨준 당사자들은 해당 아이가 등원하는 어린이집 교사에게도 함부로 대했다. 내 자녀가 최고라고 생각하는 부모들의 특징은 예의가 없으며 안하무인으로 상대를 대한다는 것이다. 여섯 살인 아직 어린 자녀가 방문교육지도사 D의 뺨을 때리는 어처구니없는 일이 발생했을 때도 그들 부모는 사과 대신 센터에 전화해 적반하장의 모습을 보였다. 극도의 모멸감을 느낀 방문교육지도사 D는 센터에 퇴사 의사를 표명했다. 그러나 센터에서는 능력 있는 그녀를 내보낼 이유가 없었기에 방문교육지도사 D를 만류했다. 결국 해당 학습자는 다른 지도사에게 이관 조치되었고, 방문교육지도사 D는 마음을 다잡는 것으로 일단락 맺었다. 방문교육지도사 D가 처음으로 방문교육지도 업무를 포기하려 했던 커다란 사건이었다.

미국인 남편과 한국인 아내
방문교육지도사 D는 자녀생활서비스인 자녀교육 업무를 주로 담당했다. 미국인 아빠와 한국인 엄마 사이의 여섯 살 난 여자아이의 자녀교육을 담당하면서 한국 여성 역시 또 다른 결혼이주여성으로서 사회적 약자에 해당할 수 있음을 알았다. 다문화가정 방문교육지도는 다양한 경우의 수를 경험함으로써 자연스레 상호문화 감수성이 증대되는 업무다.

> "이거는 거꾸로 아빠가 미국 사람이야. 엄만 한국 여자. 그 딸애가 ○○라고 여섯 살인데, 조금 정서불안같이 이렇게 놀이치료 모래놀이를 치료도 다니고 이러는 앤데. (중략) 수업을 할 수가 없을 정도로 산만하고 힘든 애야. (중략) (남편이) 한국인이라고 비하하는 거야. '너 미국 국적 그거 취득하려고 나랑 결혼했지?' 막 이런 식으로 이러고. 하여튼 주목적이 왜 처가에서 돈을 안 주냐는 거지. 그래서 나중에는 별거를 하게 됐어."

미국인 남편은 ○○대학교 어학원에서 영어를 가르치다가 그만두었다. 한국인 아내를 비하하는 것도 모자라 폭력을 행사할 만큼 문제가 있었기 때문이다. 아내의 부모님이 상당한 재력가임을 알았던 미국인 남편은 틈만 나면 친정에서 돈을 가져오라며 행패를 부렸다. 부모의 잦은 불화와 아빠의 비이성적인 태도는 아이에게 불안한 요소로 작용했을 것이다. 방문교육지도사 D가 아이를 만나는 시간에도 아이는 산만하여 수업을 진행할 수 없을 정도였다.

별거 후 부부는 각자의 나라에서 지내게 되었으며 아이는 엄마가 양육했다. 자녀생활서비스가 끝난 이후에도 아이 엄마는 틈틈이 방문교육지도사 D에게 아이의 소식을 전해왔다. 부모의 불화로 인해 상처 입은 어린 학습자들은 방문교육지도사 D의 마음에 오래오래 안타까움을 남겼다.

학부모들의 편향된 요구

자녀생활서비스를 신청한 학부모들은 방문교육지도사 D가 자녀들을 위해 교과지도를 하기 원했다. 새내기 방문교육지도사 시절 그녀는 "첫 열심에" 모든 영역을 골고루 충실하게 다루었다. 지도서를 참고하면서 최선을 다한 그녀에게 돌아온 요구는 교과지도 말고는 원하지 않았다.

"그런데도 이제 문제는 또 뭐냐면 영역을 골고루 지도하게 돼 있잖아요. (중략) (엄마들은) 그런 사회성이나 문화역량이라든지 시민의식 이런 거 가르치는 거 싫은 거야. 필요 없어. 제일 중요한 게 뭔지 알아? 교과지도 해달라고 공부. 공부 가르쳐달라고. 왜냐, 아이들이 학교에서 따라가지도 못할뿐더러 자기들이 교과서를 봐도 못 가르친다 이거야."

정책이나 센터의 방침상 자녀생활서비스는 사회적응을 위한 다각적인 지도가 필요하다. 그러나 교과 내용을 이해하기 어려운 결혼이주여성 학부모들은 방문교육지도사가 교과지도만 해주길 원했다. 그 결과 인지영역에만 국한되는 지도를 할 수밖에 없는 실정에 이르렀다. 그러나 교과지도 시 구조적인 문제점이 발생했다. 즉, 부모교육을 담당한 방문교육지도사가 보수교육을 통해 자녀교육까지 할 수 있게 되었다. 그러나 이들은 학부모들이 요구하는 교과지도를, 특히 3학년 이상부터는 제대로 수행할 수 없는 구조적인 문제를 가지고 있다. 교사 출신이었던 방문교육지도사 D는 이러한 것들을 해결할 수 있지만, 그 외 다른 방문교육지도사에게는 무리가 될 수 있다.

즉 결혼이주여성 학부모들은 자녀의 교과지도만 요구하여 방문교육지도사를 과외교사처럼 이용하려는 문제점이 있으며, 방문교육지도사 역시 보수교육을 통해 가르칠 수 있는 폭은 넓어졌지만, 전문성이 따르는 문제점이 발생했다. 언어소통의 문제를 가지고 있는 결혼이주여성이 자녀의 학습지도를 하기란 무리다. 따라서 이들은 자신들이 할 수 없는 영역이라 생각하여 방문교육지도사에게 다른 모든 걸 제쳐두고 자녀의 교과지도를 우선적으로 요구한다. 방문교육지도사 D는 방문교육 현장에서 이러한 문제점을 겪으며 시스템에 한계를 느꼈다. 방문교육지도사와 이를 이용하는 학습자 그리고 학습자의 부모도 모두 만족하는 방문교육지도 시스템이 되기를 바란다며 약간의 아쉬움을 나타냈다.

애국지사였던 할아버지의 사람을 사랑하고 보듬는 큰 마음, 가풍에 흐르는 기독교적 정신에 따라 바른 가치관과 순종의 아름다움을 보여준 부모님. 그 아래에서 자라난 방문교육지도사 D는 '바른 사람'이 아니고서는 다른 무엇도 떠오르지 않는다. 교사라는 천직을 활용해 다문화가정 자녀들에게 또 하나의 사명을 감당했던 그녀는 이 시대가 요구하는 '스승'상이 아닐까 한다. 사명이란 참으로 귀하고 위대한 마음가짐이다. 하고 싶다고 누구나 쉽게 덤벼드는 것이 아닌, 자신의 희생을 감내해야 할 각오가 되어 있어야 하며, 단기간에 끝내는 것이 아닌 일생일대 과업으로 받아들여 끝까지 밀고 나갈 줄 아는 끈기가 필요하다. 다문화가정에 방문교육지도사 D 같은 위대한 사명을 가진 스승이 있었다는 것은 그들에게 큰 축복이 아닐 수 없으며, 또한 국가적으로도 멋진 성과를 이뤄냈을 멋진 시기였을 거라 추측해본다.

7장

방문교육지도사 E의 생애담

1.
방문교육지도사 E의 특성:
책임감과 성실성의 상호 대화적 관계 맺기

E는 1961년 I시에서 1남 3녀 중 막내딸로 태어났다. 아버지는 산부인과 의사로 I시에서 개인병원을 운영하셨다. E는 아버지의 삶을 통해 책임감과 성실성이라는 중요한 인생의 가치를 배웠다. 어머니는 E가 초등학교 6학년이 되던 해에 돌아가셔서 그리움 그 자체다. E는 열세 살의 어린 나이에 어머니와 사별하면서 정체성의 혼란을 겪기도 했으나 가족의 사랑과 돌봄 덕분에 빠르게 안정을 되찾았다. 그 결과, 이듬해 치러진 중학교 입학시험에서 수석을 차지하며, 이전의 밝고 모범적인 학생으로서의 정체성을 회복하고 무난한 청소년기를 보낼 수 있었다.

E는 대학에서 국사학을 전공한 후 중소기업 사무직으로 직장생활을 시작했다. 그러나 직장 내에서 여성이라는 이유만으로 주요 업무나 교육 기회, 승진에서 반복적으로 배제되는 구조적 차별을 경험했다. 이러한 차별은 단지 개인적 좌절을 넘어, 그녀로 하여금 한국 사회에 내재한 젠더 불평등과 '유리천장(glass ceiling)'의 현실을 직면하게 했다. 이 과정은 그녀의 사회구조적 감수성을 심화시키는 계기가 되었으며, 여성에 대한 제도적

편견과 불평등한 기회 구조에 대한 비판적 인식을 형성하는 전환점으로 작용했다.

결혼 후, E는 자녀가 초등학교 4학년이 되던 해에 뉴질랜드로 단기 이주를 떠났다. 익숙함을 벗어나 낯선 환경에서 새로운 문화와 언어를 접하며 체화한 경험은 그녀로 하여금 다문화사회의 소수 이주민에 대한 이해의 폭을 넓히게 했고, 타자와의 관계 맺기에 있어 근본적인 패러다임의 전환점이 되었다.

귀국 후, E는 I시 G구에서 한부모가정을 대상으로 하는 방문 돌봄서비스에 참여하게 되었다. 이는 양육과 돌봄의 사각지대에 놓인 취약계층 아동을 직접 찾아가 지원하는 실천적 돌봄의 현장이었으며, 그녀가 다문화가정 방문교육지도사로서 첫발을 내딛는 전환적 계기가 되었다. 이후, 14년 동안 E는 다문화가정 방문교육지도사로 활동하며, 결혼이주여성과 다문화 가족과의 관계에서 단순한 정보 전달자나 교육자의 역할을 뛰어넘어 실존적으로 타자와 마주하며 '상호주관적 관계'를 지향하는 실천가로 자리매김해왔다. 그녀의 돌봄은 어떤 제도적 프로그램의 틀 안에 머무르지 않고, 삶과 삶이 맞닿는 실천의 공간에서 관계적 윤리를 바탕으로 확장되어갔다.

특히, 그녀는 실천 과정 전반에 걸쳐 책임감과 성실성을 내면화된 삶의 윤리로 삼고, 결혼이주여성들이 한국 사회에서 겪는 언어적·문화적 소외, 제도적 차별, 가족 내 갈등 등을 함께 직면했으며, 동료들과의 연대를 통해 '실천공동체'를 형성했다. 이는 단순한 서비스 제공을 넘어, 상호 간에 주체로서 만나고 함께 성장하는 대화적 만남(dialogical encounter)의 구체적 실현이었다. 마르틴 부버(Martin Buber, 1954)가 강조한 것처럼, 인간은 '나-그것(I-It)'의 도구적 관계 속에서는 온전한 존재로 살아갈 수 없으며, '나-

너(I-Thou)'의 관계 속에서만 진정한 실존을 경험할 수 있다. E의 실천은 바로 이러한 대화철학이 현실에서 어떻게 구현될 수 있는지를 보여주는 생생한 사례라 할 수 있다.

현재 은퇴 후 E는 신체적 회복을 도모하는 한편, 다시금 '사회적 나눔'을 실현하기 위한 봉사활동을 계획 중에 있다. 이러한 삶의 궤적은 단절이 아닌, 끊임없는 순환과 자기성찰, 그리고 새로운 관계로의 열림을 보여준다. 이는 곧 책임감과 성실성이라는 인격적 덕목이 생애 전반에 걸쳐 어떻게 내면화되었으며, 관계 속에서 어떻게 확장되어왔는지를 입증하는 여정이다.

궁극적으로 E의 생애사는 곧 '책임감과 성실성의 상호 대화적 관계 맺기'가 단지 개인적 성향에 그치지 않고, 타자와의 윤리적 만남을 실천하고자 한 존재론적 결단의 궤적이었음을 증명하고 있다.

2.
방문교육지도사 E의 방문교육 이전 시기

1) 관계 맺기의 롤모델 부모님을 추억하다

우리 곁에 늘 함께하셨던 다정한 아버지

E는 1961년 I시에서 산부인과 개인병원을 운영하셨던 아버지와 전업주부인 어머니 사이에서 1남 3녀 중 막내딸로 태어났다. 아버지가 운영하시던 병원은 I시 시내 중심가에 위치한 3층 단독건물이었다. 건물의 1층과 2층은 병원 진료실과 입원실로 사용되었고, 3층은 가족이 거주하는 주거공간이었다.

등교 시 1층 아버지의 집무실에 들러 인사를 드리면, 아버지는 항상 병원문을 열고 "다녀와라" 하시며 손수 자녀들을 다정하게 배웅해주셨다. 하교 후에는 "이제 왔냐" 하시며 따뜻한 미소로 맞아주셨다. 아버지는 언제나 한결같은 모습으로 병원을 지키시며 자녀들과 가까이에서 소통하셨다. 오랜 세월이 흘렀지만 아직도 E의 기억 속의 아버지는 '늘 우리와 함께 계셨던 분'으로 남아 있다.

어린 시절의 아버지를 생각하면 파노라마처럼 뇌리에 선명하게 떠오르는 추억의 장면들이 있다. 아버지는 자녀교육에서 근엄하고 때로는 엄격하신 면도 있었다. 하지만 병원 업무가 끝난 후에는 항상 자녀들과 함께 대화하며 자상하고 꼼꼼하게 학습지도를 해주셨고, 인생철학과 가치관을 심어주셨다.

"아버지는 섬세하시고 자상하셨고 공부하신 분이라서 그랬겠지만 늘 언니 오빠에게 세세하게 차분하게 곁에서 공부를 가르쳐주시던 모습이 지금도 선명하게 떠올라요. 지도를 펼쳐놓고 지리를 가르쳐주기도 하시고 지구본을 갖다놓고 한국은 여기 있고 미국은 여기 있고. (중략) 아버지는 우리에게 꿈을 크게 가지라고 늘 말씀하셨어요."

E의 어린 시절은 1960년대로 지금처럼 외식문화가 발달하지 않았고 먹거리가 풍족하지 않았다. E의 아버지는 자녀들의 학기가 시작되거나 끝나는 시점엔 늘 맛있는 음식으로 자녀들의 학습 동기를 올려주시며 지지와 격려를 아낌없이 부어주셨다. 또한 철 따라 제철 과일이 탐스럽게 열린 과수원에 직접 데리고 다니시며 자녀들에게 맛있는 과일을 실컷 먹게 하셨다.

"그때는 외식이 별로 없었잖아요. 아버지는 방학 때랑 개학할 때면 항상 우리를 고급 일식집으로 데려가셨어요. 방학하면 한 학기 동안 공부하느라 수고했다 그러시고, 개학이 되면 또 힘내라 이렇게 격려해주셨고, 또 때 되면 철마다 과수원을 찾아서 데려가셨어요. 봄에는 딸기, 여름에는 포도, 가을에는 배밭. (중략) 그러면서 또 많이 먹게 하려고 제일 많이 먹는 사람한테 또 선물 주시고. 하하하. 서로 경쟁해서 많이 먹게 하려고."

이 밖에도 E의 아버지는 휴가철이 되면 일주일씩 병원문을 닫고 작은 섬 등의 휴양지로 친가·외가 친척들을 각각 초대해서 함께 휴가를 보내셨다. E는 그 시절 바닷가에서 사촌들과 함께 백사장을 뛰어다니며 뒹굴고 비치발리볼을 했던 즐거운 추억 등이 아직도 눈에 선하다.

아버지의 삶을 통해 성실과 책임감을 배우다
E는 성장 과정에서 아버지의 삶을 통해 자연스럽게 습득한 성실성과 책임감을 인생 최고의 가치 덕목으로 꼽는다. E의 아버지는 8남매의 장남으로 태어나셨다. E의 아버지는 의대 졸업 후 학문정진의 꿈을 품고 해외 유학을 가고 싶어 하셨다. 하지만 그 무렵 6.25 동란으로 어수선한 틈을 타 E의 할아버지가 납북되시고 생계가 어려워지자, 장남이셨던 E의 아버지는 한 집안의 가장이 되어 홀로 남은 어머니와 어린 동생들을 끝까지 책임지고 뒷바라지하시느라 그 꿈을 끝내 이루지 못하셨다.

"엄마가 결혼해서 보니까 막내 삼촌이 다섯 살이었대요. 아버지가 그 막내 삼촌까지 다 공부시키고 결혼을 시킨 거예요. 본인이 매번 공부하고 싶다, 유학 가고 싶다 하셨는데, 그 꿈을 다 접고 한 번도 병원을 떠나지 않으신 거죠. 본인은 벗어나고 싶어도 끝까지 동생들 시집 장가 다 보내고 나니 또 자식들이 있어서 또 자식들 책임져야 하고. 아버지의 그런 끝까지 책임져야 한다는 책임감과 한결같은 성실성! 그래서 그런 것들이 저한테는 삶을 살아가는 중요한 가치관으로 자리 잡은 거 같아요."

아버지는 그토록 바랐던 유학의 꿈을 접고 어린 동생들과 어머니의 생계를 책임지기 위해 밤낮으로 쉬지 않고 병원 업무에 매달리셨다. 아버지가 삶을 통해 보여주셨던 성실성과 책임감은 E의 뇌리에 깊이 각인되어 삶을 살아가는 나침반이 되었다.

E의 어린 시절 아버지와의 경험은 마르틴 부버(Martin Buber)의 관계 맺기 이론과 깊은 연관이 있다. 부버는 'I-Thou(나-너)' 관계를 강조하며, 이 관계를 통해 진정한 인간 존재의 의미를 찾을 수 있다고 주장했다(Buber, 1954). E와 아버지의 관계는 'I-Thou' 측면에서 아버지가 자녀를 단순한 대상으로 보지 않고, 그들과의 관계 속에서 존재의 의미를 공유하는 모습을 보여준다. 아버지는 E의 존재를 있는 그대로 인정해주고, 세상과 소통하는 방법을 가르쳐주셨다.

가슴속 그리움으로 남은 어머니

어머니는 넉넉한 살림에도 불구하고 근검절약을 실천하며, 재테크에도 능하셔서 병원을 확장 이전하는 데 큰 역할을 하셨다. 어머니는 전업주부였지만 외부활동이 많아 늘 바쁘셨다. 그래서인지 엄마를 떠올릴 때면 함께했던 추억이 많지 않다. 어쩌다가 엄마가 집에 계시는 날이면 엄마랑 함께 있다는 자체만으로도 너무 좋아서 엄마 치맛자락을 꼭 붙잡고 다녔을 정도였다.

"엄마는 원체 생활력도 강하시고 재테크에도 능하셔서 계 모임 계주도 많이 하셨고 다양한 활동들을 도맡아 하시느라 늘 바쁘셨어요. 각종 모임에 리더도 많이 하셨고 그러다 보니 집에 거의 안 계셨죠. 어쩌다 집에 계시는 날에는 너무 좋아서 엄마 옆에 껌딱지처럼 찰싹 붙어서 어디든 따라다녔어요. 하하하. 엄마 안 놓치려고."

하지만 엄마와의 좋았던 추억은 안타깝게도 찰나의 순간에 머물러 있다. 어머니는 E가 초등학교 6학년, 열세 살 되던 해 돌아가셔서 "그리움 그 자체"이다.

"엄마를 생각하면 함께했던 추억이 그리 많지 않아요. 너무 일찍 돌아가셨기 때문에 엄마는 그리움 그 자체예요."

부버(Buber, 1954)에 따르면, '너'는 대상화되거나 소유되는 존재가 아니라, 전 존재로 마주하는 주체적 타자로 "사람은 타자와의 만남을 통해 비로소 자신이 누구인지를 깨닫는다"고 했다. 어머니와의 실존적 만남은 비록 짧았으나, 그리움의 잔향은 E의 내면에 깊이 각인되었고, 이는 E가 타인을 응시하고 돌보려는 삶의 태도로 이어졌다.

E에게 어머니는 단지 과거의 인물이 아니라, 지금도 내면에서 대화를 이끌어내는 초월적 존재다. 이 만남은 '애도되지 못한 상실'로 머물지 않고, 오히려 존재적 성찰과 관계적 책임의 뿌리가 되었다. 결국, E가 타자와 진정성 있는 관계를 맺고자 하는 동기에는 어머니라는 첫 '너'와의 기억이 자리하고 있다. "너와의 대화 속에 내가 존재한다"는 것을, 어머니라는 첫 '너'를 통해 배우고 실천하며 살아가고 있는 셈이다.

2) 대화와 소통을 통해 관계 속으로 나아가다

"학교 가기 싫어요"의 따끔한 교훈

E는 대도시의 중심부에서 태어나 자랐다. 그녀가 다닌 초등학교는 지역 내에서도 학부모들의 교육열이 높기로 유명한 곳이었다. E의 부모 또한 교육에 대한 관심과 열정이 깊은 분들이었으며, 시대적 흐름에 따라 자녀들의 조기교육에도 적극적이었다. 당시 7세 조기 입학이 법적으로 허용되었고, E의 부모는 이미 장녀와 장남을 7세에 입학시켜 성공적인 학교생활을 경험하게 했다. 그리고 막내딸인 E 역시 자연스레 같은 길을 걷게 되었다.

그러나 예기치 못하게도, E는 입학 첫날부터 학교에 대한 흥미를 느끼지 못했고, 하교 후 곧장 아버지께 "학교 가기 싫어요"라고 말했다. 그 순간, 아버지는 딸의 얼굴을 잠시 물끄러미 바라보시더니, E의 감정과 욕구를 있는 그대로 수용해주셨다. 아버지는 딸의 내면의 목소리를 존중하며 조기 입학을 취소해주셨고, 이는 E에게 '내 뜻대로 뭐든 할 수 있구나'라는 강력한 인상을 남겼다.

하지만 그녀의 이러한 생각은 다음 해에 여지없이 무너졌다. E는 또다시 학교에 흥미를 느끼지 못했고, 전년도와 마찬가지로 "학교 안 갈래요"라고 아버지께 당당하게 선언했다. 그러나 이번에는 아버지의 반응이 달랐다. 이전의 자상함과는 달리, 아버지는 단호하고 엄정한 태도로 훈육하셨다. E의 회상에 따르면, 이는 아버지가 "처음이자 마지막으로 종아리를 때리신 날"이자 그녀가 삶에서 '책임감'에 대해 처음으로 배운 날이었다.

"그때는 철이 없고 아무것도 모르던 철부지였죠. 일곱 살 때는 단순히 학교가 재미없어서 가기 싫다고 당당히 말했는데 아버지가 혼내지 않고 그러라 하셔서 신났던 거죠. '아! 내가 말하면 뭐든지 다 되는구나' 하고 거만해진 거예요. 그래서 정식으로 여덟 살에 입학했는데 또 시험해본 거죠. 학교 가기 싫다고. 그랬다가 진짜 따끔하게 제대로 혼이 난 거죠. 아버지가 '다시는 그런 소리 하면 안 된다!'라고 난생처음이자 마지막으로 종아리를 때리셨어요. 그때 알았죠. '아! 하기 싫어도 해야 하는 건 반드시 해야 되는구나!'라는 걸. 그 사건 이후로 한 번도 그런 소리 안 하고, 학교 숙제나 공부도 먼저 끝내놓고 할 거 다 하고 놀 정도로 늘 성실했어요. 하하하."

E는 중년이 훌쩍 지난 지금도 그날 아버지의 "다시는 학교 안 간다는 소리 하면 안 된다"라는 근엄한 목소리가 귀에 생생하다. 그 사건은 E가 기억하는 아버지의 유일한 회초리 훈육이었다. 평소에는 자상하고 온화하신 아버지였지만, 옳지 않은 일에 대해서는 단호하게 대응하셨다. E의 부모님은 일관된 자녀 양육 방침을 따랐고, 그것은 상호 인격적 대화와 소통을 기반으로 한 것이었다.

반두라(Bandura, 1977)는 사회학습 이론(Social Learning Theory)에서 사람들이 타인의 행동을 관찰하고 모방함으로써 그 결과를 통해 학습한다고 주장했다. E는 아버지의 훈육과 반응을 관찰하고, 그로부터 책임감과 성실성이라는 행동규범을 내면화했다. 단순한 체벌이 아닌, 일관성과 신뢰 속에서 이루어진 이 경험은 이후 그녀의 삶 전반에 걸쳐 영향을 미쳤다.

E는 이 경험을 기반으로, 성인이 되어 다문화가정 자녀들을 지도할 때도 아이들이 자기결정성과 책임감, 그리고 관계의 진정성을 동시에

체화할 수 있도록 지도하고자 노력했다. 어린 시절 자신이 경험한 '존중 속의 훈육'은 그녀가 교육자이자 상담자로서 견지하는 철학의 기초가 되었다.

돌봄과 배려의 대상에서 주체적 삶의 자리로 나아가다

E는 초등학교 6학년 봄, 어머니와의 갑작스러운 사별을 경험했다. 이 사건은 그녀의 삶에 깊은 상흔을 남겼고, 동시에 그 시기를 중심으로 한 자아정체감 형성과 성숙에 결정적인 전환점을 제공했다. 사별 이후, E는 가족과 친척들로부터 큰 연민과 배려의 대상이 되었다. 특히 할머니는 그녀를 볼 때마다 "에구, 불쌍한 것!" 하시며 끌어안고 눈물을 흘리셨고, 주변 어른들 역시 그녀에게 각별한 관심을 기울이며 보살핌을 아끼지 않았다. 이러한 환경 속에서 E는 '나는 불쌍한 아이'라는 정체성을 내면화하게 되었고, 때로는 그 관심과 돌봄을 유지하기 위해 더 슬픈 척하거나 약한 모습을 보이기도 했다.

이처럼 타인의 시선을 통해 형성된 자기 인식은 일시적으로 그녀의 발달적 자율성과 주체성 형성에 혼란을 초래했다. 그러나 그 전환의 계기는 예상치 못한 상황에서 찾아왔다. 장례 후 학교에 복귀한 E는 교생 실습 중이던 선생님의 중립적이고 담담한 태도에 직면하면서 당혹감을 경험했다. 자신이 '불쌍한 아이'로 특별 대우를 받을 것이라 기대했던 그녀는 교사의 평등한 시선 앞에서 당황했고, 기대와 현실 사이의 괴리로 인해 잠시 슬럼프에 빠지기도 했다.

> "6학년 때 엄마가 돌아가셨어요. 그때가 3월이었거든요. 다들 얼굴 익히고 교생 선생님하고도 친해져서 잘 지내는데, 저는 엄마 돌아가시고 처

음 학교에 나간 거라 낯설고 서먹했거든요. 저는 '내가 반장이고 불쌍한 아이인데 나한테 더 관심 가져주고 위로해주고 말 걸어주는 게 당연하지'라고 생각하고 있었는데, 선생님들이 안 그런 거예요. 그래서 내 딴에는 더 슬픈 척을 하고 말도 안 하고 있었어요. 그런데 달라지는 게 없더라구요. 그래서 며칠 하다가 포기하고 마음을 바꾸게 됐어요. 내 생각이 잘못된 거고 좋은 방법이 아니란 걸 그때 깨달은 거죠."

이 경험은 E에게 있어 중요한 내면적 전환을 촉진한 학습의 장이었다. 인간은 타인의 행동뿐 아니라 그 결과에 대한 사회적 피드백을 통해 자기 행동을 조정한다(반두라, 1977). E는 교사의 일관되고 공정한 태도를 관찰하며, '관심을 얻기 위해 연약함을 가장하는 방식'이 사회적으로 유효하지 않다는 점을 학습했다. 이는 일시적 혼란에서 벗어나, 자신이 처한 현실을 주체적으로 수용하고 새로운 방식으로 관계를 형성해나가는 전환점이 되었다.

이후 E는 아버지와 가족의 지지 속에서 점차 정서적 안정을 회복했고, 성실하고 자기주도적인 태도로 삶의 방향을 설정해나갔다. 이듬해 치러진 중학교 입학 고사에서 전체 수석을 차지하게 된 것은 단순한 성취 이상의 의미를 지닌다. 이는 돌봄의 수동적 대상이 아닌 삶의 능동적 주체로 나아가는 그녀의 내면적 성장과 성숙을 상징하는 사건이었다.

"저는 생각지도 못했어요. 중학교 입학 당일에 아무 생각 없었는데 선생님이 급하게 저를 부르시는 거예요. '니가 ○○○이니?' 하시면서. 그렇다고 하니까 네가 입학 고사 수석이니까 이따 호명하면 나와서 입학생 대표로 선서를 하라고 하는 거예요. 그때 알았죠. 제가 수석이라는 것을.

가족들도 너무 좋아해주시고 기특하다 그러고, 주변에서 입학선물도 엄청 많이 선물해주셨어요."

배려와 사랑으로 서로의 버팀목이 되어주는 성장의 동력 4남매

E는 두 명의 언니와 한 명의 오빠를 둔 4남매 중 막내로 자랐다. 언니들과는 나이 차가 컸고, 학업에 집중하느라 함께 놀던 기억은 거의 없었다. 그러나 E는 언니들과 오빠가 자신을 세심히 아껴주었던 장면을 뚜렷이 기억한다.

어느 혹한의 겨울날, E는 남매들과 함께 겨울방학을 맞아 아버지가 사주신 멋진 스케이트를 들고 아이스링크장을 찾았다. 대중교통이 발달하지 않았던 시절이기에 먼 거리도 도보로 이동해야 했다. 그럼에도 4남매는 설레는 마음으로 먼 길을 나섰다. 아이스링크장에 도착한 후, 언니들과 오빠는 뛰어난 스케이팅 실력을 자랑하며 빙판 위를 자유롭게 누볐고, 스케이트를 처음 접한 E는 작은언니의 회전 동작을 흉내 내다 중심을 잃고 넘어져 스케이트 날에 무릎을 깊게 찍히는 큰 부상을 당했다. 통증으로 일어설 수조차 없던 그 순간, 남매들은 스케이팅을 멈추고 E 곁으로 달려왔다.

언니와 오빠는 응급처치로 지혈을 하고, 큰언니는 고등학생임에도 어린 막내를 업고 1시간이 넘는 비포장 길을 걸어 집까지 돌아왔다. 오빠의 교대 제안에도 큰언니는 단 한 번도 E를 등에서 내려놓지 않았다. 먼 길을 걷는 동안 남매들은 누구 하나 불평하지 않고, 묵묵히 서로의 버팀목이 되어 위기 상황을 함께 극복해냈다. E는 그날 언니의 등에 업혀서 느꼈던 따뜻한 체온을 지금도 또렷이 기억하며, 신체에 남은 상처보다 정서적으로 각인된 언니의 헌신과 사랑을 더 크게 간직하고 있다.

"지금도 그때의 후유증으로 날씨가 안 좋으면 무릎이 안 좋긴 한데…. 그때는 스케이트 타다가 넘어지면서 날로 크게 찍혀서 일어나지를 못하고 울고만 있었어요. (중략) 큰언니도 고등학생이었는데, 여자인데도 저를 업고 그 먼 거리를 집까지 걸어서 온 거예요. 작은 언니랑 오빠도 스케이트 포기하고 함께 따라왔죠. 그때는 택시나 버스도 없을 때니까 무조건 걸어 다녔어요. 제가 그때는 제법 통통해서 무거웠을 텐데, 중간에 한 번도 쉬지 않고 교대도 없이 언니가 끝까지 저를 업고 온 거예요. 그때는 철이 없어서 몰랐는데 지금 생각하면 너무 고맙죠."

이와 함께, 오빠와의 관계 속에서도 E는 또 하나의 배려와 성장의 경험을 기억한다. 오빠와는 나이 차가 적어 자주 어울렸고, 오빠가 어디를 가든 졸졸 따라 다녔다. 어느 날, 스케이트 사고로 통깁스를 한 E는 외출이 어려운 상황에서 오빠가 만화방에 몰래 간 사실을 알고, 오빠를 엄마에게 고자질했다. 아픈 동생을 두고 혼자 만화방에 간 오빠가 혼이 날 것이라 생각하며 내심 기뻐했다. 그러나 예상과 달리 엄마는 그저 오빠를 잠잠히 바라볼 뿐 어떠한 훈육도 처벌도 하지 않으셨다. 오빠 역시 여동생에게 화를 내지 않고 그저 슬픈 표정을 지었다.

"진짜 어렸을 때는 이도 저도 모르고 내가 이런 말을 하면 안 되는 거라는 걸 몰랐어요. 좀 어리바리하다는 소리도 많이 들었어요. 제가 막내라고 무조건 다 이쁘다 이쁘다 해주니까 욕심도 없고, 뭘 알아채는 것도 느렸죠. 좋게 말하면 순하고 착한데, 나쁘게 얘기하면 맹탕인 거죠. 그런 경험들을 통해 순간순간 '아, 이러면 안 되는 거구나'라는 걸 몸으로 부딪치고 느끼면서 깨닫게 된 거죠."

E는 오빠에게 한 행동이 정의로운 행동이 아니었음을 깨닫고, 가족 안에서의 상호작용 속에서 성숙해지는 내면적 성찰의 기회를 얻었다. 이처럼 가족은 단순한 혈연 공동체를 넘어, 정서적 배려와 희생을 기반으로 한 성장의 장이었다.

보웬(Bowen, 1978)에 따르면, 가족은 정서적 지지의 핵심 단위이며, 구성원 간의 상호작용을 통해 개인의 정서적 안정과 자아성장이 이루어진다. 언니와 오빠는 각자의 방식으로 E에게 정서적 지지와 헌신을 보여주었고, 이는 E가 어려움을 극복하고 삶을 성찰하는 데 있어 중요한 정서적 기반이 되었다.

4남매는 각자의 자리에서 서로에게 정서적 버팀목이 되어주었으며, 이러한 유대는 E의 인격적 성장과 가족에 대한 긍정적 정체감을 형성하는 중요한 토대가 되었다.

3) 사회적 관계의 민낯을 마주하다

풍요로운 삶의 자리에서 직장인으로서의 첫걸음을 시작하다
E는 유복한 가정에서 태어나 막내딸로서 여유롭고 풍요로운 생활을 누리며 자랐다. 대학에서는 국사학을 전공했으며, 졸업 후 동기들이 취업 준비에 매진할 때, E는 취업에 대해 큰 조급함을 느끼지 않았다. E는 그동안 자신이 스스로 무언가를 성취해야 한다는 필요성을 깊이 인식하지 못한 채 살아왔다.

> "여태까지 막내라고 너무 많이 챙겨주고 하니까 내가 뭘 준비해야 한다는 생각을 안 하고 그냥 살았던 거예요."

그러나 E가 느긋하게 시간을 보내는 동안 주변의 친구들은 임용고시 준비를 하거나 대기업에 취업하는 등 차츰 사회에 진출해나갔다. 이를 본 주변 사람들은 그녀의 취업에 대해 걱정하기 시작했고, 심지어 어떤 친척은 인맥을 통해 취업 자리를 소개하며 입사를 종용하기도 했다. 하지만 E는 친척의 도움보다 스스로의 힘으로 취업하고 싶다는 의지가 더 강했다. 그녀는 자발적인 구직 활동을 통해 첫 직장에 입사했지만, 사무직을 기대했던 것과 달리 도서 판촉을 담당하는 영업부서에 배치되었다. 사회생활 경험이 없던 E는 영업 업무에서 고전을 면치 못했고, 특히 성격이 내성적이어서 더욱 힘들었다. 인맥을 통해 어렵게 업무성과를 내긴 했지만, 계약이 취소되는 등의 경험을 통해 사회의 이기적이고 냉혹한 현실을 마주하게 된다.

> "제 눈앞에서는 '좋다! 그래 내가 도와줘야지!' 하고 계약서를 써요. 그런데 집에 도착하기도 전에 취소했더라구요. 좌절감도 들고 배신감 같은 것도 느껴지면서 '아! 사회가 이런 곳이구나!'라는 현실감이 들면서 힘들더라구요. 그러다 보니 점점 의욕도 잃게 되고…."

차갑고 높았던 유리천장을 직면하다

E는 첫 직장의 좌절을 딛고 중소기업에 입사하지만, 이번에는 회사 내의 성차별적인 인사고과와 업무 분배로 인한 유리천장을 경험했다. E는 대졸 신입사원이었음에도 성별 때문에 중요 업무에서 배제되고 커피 심

부름, 복사, 청소 등의 허드렛일을 맡게 되었다. 남자 신입사원들은 회사 내의 다양한 부서 배치와 더불어 그에 따른 업무가 배당되었고, 교육 기회와 각종 혜택을 누릴 수 있었다.

> "나도 남자 동기들과 똑같은 대졸 신입사원인데 그들에게만 교육과 업무 기회가 주어지고 저를 포함한 여사원들한테는 아무런 교육이나 혜택이 주어지지 않는 거예요. (중략) 그 당시 컴퓨터가 처음 나오던 땐데 남자 입사 동기들은 퇴근하고 컴퓨터 교육을 다니도록 지원도 해주고 업무도 골고루 익힐 수 있도록 배치해서 업무능력도 키워주고 그러다 보니 입사 동기 남자 사원들은 점차 승진도 하고 성장하는데 여사원들은 전혀 기회가 없는 거죠."

E는 남자 입사 동기들과 동등한 대우를 받고 싶었지만, 그 당시 사회에서는 '여자는 시집가면 그만'이라는 성 역할 고정관념이 팽배했다. 그럼에도 E는 주어진 환경을 탓하기보다 자신이 할 수 있는 일을 찾아 책임감과 성실함으로 5년을 근무했다. 중요한 업무가 주어지지 않을 때는 여유 시간을 활용해 인문학 서적을 읽으며 사내 독서문화를 조성하기도 했다. 또한 퇴근 후에는 조리사 자격증을 취득하며 재능개발에 힘썼다.

> "나중에 무슨 관리과 업무를 주는데 너무 빨리 끝나서 할 일이 없는 거예요. 그래서 '저 일 좀 주세요' 하고 찾아다녀도 '미스 ○한테 시킬 일이 없네' 이러면서 웃어요. 그래서 그때부터 문학전집 나오면 신간들 엄청 사다가 읽었어요. 결국에는 우리 회사에 제 뒤로 책 읽는 순번이 생겨서 독서 바람이 불기도 했어요. 하하하. 그때는 하도 회사 일이 무료해서

퇴근하고 조리사 자격증도 공부해서 자격증도 땄거든요."

E의 자기주도적 노력은 그녀를 새로운 기회로 이끌었다. 자기결정성 이론(Deci & Ryan, 1985)에 따르면 인간은 자율성, 유능성, 관계성을 충족할 때 내적 동기가 강화되고 성장이 촉진된다. 즉, 개인이 외부 간섭 없이 스스로 동기 부여되고 자율적으로 행동할 때 긍정적인 변화를 이룰 수 있음을 강조한다. E는 제한적인 업무환경에서 자율적으로 선택하고 도전함으로써 자신의 유능성을 확립하고 성장을 이룰 수 있었다. 이는 인간이 타고난 성장 경향과 심리적 욕구를 충족할 때, 더욱 강력한 내적 동기가 발생함을 알 수 있다.

소수 이주민의 어려움에 공감하다

E는 퇴직 후, 결혼과 함께 첫아들을 출산하고 자녀 양육에 전념하며 전업주부로 생활했다. 자녀가 학령기가 되자, 양육과 학습을 병행할 수 있는 직업을 찾던 중 독서논술지도사 자격증을 취득하고 초등학생을 대상으로 한 독서지도 홈스쿨을 운영했다. 홈스쿨을 통해 자녀 양육과 학습을 병행하던 중 뉴질랜드에서 한식당을 운영하던 큰언니의 초청으로 워크비자를 받아 단기이주하게 되었다. E는 직장을 다니며 한식조리사 자격증을 취득해둔 덕분에 워크비자 발급이 원활하게 이루어졌다.

"아이가 초등학교 3학년이 될 때까지 독서논술로 홈스쿨을 운영하다가 큰언니 초청으로 뉴질랜드에 워크비자로 가게 된 거예요. 직장 다니면서 취득해두었던 한식조리사 자격증이 그렇게 쓰일 줄은 몰랐어요."

E는 뉴질랜드에 거주하는 큰언니가 운영하는 한식당에서 부족한 일손을 도우며 한식조리사로 일하는 동안 자녀를 현지 초등학교에 보냈다. 그녀는 한식당에서 외국인 손님과 대화할 정도의 일상적인 영어 회화 능력을 갖추고 있어 적응에는 큰 어려움이 없었다. 그러나 자녀가 다니던 원어민 학교의 학부모 회의에 참석했을 때, 이주민으로서 언어장벽의 한계를 절실히 체감했다. 학교 측은 소수 이주민 학부모들의 언어 소통 문제를 전혀 고려하지 않은 채 자국어로만 회의를 진행했고, 그 과정에서 E는 불편감과 소외감을 고스란히 느껴야 했다. 언어적 어려움을 극복하고자 옆자리에 앉은 한국인 학부모에게 도움을 요청했지만, 차가운 시선과 냉담한 반응뿐이었다.

"저도 사실 이민자분들의 입장이랑 같은 경험을 조금 해봤잖아요. 답답함을! 이분들이 대인관계에서 위축되는 거! 그거를 저는 이제 많은 공감을 하거든요. 특히 영어 할 때, 더군다나 아이 학교에 갔을 때는 세상 바보 천치가 되는 기분이에요. 제가 말을 못 알아들으니까. 그냥 식당에서 하는 영어는 주문받고, 생활 영어니까 내가 아는 영어구나! 즐기시라 어쩌라, 얼마다, 이것만 하면 되잖아요. 그런데 학교에 가면 학부모 회의라고 쭉 앉혔는데 하나도 못 알아듣겠는 거예요. 이주민에 대한 아무 배려 없이 영어로만 빠르게 얘기를 하니까 뭐, 정말 자존심도 상하고 옆에 한국 사람 있어서 물어보면 가르쳐주긴 하는데 내가 드는 느낌이 '영어도 못 하면서 왜 여기 앉아 있니?' 하는 조금 무시하는 눈빛 같은 그런 눈치가 보이기도 하고."

사회적 정체성 이론(Tajfel & Turner, 1979)에 따르면, 개인은 자신의 사회적 정체성을 형성하는 과정에서 다른 집단과의 차별화를 경험하게 되며, 이는 소속감과 정체감에 큰 영향을 미친다. E가 낯선 타국에서 경험했던 언어소통의 어려움, 이로 인한 좌절과 위축감은 우리 사회의 이주민을 역지사지하고 공감하는 내적 자원이 되었다. E는 낯선 타국에서 학부모로서 경험했던, 학교 당국과 관계자들의 소수 이민자를 배려하지 않는 태도를 반면교사 삼아 결혼이주여성들이 타국의 새로운 사회에 정착하는 과정에서 마주하는 실질적인 어려움 등을 누구보다 깊이 이해하며 공감하게 되었다. 결국, 이는 이주민의 삶을 조력하고 지원하려는 강한 책임감과 사명감으로 이어졌다.

3.
방문교육지도사 E의 방문교육 시기

1) 방문교육지도사의 길이 시작되다

가르치는 일의 소명을 발견하다

E는 뉴질랜드에서 3년간의 단기이주를 끝으로 귀국하기로 결정했다. 낯선 타국에서 이주민으로서 언어장벽과 어려움에 직면했지만, 자녀의 교육 문제를 고려할 때 장기거주를 선택할 수도 있는 상황이었다. 그러나 그 무렵 뉴질랜드의 이민정책이 강화되면서 이주민의 입국이 제한되었고, 전반적으로 경기 침체가 본격화되면서, 큰언니가 운영하던 한식당도 경영난에 부딪혔다. 결국 남편과 상의 끝에 귀국을 선택하게 되었고, 귀국 후 안정된 생활을 위해 취업을 알아보게 되었다. 마침 자녀도 청소년기에 접어들어 엄마의 보살핌이 덜 필요한 시기였다. E는 그동안의 경력을 잘 살릴 수 있는 직업이 무엇일까를 고민하게 되었다. 그러나 경력 단절의 중년 기혼 여성이 안정적으로 취업할 수 있는 일의 영역은 넓지 않고 기회 또한 적었다.

E는 단기이주 이전의 경력 중 가장 보람 있었던 직업으로 독서논술지도사로서 홈스쿨을 운영하며 학생들을 지도했던 경험을 떠올렸다. 또한 어릴 적 자상하고 꼼꼼하게 자녀들의 공부를 지도해주셨던 아버지의 교육자적 모습이 기억나 '나도 아버지처럼 가르치는 직업을 하면 잘할 수 있을 것 같다'는 생각이 들었다.

"그때가 7월인가 여름이었어요. 귀국해서 정착하려면 직업을 가져야겠다 생각되어 알아봤어요. 그런데 제가 '잘할 수 있는 게 뭘까?'를 생각하다가 옛날에 아버지가 우리를 가르쳐주시던 모습이 생각났어요. 저도 떠나기 전에 홈스쿨 경력이 있었고. 그래서 가르치는 직업이면 잘할 수 있겠다 했는데, 마침 ○○구청에 한부모 도우미 공고가 난 거예요. 그래서 그때 한부모 도우미 경력을 쌓다가 연결되서 방문교육지도사를 시작하게 되었어요."

"뜻이 있는 곳에 길이 있다"라는 말처럼 E는 한부모 도우미 활동을 통해 쌓은 경력을 기반으로 다문화가정 방문교육지도사라는 새로운 기회를 만나게 되었다. E는 자신의 교육 경험과 아버지의 교육자적 모습을 통해 자신의 정체성을 재구성하고, 이를 바탕으로 방문교육지도사라는 새로운 역할을 받아들였다. 이로 인해 연구참여자가 꿈꾸었던 가르치는 직업은 다문화가정 방문교육지도사를 통해 이루어지게 되었다.

발로 뛰고 연대하며 열정으로 빈 공간을 채워나가다

인간은 누구나 태어나면서부터 만남을 통한 관계 맺기가 시작된다. 관계 맺기는 만남을 전제로 하며, 혼자서는 해낼 수 없는 상호성을 갖는다

(Buber, 1954). 다문화가족 방문교육사업이 시작되던 2008년 초창기에는 모든 상황이 갖추어져 있지 않았다. 모든 것이 낯설고 처음이라 센터가 자리 잡고 정착하기까지 센터 내 임원과 직원 너나 할 것 없이 팔을 걷어붙이고 센터의 정착을 위해 힘을 보탰다.

E는 동료들과의 만남을 시작으로 서로 연대하고 협력했다. 각자의 재능을 살려 사무실의 좁은 공간을 꾸미고 가꾸며 쌓인 먼지를 걷어냈다. 흘리는 땀방울과 열정이 쌓여갈수록 빈 공간에 활력이 생기며 센터 또한 조금씩 체계를 갖춰나가기 시작했다.

"처음에 다문화센터 만드셨을 때 센터장님 상황도 굉장히 열악하셨어요. 외부 사단법인에서 위탁한 건데 초창기라 형편이 어려우셨고 센터가 큰길 뒤쪽에 있는 상가 2층에서 시작했어요. 너무너무 좁았어요. 그때는 인원도 서른다섯 명인데, 저희 선생님들이 나가서 청소부터 시작했어요. 내 집처럼 내 사무실처럼 청소를 하고 환경미화! 그때는 솜씨 좋은 선생님들도 많으시니까 막 오려 붙이고 꾸미고 판넬도 만들고 서서히 체계가 갖춰졌어요. 일은 힘들지만 저희들끼리는 '우리 왜 이러냐?' 이러면서도 서로 함께하는 그게 재미있어서 힘든 줄도 모르고 한 거예요."

다문화가족 방문교육사업이 시행되던 초창기에는 결혼이주여성들의 자발적 신청이 이루어지지 않아 방문교육지도사들이 직접 전화하거나, 발품을 팔아서 집집마다 방문하여 방문교육사업을 홍보하고 수혜자들을 발굴했다. 이 과정에서 G구청의 협조를 받아 수혜대상자들의 정보를 얻었지만, 홍보하는 과정이 쉽지는 않았다. 방문교육사업 수혜 대상자인 결혼이주여성들은 방문교육사업에 대해 처음에는 소극적으로 반응하며 탐탁지 않게 생각했다.

> "처음에는 저희가 집집마다 발품 팔아 돌아다녔어요. G구청에서 명단을 받아서 각자 지역을 배정받고 일일이 문 두드리고 다니면서 대상자이신데 하시라고 설명해드렸어요. 그런데 여러 번 거절당하니까 다시 찾아가기가 어렵고, 저는 솔직히 이 G구 지리 모르는 데가 하나도 없어요. 그때 하도 구석구석 돌아다녀서. 그래도 계속 홍보하고 해서 이제 전화하고 하면, 뭐 처음에는 퉁퉁하게 하겠다고 하면서 시작을 하죠. 그러다가 받아보고서는 괜찮으니까 점점 본인들이 이주민 친구들한테 얘기하는 거죠. 하라고. 그렇게 해서 점점 많아졌어요."

E는 다문화가족 방문교육사업의 초창기 멤버로서 방문교육사업의 역사와 함께해온 산증인이다. E는 자신의 과거 경험과 자원을 바탕으로 새로운 길을 찾고, 주변 사람들과의 협력을 통해 센터를 성장시켰다.

2) 공감과 소통의 상호 대화적 관계 맺기

눈높이 대화로 다가가며 실천하다

방문교육사업 초창기에는 많은 가정이 방문교육지도를 신청했지만, 실제로 방문을 회피하는 경우가 잦았다. 신청은 했으나, 사업의 수혜자들이 구체적으로 그 내용을 이해하지 못한 채 방문교육이 시작되는 경우가 많았다. 특히 자녀지도 서비스를 신청한 가정에서는 부모와 자녀 간의 사전 협의 없이 신청하는 일이 빈번했다. 맞벌이 부부가 자녀를 집에 혼자 두고 출근할 때, 아이들은 낯선 방문교육지도사와의 만남을 거부하는 경향이 있었다. 이러한 상황 속에서 E는 아이들과의 눈높이를 맞추며 적극적으로 소통하기 위해 노력했다.

> "초창기에는 자녀지도에 애로사항 많았어요. (중략) 수업이 있는 날인데 시간이 돼서 초인종을 누르면 문을 안 열어주는 거예요. '방문교육 선생님 왔어' 해도 반응이 없어요. 그런데 가만히 들어보면 TV 소리도 나고 집에서 인기척이 나요. 엄마랑 통화를 해보면 집에 있대요. 그래서 부드러운 목소리로 계속 설득해가면서 대화를 시도하죠. 몇 번을 하니까 오늘 수업하기 싫다고 가래요. 어떻게 해요. 그냥 갈 순 없잖아요. 그래서 '오늘 공부하기 싫으면 안 해도 돼. 그런데 오늘은 선생님이 너하고 만나기로 약속이 돼 있어서 선생님은 약속을 지키고 싶어. 그리고 선생님이 화장실도 가야 되는데 문 좀 열어줄 수 있니?' 그러면 슬그머니 열어줘요."

이 외에도 다문화가족들이 직면한 삶의 어려움은 방문교육 중에 직접 체감할 수 있었다. 그들의 소외되고 열악한 생활 환경과 목소리를 가까이에서 듣게 되면서 E는 그들과의 소통을 위해 눈높이를 맞추며 다가갔다. 많은 다문화가정에서는 경제적 어려움으로 결혼식을 올리지 못하는 경우가 많았고, E는 이러한 결혼이주여성들의 마음을 헤아리며 방송국의 결혼 이벤트에 응모하여 결혼식을 올릴 수 있도록 도왔다. 머나먼 타국에서 딸의 결혼식에 참석할 수 없는 결혼이주여성의 어머니를 대신해 친정

어머니 역할을 맡기도 했다. 또한, 백일잔치나 돌잔치를 앞두고 한국 문화를 어려워하는 결혼이주여성을 집으로 초대하여 한국의 잔치문화를 경험할 수 있도록 도와주었다.

"처음에는 ○○자동차에서 결혼식을 올리지 못한 다문화 가족들에게 결혼식을 진행한 적도 있어요. 그때 본국에서 친정엄마가 올 수 없으니까, 제가 대신 친정엄마 역할로 끝날 때까지 앉아 있고 그랬었어요. 결혼식 끝나고 주최 측에서 친정엄마라고 이불 한 채씩 선물도 주더라구요. 하하하. 결혼식 전에는 이제 추천서도 필요한데 제가 추천서도 써줬고, K방송국에서도 치매 시어머니 모시고 너무 고생하면서 힘겹게 살아가는 이주민 여성 사연을 작성해서 당첨돼가지고 결혼식 올려준 적도 있어요. 저희가 방문교육 다니다 보면 이주민 어려운 가정들 많이 보잖아요. 그들에 대한 애착이라든가 이런 게 너무너무 많았어요."

어린 나이에 국제결혼을 통해 본국을 떠나온 결혼이주여성들은 타국에서 결혼과 출산을 경험하며 처음 만나는 다양한 낯선 상황에 대해 주변의 도움이 필요했다. 그러나 당시에는 방문교육사업 정책이 막 도입되고 있는 상황에서, 방문교육지도사는 그 간극을 메우는 역할을 담당해야 했다. E는 자녀 양육에 아무런 도움을 받지 못하는 결혼이주여성들에게 기저귀를 갈아주는 방법이나 이유식을 만드는 방법 등을 하나하나 알려주었다. E와 결혼이주여성의 만남은 이해와 포용의 관계를 넘어, 다문화사회에서 함께 살아가는 방법에 대한 실천으로 이어졌다.

"결혼이주여성 대부분이 어린 나이에 결혼하고 출산하다 보니, 양육 경험이 없기도 하고 음식문화 차이로 어려움을 겪는 경우가 많았어요. 그래서 하나부터 천천히 가르쳐주면서 같이 해나가는 거죠. 이유식부터 다시 시작해보자 해서 갈 때마다 하나씩 그날에 하는 거예요. 한국 요리를 못 하니까 요리도 배우고 싶다고 하면, '한 개씩 미리 재료를 준비해놔라! 오늘은 된장찌개 한다' 그러면 재료를 집에서 감자도 썰어갖고 가서 끓여주고, 그분들이 원하는 것 위주로, 한국어가 서툴지만 대화로 소통해가면서 가르쳐주는 거예요. 저는 미리 재료를 준비를 해놔라 그래서 준비를 해놓으면 그날 가서 어떤 날은 김밥도 하고 어떤 날은 비빔밥 하고 어떤 날은 달걀말이 하고."

상호소통하며 연대하다

다문화가족사업이 시작된 2008년경, 다문화 붐이 일면서 다양한 행사가 대외적으로 많이 개최되었다. 이러한 행사의 진행과 운영에 대한 노하우와 체계가 부족하여 많은 어려움이 있었다. 그럼에도 방문교육지도사 E와 동료들은 서로 적극적으로 역할 분담과 대안 모색을 통해 상호 소통하며 연대했다. 즉, 방문교육지도사들의 관계는 상호 간의 이해를 넘어서 다문화사회의 시대적 긴급성에 즉각적으로 응답하는 단계로 발전했다. 따라서 나와 너의 상호 얽힘으로 시작되는 만남은 단순한 관계의 결과가 아니라, 책임과 윤리적 태도를 지향하며 존재의 방식을 창조해나가는 과정이자 '나와 너'의 관계 맺기의 출발이라 할 수 있다(Deleuze & Guattari, 1968).

"저희도 막 활동 시작했는데, 그때는 2008년에 다문화가 막 일어나고 큰 붐이 일었잖아요. 그래서 행사도 너무너무 많았어요. 막 여기저기서, 구청이면 구청, 교회면 교회, 가을이면 김장 같은 행사들에 저희가 안 쫓아다닐 수가 없는 거예요. (중략) 결국에는 행사가 너무 많다 보니 선생님들을 그 과별로 전담할 수 있게 나눴어요. 무슨 과, 행사 담당, 뭐 담당, 이렇게 나눠서 '이번 주는 어느 선생님들이 뭐 담당하세요.' 그러면 나와서 하고."

E는 다문화가정 방문교육사업이 시작된 2008년부터 13년 동안 다문화가정 방문교육지도사로 활동하며, 다문화가정 결혼이주여성들과 그 자녀들을 만나는 동안 책임감과 성실함으로 최선을 다했다. E는 결혼이주여성들이 한국 사회에 잘 적응하고 더 나은 삶을 살 수 있도록 그들의 눈높이에서 역지사지하며 여러 방법으로 조력했다. E가 만나온 다문화가정은 대략 53가구이며, 방문교육 수혜자는 엄마와 자녀를 포함하여 80여 명에 이른다.

"집에 있는 물건, 음식, 아이들 옷 등 수두룩하게 갖다주고 일단 생활이 너무 어려운 분들이 많으니까. (중략) 대부분이 생활이 좀 너무 어려우세요. 그런 식으로 해서 끝까지 돌보고 도와드렸죠."

E는 다문화가정 방문교육지도사로서 그들을 대할 때 사회적 약자에게 베푸는 가진 자의 온정이 아니라, 인격적으로 동등한 관계에서 그들을 가족처럼 소중히 대했다. 이는 대가를 바라지 않고, 가진 것을 나누고 내어주는 돌봄의 실천이었다.

"이 일이 좋고 내가 진짜 그래도 그런 누군가를 도와줄 수 있는 게 좋았어요. 이 사람들이 여기서 정착을 하고 살아갈 수 있도록 내가 조금이라도 도움이 된다는 생각으로 이 일을 지금까지 해왔던 거죠. 개인적인 경제적 이득은 전혀 생각하지 않고 이 일을 한 거죠. 그래서 스스로가 좀 뿌듯하달까? 이런 게 좀 컸던 것 같아요. 자랑스럽다! 내가 이 일을 했다는 게, 그렇게 느끼고 있어요."

로저스(Rogers, 1961)는 공감에 대해 "나의 주관적인 판단을 배제한 채, 타인이 경험하고 지각하는 주관적 세계로 들어가서 그들의 세계에 완전히 익숙해지는 것"이라고 정의했다. 더 나아가 공감적 이해는 타인의 내부에 흐르는 감정의 변화와 그가 경험하는 모든 것에 민감하게 반응하며 그의 눈으로 그의 사적인 세계를 바라볼 수 있게 해준다. E는 다문화가족과의 관계에서 공감적 이해를 바탕으로 그들과 관계 맺고 소통했다.

동반성장과 공존으로 나아가다

E는 결혼이주여성들과의 만남에서 삶의 경험과 자원들을 활용하며 서로 성장할 수 있는 계기를 만들었다. 일본 출신 결혼이주여성이 자녀들에게 한국사를 가르치고 싶다며 E에게 역사 수업을 요청했을 때, E는 국사학 전공을 살려 이를 수락했다. E는 오랜만에 전공 서적을 다시 펼치고, 현직 교사에게서 교재와 문제집을 기증받아 새로운 교재와 교안을 직접 만들어 수업을 진행했다.

"'한국 역사를 알고 싶다. 아이들 공부를 가르치고 싶은데 가르쳐달라'고 그래요. 근데 제가 또 대학을 국사학과 나왔거든요. 제 지인 중에 선생님 한 분이 초등학교 다니는 자녀가 있었어요. 그 선생님한테 사회, 역사 교과서, 문제집 협찬받고 제가 갖고 있던 전공 책을 참고해서 매

시간마다 구석기 시대부터 정리해서 가르치고, 근데 이주민 여성이 또 너무 열심히 공부하고 잘 알아듣는 거예요. 나중에는 저도 기분이 좋아서 현대사까지 다 했어요. 하하하. 그러니까 오히려 이주민 여성을 가르치면서 제가 더 역사 공부하게 된 거죠."

이처럼 다문화가정 결혼이주여성이 한국사를 배우는 것은 이중언어 교육뿐만 아니라 부모로서의 역사적 정체성을 형성하는 긍정적인 기회가 된다. E는 이 관계에서 지식의 공유가 단순히 일방향이 아니라 상호적인 과정임을 느꼈다. 서로를 이해하고, 상대방을 향해 자신을 개방하는 태도는 진정한 구도적 동반자 관계로 발전할 수 있게 해주었다.

E는 결혼이주여성들이 한국어를 배우는 과정에서도 서로의 관계를 심화시키고, 그들이 다른 사람들과도 대화적 관계를 맺을 수 있도록 아낌없이 지원했다. 이는 결혼이주여성들이 삶의 다양한 측면에서 자립할 수 있는 중요한 계기가 되었다.

"언어가 가장 큰 장벽이었죠. 그래서 기본적인 한국어 능력을 키워줄 수 있도록 집에 있는 신문도 가져가서 사회면이나 교육, 문화, 시사란 등을 같이 보면서 한글도 배우고 단어 뜻도 설명해주고 일상적인 이야기를 하면서 대화를 하죠. TV 보면서 말 따라 하는 것도 했다가 재래시장에 가서 사람들과 소통하는 거 연습하고, 박물관도 갔어요. 어떤 날은 '영화 보고 싶어요!' 하면 영화도 보러 가고 보고 나서 또 줄거리나 대사 같은 거 얘기하고, 느낌도 물어봐주고, 미용실도 같이 가달라 그래서 따라가서 소통이 안 되는 부분 있으면 도와주고, 그런 식으로 했어요. 어느 때는 도서관에 대출하러 가는 거 어렵다고 해서 동행해서 함께 해보고 일상에서 온갖 어려운 부분들을 다 잘할 수 있도록 도와준 거죠. 저희는 진짜 모든 일을 소중하게 책임감 있게 했으니까 후회가 없고, 성장할 수 있도록 도와준 거가 뿌듯하고 보람인 거죠. 누구 하나 진짜 어느 것 하나 허투루 하신 선생님들이 없어요."

부버가 말하는 만남의 대화적 관계는 단순한 언어적 소통을 넘어서 말에 대한 책임을 지는 관계를 의미한다(신혜정·최수안, 2022). 그러나 결국 말에 대한 책임을 지는 대화적 관계를 이어나가기 위해서는 언어적 의사소통이 선행되어야 한다. E는 방문교육지도사로 활동하는 동안 결혼이주여성의 한국 생활 적응, 자녀 양육 및 생활지도 등의 부모교육 서비스를 담당했다. 특히 결혼이주여성들의 한국어 의사소통 능력을 향상시킬 수 있도록 지원하는 데 많은 노력을 기울였던 것도 결혼이주여성들이 다른 사람들과 대화적 관계로 나아갈 수 있길 원했기 때문이다.

결혼이주여성들과 다문화가족을 위한 활동이 점차 활발해지면서, E가 소속된 G구 다문화가족센터는 자체 신문을 발행하기 시작했다. 이를 통해 일회성 행사에 그치지 않고, 결혼이주여성들의 다양한 문화를 존중하며 상호문화소통을 위한 공존 사회로 나아가는 기반을 마련했다. E와 이주민 여성의 '나-너' 관계는 신문을 통해 과거와 현재를 잇는 소통의 장으로 발전했다.

"저 같은 경우는 이거 신문을 저희 센터에서 만들었는데 제가 만들어서 몇 장 갖고 있었던 거예요. 버리기 아깝고 굉장히 소중한 경험을 저희 선생님들이 한 거예요. 두 달에 한 번씩 농산물시장도 가고, 교육도 하고, 음악회도 하고, 제가 편집장이었는데 '시그널'이라고 이분들의 얘기를 모국어로 쓰고, 음식도 각 나라별로 하나씩 돌아가면서 만들기도 하고. (중략) 방문교육지도사 선생님들도 한쪽에 글로 쓰고, 이분은 제 학생인데 너무 똑똑하고 애가 벌써 대학생이에요. 그러니까 저분은 초기에 '결혼이민자 한국어 말하기 대회'에 나가서 상 받아왔고, 여기 사진 속 아이는 딸인데 자녀 말하기 대회에 나가서 수상한 거예요. 여기, 아버님도 좋으시고 애기 때 만났던 아이가 벌써 대학생이 됐다고 얼마 전에 연락받았어요. 선생님 덕분에 사람 됐다고 해서 걔네 엄마랑 같이 큰 소리로 웃었어요."

결혼이주여성들과의 지속적인 관계 맺기는 서로의 삶을 풍부하게 만들며, 상호 성장으로 이어졌다. E는 자신이 맡은 역할을 소중하게 여기며 책임감 있게 수행했고, 결혼이주여성들의 성장이 곧 자신의 보람이자 뿌듯함으로 남았다.

3) 실천공동체와 연대적 관계 맺기

함께 연대하며 머리를 맞대다

방문교육사업이 시작되던 초기에는 여러 가지로 미비한 부분들이 많아 시행착오를 겪었다. 행정적 지원도 부족하고 학습교재나 교안 등이 없다 보니 현장에서 발생하는 예상치 못한 어려움에 자주 직면했다. E는 그럴 때마다 좌절하고 실망하기보다 동료들과 머리를 맞대어 학습교안을 작성하고, 매뉴얼을 만들어가는 과정이 동반되었다. 각자의 노하우를 살려 아이디어를 내거나 정보와 자료를 공유하며 연대했다. 그러자 체계가 잡히기 시작했고 업무의 숙달과 더불어 전전긍긍 씨름하고 고민하던 일들에서도 차츰 해방될 수 있었다.

"처음에 부모교육 할 때 시스템이라든가 교재가 아무것도 없었어요. 그래서 맨땅에 헤딩하는 심정으로 저희가 하나하나 자료도 찾고 만들고 회의를 하면서 채워나갔어요. 교재는 나중에 나오긴 했지만, 솔직히 저희 마음에 안 드는 교재였어요. 다문화가족하고는 현실적으로 동떨어진 내용이 많았어요. 그래서 인터넷에서 자료 찾으면 동료들한테 풀고, 또 찾으면 다시 풀고, 처음에는 복사본, 프린트물이 너무 많았어요. 서로 방문가정 지도하다가 어려운 문제가 있다 싶으면 선생님들끼리 모여서 서로 얘기하면서 공감하고, 다양한 의견을 나눠요. 어쩔 땐 속상한 일이 있어서 힘들다가도 다들 공감해주면 속상한 게 다 풀려서 웃게 되고 그러다 보니까 진짜 이 일이 힘들어도 멈추지 않고 끝까지 할 수 있었어요."

E가 오랜 시간 방문교육지도사로서의 쉽지 않은 여정을 걸어오며 포기하지 않고 굳건히 버틸 수 있었던 건 함께 활동했던 동료들과의 연대 덕분이다. 이는 E가 방문교육지도사의 역할갈등과 업무의 한계로 인한 딜레마 속에서 고민과 좌절을 겪을 때도 다시 일어서게 하는 원동력이 되었다.

인격적 만남의 실천공동체로 이어지다

다양한 문화와 환경의 배경을 지닌 다국적 결혼이주여성과 그들의 자녀를 지도한다는 건 결코 쉽지 않다. E는 성실함과 책임감을 교사의 최고 가치덕목으로 삼았지만, 자주 좌절감을 느꼈다. 변화가 보이지 않거나 기대에 부응하지 않는 상황에서 무기력감과 자괴감에 빠지기도 했다. 이러한 심리적 압박감에 혼자 맞서기에는 힘에 부쳤고, '그만둬야 하나?'라는 고민에 수없이 직면했다. 그럴 때마다 동료들은 E를 공감하고 지지해 주며 다시 시작할 수 있도록 동기를 부여했다.

> "최선을 다해도 어떨 땐, 아이들이 변화가 안 보이고 한계에 부딪힐 때가 많아요. 그럴 때는 감정적으로 화나기도 하고 마음이 조급해져서 아이들에게 엄하게 했던 것 같아요. 그럴 때면 지도하고 나오다가 '내가 너무 심하게 했나? 더 사랑으로 대해야 되는데' 하고 자책하기도 하고 자괴감도 들죠. (중략) 정기적으로 보수교육 모임이 있어서 교사들과 만남이 있어요. 그럴 때면 '이 문제 어떻게 하면 좋겠냐? 너무 힘들다' 등등 이야기하면 나도 그런 경우가 있다고 하면서 정보도 주고 위로도 해주고 어떨 때는 객관성을 유지하도록 잘못된 건 잘못된 거 같다고 지적도 해주면서 그러다 보면 어느새 웃게 되더라구요. 새 힘도 나고. (중략) 그 모임이 지금까지도 이어지고 있어요. 만나면 다들 너무 좋아하고 은퇴 이후에도 정보도 교환하고 제 삶의 에너지가 거기에서 나와요."

E의 이러한 경험은 단순한 동료 간의 만남을 넘어 다문화사회의 시대적 소명에 응답하는 능력을 바탕으로 '실천공동체'(Lave & Wenger, 1991)로 이어졌다. 실천공동체는 공통적으로 특정 관심사를 공유하며, 열정을 가지고 상호작용을 도모함으로써 전문성을 향상시키는 집단을 의미한다. 따라서 E와 그의 동료들의 만남과 연대는 각자의 삶 속에서 경험한 지식과 당면한 다문화사회 현실과의 괴리를 경험하고, 그 간극을 줄여나가기 위해 노력하는 인격적 만남의 실천공동체라 정의할 수 있다(신혜정·최수안,

2022 재인용).

E는 13년간의 활동을 마치고 은퇴 1세대로 퇴직한 이후에도 이 실천공동체를 통해 삶을 나누고 서로 지지하며 격려해주는 만남의 장을 이어오고 있다. 이는 실천공동체의 본질을 반영하는 것으로, 공유된 경험과 지식을 통해 구성원들이 성장하고, 퇴직 후에도 지속적인 교류를 이어나가는 근원이다.

4.
방문교육지도사 E의 은퇴 시기

은퇴제도의 도입과 실천적 삶의 전환

2021년 12월 31일, E는 다문화가정 방문교육지도사로서의 13년 여정에 마침표를 찍고 은퇴했다. 방문교육지도사로 활동을 시작했을 당시에는 정년 개념이 부재했지만, 정책 변화에 따라 은퇴 제도가 도입되면서 예고 없이 퇴직하게 된 것이다. 그러나 그녀는 약간의 아쉬움은 남지만, 이 변화 또한 받아들이며 자신보다 젊고 건강한 세대에게 기회를 내어주는 것을 기꺼이 수용했다.

"13년 동안 쉬지 않고 달려온 거 같아요. 지금도 더 일할 수 있는 나이인데 갑작스럽게 은퇴 제도가 시행돼 아쉽긴 하지만 어쩌겠어요. 나이 든 사람은 일선에서 물러나고 더 젊고 건강한 선생님들에게 기회가 더 많이 주어지는 것도 저는 괜찮다고 봐요."

이와 같은 수용의 태도는 단순한 순응이 아니라, 타인과의 관계 속에서 자신의 자리를 인식하고, 공동체의 더 넓은 이익을 향해 자신을 조율하는 실존적 태도로 이해할 수 있다. 부버의 '나-너(I-Thou)' 관계는 이러한 인격적 만남과 관계성 속에서 주체가 스스로의 한계와 가능성을 자각하며, 타자를 위한 존재로 확장되는 방식으로 실현된다.

E가 다문화가정 방문교육지도사로서 13년간 헌신할 수 있었던 원동력은 '책임감'과 '성실성'이었다. 이는 단지 개인의 덕목 차원을 넘어, 타자의 삶에 능동적으로 응답해온 윤리적 주체로서의 실존을 드러낸다. 따라서 그녀는 한결같은 마음으로 다문화가정의 결혼이주여성과 자녀들을 만나왔다는 점에 자부심을 느끼고 있다. 결혼이주여성들과 그 자녀들이 한국 사회에 잘 정착할 수 있도록 그들의 문화와 상황을 존중하고, 끊임없이 '그들의 눈높이'에서 역지사지하며 다가갔다.

은퇴 이후 사회적 실천가를 꿈꾸다

E가 담당했던 결혼이주여성들은 10대 후반의 어린 나이에 타국으로 시집왔지만, 대부분 한국에 성공적으로 잘 정착했다. 방문교육이 종료되었음에도 E와의 관계를 이어가며 지속적으로 소식을 주고받는 수혜자들이 많다. 그러나 일부 여성들은 이혼 후 고국으로 돌아가며 소식이 끊긴 적도 있다. E는 타자를 도구화하지 않고 존재 자체로 만나는 부버의 '나-너'의 인격적 만남을 실천했다. 그녀에게 수혜자들은 단순한 '서비스 제공의 대상'이 아니라, 고유한 존재로 존중받고 관계 맺는 '너(Thou)'였다.

> "은퇴하고 나니까 보람도 많았지만 후회되고 아쉬운 부분도 있어요. 이곳에 잘 정착하고 자기의 인생을 찾아서 꾸준히 성장하는 경우는 저도 담당자로서 뿌듯하지만, 그중에는 가끔 이혼하고 고국으로 돌아가거나

연락이 두절된 경우도 있어요. 너무 안타깝죠. 좋은 소식이 들려오기만
을 바랄 뿐이에요."

E가 13년이라는 긴 세월 동안 다문화가정 방문교육지도사로서의 역할을 지속할 수 있었던 것은 수혜자들에 대한 책임감과 성실성을 기반한 사명감 덕분이다. 이러한 인격적 자질이 단순한 개인적 성향을 넘어 사회적 실천의 기반이자 윤리적 관계 맺기의 근원으로 기능해왔다. 특히, 다문화사회 속 결혼이주민 여성과 그들의 자녀가 우리 사회에 잘 정착하고 삶의 질이 향상되는 것을 가까이에서 지켜보며 느끼는 뿌듯함과 보람 또한 큰 역할을 했다. E는 여기에서 멈추지 않고 은퇴 이후에도 경제적 이익을 추구하기보다는 관심 있는 영역에서 봉사활동을 계획 중에 있다.

"제가 동물을 좋아해요. 개를 좋아하거든요. 그래서 유기견보호센터 쪽
이나 환경지킴이나 환경보호 단체 있죠? 거기 봉사를 다녀보려고 생각
하고 있어요. 이제는 은퇴도 했고 시간도 여유가 생겼지만, 돈 버는 그
런 경제활동보다는 제가 잘할 수 있는 분야에서 사회에 환원하면서 살
고 싶어요. 유기동물보호나 환경보호는 지금 우리 사회에 꼭 필요한 일
이잖아요. 당면한 미래 과제고."

사회적 실천가는 자신의 이익을 넘어 공공의 이익을 위해 활동하는 사람이다. E의 은퇴 후 비전 속에서 대상을 객체화하거나 수단화하지 않고, '생명'과 '환경'을 고유한 존재로 대하며, 그것들과의 새로운 '나-너' 관계를 꿈꾸고 있음을 확인할 수 있다. 이는 부버가 말한 "모든 참된 삶은 만남이다"라는 명제에 부합하는 태도이자, 타자에 대한 응답 가능성 속에

서 자신의 존재 의미를 갱신하는 실천적 윤리의 구현이다.

그녀는 삶의 여러 위기와 경계를 넘어서며, 타인과의 관계 속에서 책임의 주체로 살아가는 존재론적 태도를 실천해왔다. 이와 같은 E의 생애 궤적은 단순한 자아 서사의 차원을 넘어서, 다양한 문화적 경계를 가로지르며 타자와의 대화적 관계를 살아낸 실존적 증언으로 이해될 수 있다. 결국 E는 '책임감과 성실성'이라는 삶의 핵심 가치들을 구체적 행위로 구현해낸 존재였으며, 이는 다문화사회를 살아가는 우리에게 실천적 윤리와 상호이해의 가능성을 다시금 성찰하게 한다.

8장

방문교육지도사 F의 생애담

1.
방문교육지도사 F의 특성:
타자지향적 관계 맺기의 실천가

　F는 1963년 B시에서 1남 1녀 중 장녀로 태어났다. 그녀의 아버지는 농촌의 척박한 삶을 벗어나고자 가족과 함께 사업가의 꿈을 안고 I시로 이주했다. F에게 I시는 제2의 고향과 다름없다. 유년기와 학창 시절을 이곳에서 보냈고, 성인이 된 후 결혼하여 현재까지 이곳에서 삶의 터전을 이루고 있기 때문이다.

　F의 어머니는 자애롭고 따뜻한 분으로, 넉넉하지 않은 살림에도 이웃과 가진 것을 나누며 약자들을 돌보았다. 이러한 어머니의 배려와 온정은 F가 자라면서 타자지향적 관계 맺기를 실천하는 데 중요한 롤모델이 되었다.

　F는 문학적 감수성을 키우기 위해 대학에 진학하고 싶었으나, 가세가 기울어 그 꿈을 접고 국공립 어린이집 교사로 취업했다. 보육교사로서 아이들에 대한 사랑과 열정으로 헌신하던 중 허리디스크 수술을 받게 되면서 퇴직하게 되었다. 경력 단절의 시기를 보내면서도 배움의 끈을 놓지 않고 꾸준히 공부를 이어가 학사학위를 취득했다. 이는 전문성을 한층 더

높이는 계기가 되었고 2008년 다문화가정 방문교육사업이 시작되면서 방문교육지도사로 다시 일하기 시작했다.

방문교육지도사로 활동하면서 F는 다문화가정의 현실에 깊이 접촉하고, 결혼이주여성들과 그 자녀들이 겪는 어려움에 깊이 공감했다. 이주민을 경제적 수단으로만 보는 편협한 시각을 극복하려 노력하며, '나와 너'의 인격적 상호 존중 관계로 다가갔다. 결혼이주여성의 자녀 양육 문제에는 자신의 경험을 녹여 이들이 모성 정체성을 찾고 주체적 여성으로 성장할 수 있도록 지원했다. 또한, 다문화가정 아동들에게는 자존감 향상을 도와 건강한 발달 과정을 거칠 수 있도록 돌봄 중심의 교육을 제공했다.

F는 결혼이주여성들이 우리 사회에 정착하고 정체성을 확립할 수 있도록 돕는 사랑과 온정의 실천가였다. 2021년 12월 은퇴 제도가 시행되면서 방문교육지도사로서의 역할을 마무리했지만, 은퇴 후에도 타자를 향한 관심과 사랑은 계속 이어져 현재는 '숲 치유사' 전문가 과정을 공부하며 제2의 삶을 꿈꾸고 있다. F의 타자지향성과 공존의 가치는 다문화사회에서 살아가는 우리 모두에게 중요한 귀감이 된다.

2.
방문교육지도사 F의 방문교육 이전 시기

1) 타자지향적 관계 맺기의 초석을 세우다

외할아버지의 타자지향적 삶을 추억하다

F의 외가는 대대로 한학자의 집안으로, 외할아버지는 고향에서 손꼽히는 지식인이었다. 또한, 어려서부터 수재 소리를 들을 만큼 공부를 잘해서 의사를 꿈꾸던 장래가 촉망되던 모범생이었다. 하지만 증조부는 자녀들이 모두 자수성가하여 도회지로 떠나자 막내아들인 외할아버지가 고향에 남아 가업을 잇길 바라셨다. 효심이 가득했던 외할아버지는 의사의 꿈을 접고 부모님의 뜻에 따라 고향에 남아 가업을 이으셨다.

> "외할아버지는 그때 당시 보기 드문 지식인이셨어요. 그 지역에서 수재 소리를 들을 정도로 공부를 잘해서 의사가 되려고 하셨는데 (중략) 증조할아버지의 간곡한 부탁으로 고향에 남게 되셨대요."

외할아버지의 지인 중에는 대학병원 의사, 변호사, 교장 등 전문직에 종사하는 분들이 많았다. 주말이나 방학 때는 도시에서 찾아오는 외할아버지의 지인들로 집안은 늘 붐볐다. 여름방학 동안에는 의사인 지인을 따라 봉사활동을 온 간호대학생들이 며칠씩 머물렀다. 이때 외할머니는 모든 방문객에게 손수 식사와 간식을 대접하며 편의를 제공했다. 봉사활동을 다녀간 의료진은 진통제나 상비약이 가득한 구급상자를 선물로 두고 갔고, 이는 시골 어르신들에게 나누어지며 사랑의 나눔으로 이어졌다.

"여름방학 때면 외할아버지 의사 친구분들이 제자들과 함께 농촌 봉사활동을 오세요. (중략) 구급약, 진통제 등을 한가득 가지고 오셔서 선물로 두고 가시면 동네 어르신들 아프거나 필요할 때 나누어주고 그러셨어요."

당시 시골에는 의료시설이나 약국이 거의 없었기 때문에 외할아버지의 지인들이 두고 간 구급상자는 이웃의 고통을 덜어주고 때로는 생명을 구하는 중요한 역할을 했다. F는 어린 시절, 외할아버지와 지인들이 보여준 이러한 의로운 선행을 보며, 타자지향적 관계 맺기의 초석을 다지게 되었다.

자존감의 토대인 자애롭고 따뜻한 긍정의 아이콘, 울 엄마

F는 1남 1녀 중 장녀로 태어나 어머니의 사랑을 듬뿍 받으며 자랐다. F는 어머니가 가는 곳이라면 논이든 밭이든 항상 따라다녔다. 농번기 때면 일꾼들의 새참을 내가시는 바쁜 어머니를 쫓아 구불구불한 논길을 종종걸음으로 뒤쫓다가 저만치 멀어져가는 어머니를 따라잡을 수 없어 같이 가자고 짜증 섞인 투정을 부려도 어머니는 한 번도 귀찮다는 내색을 하

지 않고 웃으며 기다려주셨다. 바쁜 와중에도 딸의 마음을 헤아려주고, 생각을 존중하며 귀 기울여주셨다.

F가 어린 시절 해마다 겨울이 되면, 어머니는 김장에 쓸 식재료를 사기 위해 농산물이 대량으로 거래되는 이웃 도시까지 먼 길을 다녀오시곤 했다. 그해도 어김없이 김장에 필요한 태양초 고추를 사기 위해 현금을 두둑이 준비해 아침 일찍 출발하셨다. F도 어머니와 함께 그 길을 따라나섰다. 그 당시의 교통 상황을 고려하면 어린아이가 동행하기에는 꽤 먼 거리였지만, F는 어머니와 함께할 수 있다는 생각에 마냥 들뜨고 즐거웠다.

한참 시간이 흘러 목적지에 다다를 즈음, F는 문득 피아노가 치고 싶은 생각에 어머니에게 피아노를 사달라고 졸랐다. 그 당시 피아노는 상당히 고가의 제품이어서 장난감 사듯 쉽게 구매할 수 있는 물건이 아니었다. 철없는 어린 딸의 투정에도 어머니는 어떠한 타박이나 역정 없이 딸의 소원을 들어주셨다. 어머니 수중에 지니고 있던 현금은 김장에 쓸 태양초 고추를 사기 위해 한 해 농사를 지어 모은 것이었다. 하지만 어머니는 가던 길을 돌려 피아노를 알아보셨고, 태양초 고추 대신 피아노를 계약하셨다. 얼마 뒤, F는 집으로 배달된 근사한 피아노를 만질 수 있었다.

"그때는 제가 무슨 생각으로 그랬는지 모르겠지만 엄마한테 피아노를 사달라고 졸랐어요. 피아노가 너무 갖고 싶은 거예요. 그때 돈으로 수십만 원이면 굉장히 큰돈인 거죠. 엄마는 고추를 사야 그해 김장을 할 수 있는데, 저한테 한마디 싫은 소리 없이 '피아노가 치고 싶니?' 하시면서 그 길로 피아노 알아보러 가시더니 진짜 사주셨어요. 지금 생각하면 울 엄마 대단하신 거 같아요. 자식을 한없이 믿어주시고 지지해주시는 그 마음이 지금까지도 변함이 없으세요. 아프신데도 늘 '내가 빨리 건강해져서 우리 딸 도와줘야 하는데'라고 하시며 병실에서도 그렇게 긍정적일 수가 없으세요. 간호사분들이 깜짝 놀라세요. 울 엄마 같은 분 처음 봤대요. 늘 웃으시고 간호사분들 고생한다고 격려해주시고 고맙다 그러시고."

어머니로부터 받았던 무조건적인 무한한 사랑과 긍정의 힘은 F가 주체적 삶을 살아가는 데 자존감의 중요한 토대가 되었다.

이웃 돌봄과 사랑의 실천가였던 엄마의 삶의 자리
F의 어머니는 언제나 이웃을 돌보는 삶을 실천하셨다. 당시 농촌 생활은 넉넉하지 않았지만, 어머니는 가난하고 헐벗은 이웃들을 보면 온정을 베푸셨다. 지나가는 걸인이나 배고픈 이웃을 집으로 불러 따뜻한 밥 한 끼 대접하고, 먹거리를 손에 들려보냈다. 그 결과 추수 때가 되면 F의 집은 곡식을 나눔 받으려는 사람들로 북적였고, 어머니는 방문객들을 대접하느라 늘 분주하셨다. 때로는 낯설고 허름한 객이 F의 집에 찾아와 머물고 가거나 식사를 함께하는 상황이 발생하기도 했다. F는 어린 마음에 노숙자처럼 걸인의 행색을 한 그들이 무섭기도 했고, 그들에게서 나는 악취가 싫고 불편해 투덜댔다. 하지만 그럴 때마다 어머니는 웃으며 어려운 사람을 돕고 살아야 한다고 말씀하셨다. 또한, 어머니는 길을 걷다가 쓰레기가 보이면 반드시 주워서 정리하고, 주변을 깨끗이 한 후에야 지나가셨다. 이런 어머니를 보며 F는 짜증을 내곤 했다. 쓰레기를 치우느라 더러워지고 손톱 밑이 새까매지는 어머니의 손을 보는 게 무엇보다 속상했기 때문이다.

"어릴 적에는 뭘 모르니까 울 엄마가 그렇게 길거리 다니며 쓰레기 치우고 정리하느라 손이 더러워지는 게 너무 속상해서 왜 그러냐고 그러지 말라고 하기도 하고. (중략) 엄마가 가난하고 배고픈 걸인들 볼 때마다 도와주고 음식을 대접하셨는데, 안 씻어서 냄새도 나고 험상궂게 생긴 아저씨들이 무섭기도 해서 엄마한테 막 화도 내고 짜증을 많이 냈어요. 그래도 울 엄마는 빙그레 웃으시면서 돕고 살아야 한다고 하셨어요. 우리도 그렇게 넉넉한 살림은 아닌데, 엄마뿐만 아니라 외갓집 대대로 가풍이 그랬어요. 어려운 사람들 도와드리고 챙겨주는 게 엄마도 당연하게 습관이 된 거죠. 그때는 그게 그렇게 싫었는데, 제가 커보니 이제 깨닫죠. 남을 돕는 게 얼마나 귀하고 소중한지를. 그런데 저도 엄마처럼 똑같이 살고 있더라고요. 하하하. 엄마는 저의 멘토이자 롤모델이에요."

2) 시인이 되고 싶었던 꿈 많은 문학소녀

책을 통해 문학적 감수성을 키우다

F는 시인이나 소설가가 되고 싶었던 문학소녀였다. 한학자였던 외할아버지 서재에는 고서부터 문학작품까지 다양한 책들로 가득했다. F는 외가에 갈 때마다 서재에서 풍겨나던 책 냄새가 좋았다. 책을 펼치면 시간 가는 줄도 모른 채 책 속에 푹 빠져들었다. 책을 통해 무한한 상상의 나래를 펼치기도 하고, 외부세계에 대한 호기심을 키워나갔다. 외할아버지는 책을 좋아하는 외손녀를 위해 동화책도 사주시고, 옛날이야기도 자주 들려주셨다.

"외할아버지 서재에는 책들이 많았어요. 거기 가면 오래된 책들에서 나는 냄새가 그렇게 좋더라구요. 그래서 자연스럽게 책을 가까이하게 되었고, 책을 통해 바깥세상에 대한 호기심이 커졌던 거 같아요."

F가 학창 시절에 제일 좋아했던 과목은 국어였고, 국어 선생님을 특히나 좋아해서 국어 교사가 되고 싶었다. 또한, 조용하고 차분한 성격이어서 바깥 활동보다는 문학작품을 읽으며 시간을 보냈다. 책을 통해 키워진 문학적 감수성은 글쓰기로 표현되며 더욱 빛을 발했다. F는 교내 백일장에서 대상을 수상할 정도로 글쓰기에 탁월한 재능을 보였다.

"학창 시절에는 말수도 별로 없고 조용한 성격이어서 액티브한 활동보다는 책을 많이 읽었던 거 같아요. 책 읽다 보면 감정이입이 되어서 내가 책 속의 주인공이 되기도 하고 상상의 나래로 빠지기도 하잖아요. 하하하 그러다 보니 글쓰기가 재밌어서 교내 백일장 대회도 나갔었는데, 상까지 받으니까 좋았어요. 저는 나중에 소설이나 시를 써보고 싶었어요."

F의 문학적 감수성과 글쓰기 재능은 다문화가정 방문교육지도사로 활동하면서 결혼이주여성들에게 각종 문서작성과 스토리텔링 작업을 돕는 데 유용하게 쓰였다. 또한, F는 음악과 미술에도 흥미와 재능이 있었다. 고등학교 시절 교내 합창부 활동을 하며 노래 실력을 갈고닦았고, 성인이 된 후에도 합창단 활동을 계속 이어가고 있다.

K-장녀의 자리를 지키다

F는 고등학교 시절 상위권 성적을 유지하며 교사가 되겠다는 꿈을

꾸었다. 어릴 적부터 외할아버지의 학자적 삶을 가까이에서 보아왔기 때문에 교사의 직업은 그녀에게 자연스러운 소명처럼 느껴졌다. 외가는 학문을 중시하는 가풍이 있었고, 이를 보고 자란 F는 대학에 진학하여 교사가 되기를 희망했다.

> "고등학교 때 성적이 좋아서 저는 당연히 대학을 갈 수 있다고 생각했고 진학하고 싶었어요. 어릴 때부터 보고 자랐던 외가의 영향도 있었지만, 교사가 되고 싶었어요. 외할아버지도 한학자셨고 외가댁의 가풍이 대대로 학자 집안이어서 자연스레 가르치는 교사의 직업이 저의 소명처럼 자연스럽게 느껴졌어요."

그러나 대학진학을 놓고 진로를 고민하던 시점에 현실의 높은 장벽에 부딪혀 꿈을 접어야 했다. 아버지의 사업이 어려움을 겪게 되며 가세가 기울어 대학 등록금을 마련할 수 없는 상황에 직면했다. 장녀였던 F는 남동생의 진학을 위해 자신의 꿈을 접고 취업을 선택해야 했다. 부모님은 맏딸의 꿈을 지지해주지 못하는 상황에 매우 안타까워했고, 그저 딸의 결정을 존중하며 미안해하셨다.

> "집안 형편이 넉넉하지 않았어요. 그때는 누구랄 것도 없이 다들 사는 게 어렵고 힘든 시기였어요. 부모님도 미안해하셨죠. (중략) 대학 진학을 포기하고 취업을 선택하니까 속상하기는 했지만, 현실을 받아들이니까 오히려 마음은 편하더라구요."

3) 헌신과 사랑의 실천가

피, 땀, 눈물의 보육교사

F는 국공립 어린이집 교사로 다년간 근무했다. 평소에 아이들을 좋아하고 누군가를 돌보고 베푸는 삶에 익숙했기에 보육교사의 자리는 무엇보다 보람되고 가치 있는 직업이었다. 어려서부터 어머니의 몸을 사리지 않는 타자지향적 헌신의 삶을 보고 자라서인지 F의 가치관도 엄마와 닮아 있었다. F는 영아반 담임으로 활동하는 동안 영아들에게서 한시도 눈을 떼지 않고 자신의 아이처럼 지극정성으로 돌보았다. 영아들의 발달 특성상 자주 안거나 업어야 하는 상황이 많았다. 그럴 때마다 F는 몸을 사리지 않고 혼신을 다해서 아이들을 돌보았다. 하루 일과를 마치고 퇴근하는 길은 몸이 지칠 대로 지쳐 물먹은 솜처럼 걸음을 떼기가 힘들 정도였다. 그러다 보니 체력이 고갈되어 퇴근 후 집에 도착하기가 무섭게 지쳐 잠들기 일쑤였고, 관절이며 온몸 구석구석 아프지 않은 곳이 없을 정도였다. 보다 못한 동료 교사들은 적당히 몸을 돌봐가며 하라고 했지만, F의 성격상 그럴 수 없었다.

> "그때는 진짜 제 몸 사리지 않고 아이들을 돌봤어요. 영아들이다 보니 쉴 새 없이 손이 가고 업고 안고 근무시간 내내 허리 한 번 펼 시간이 없을 정도로 일했던 거 같아요. 그래도 아이들이 너무 예쁘니까 일할 때는 내 몸 아픈 건 생각도 안 하게 되더라고요. 주변에서 '요령껏 해라. 몸 다치면 손해다' 그래도 그럴 수가 없더라고요. 그러다가 허리를 크게 다치게 된 거죠. 앉고 서는 게 고역일 정도로 허리를 움직일 수가 없었어요. (중략) 결국, 디스크가 터져서 대수술을 하게 되면서 일을 못 하게 됐어

요. 아쉽긴 했지만 그렇다고 후회하진 않았어요. 최선을 다했으니까요."

아이들을 향한 F의 헌신적 돌봄은 결국 허리디스크 대수술이라는 응급 상황으로까지 이어졌다. 정상적으로 앉고 서기가 어려울 정도로 척추에 강한 통증을 느꼈던 F는 재활을 위해 다년간 몸담아왔던 직장을 퇴직할 수밖에 없었다.

재능을 나누고 봉사를 실천하는 타자지향적 삶

F는 방문교육지도사로 근무하기 전부터 20여 년간 이웃을 돌보고 봉사하는 삶을 살았다. F에게 봉사하는 삶은 일상이 된 지 오래다. F가 성장하는 과정에서 자주 접했던 외가의 이웃 돌봄의 실천가적 가풍과 어머니의 영향으로 자연스레 봉사하는 삶을 실천했다. F는 소외되고 도움이 필요한 사람을 보면 그냥 지나치기가 힘들었다. 도움이 필요한 곳이라면 적극적으로 나서서 주변의 환경과 자원을 최대한 활용하여 봉사의 물꼬를 틔웠다. 수혜의 손길이 필요한 곳에 지역사회의 봉사단체나 기업, 기관을 연계하거나 종교단체의 봉사 모임을 통해 이웃사랑과 나눔이 실천되도록 가교 역할을 했다.

"제가 어떻게 보면 오지랖이 넓다고 할 수도 있는데, 제 눈에는 도움이 필요한 사람들이 잘 보여요. 그러면 그냥 지나치지 못해요. 성격상 빵한 조각이라도 나누어줘야 속이 편하고. 그렇잖아요. 나한테는 있어도 그만, 없어도 그만인 것도 누군가에겐 절실히 필요한 것들일 수도 있고 함께 나누다 보면 받는 분들도 도움이 되겠지만 나누는 사람이 더 행복한 거 같아요. 그래서 나눌수록 제가 더 행복해지는 걸 느끼게 되니까

지치지 않고 계속할 수가 있는 거 같아요."

F는 이처럼 다양한 곳에서 소외된 이웃을 향한 뜨거운 관심과 사랑을 봉사를 통해 실천하며 타자지향적 삶을 살아가고 있다. F는 적재적소에 복지예산이 잘 사용되고 도움의 손길이 필요한 곳에 우리 사회의 온정이 전달되어 더불어 살아가는 따뜻한 사회를 만들어가는 과정이 가장 뿌듯하고 보람된 일이라고 느낀다.

힘이 되어주고 믿어주는 든든한 가족의 울타리

F는 결혼 후 슬하에 2남을 두었다. 평생을 공무원으로 근무하고 정년퇴임한 남편은 F에게 외조의 달인이자 든든한 지원군이다. F가 방문교육지도사로 활동하는 동안 엄마로서, 주부로서 채우지 못하는 영역이 생길 때면 남편은 군말 없이 아내의 빈자리를 메워주는 마음 따뜻한 동반자다. 두 아들 또한 어릴 때부터 형제애가 남달랐다. 큰아들은 매사에 동생을 먼저 배려하고 챙겨서 믿음직스러움이 강점이라면, 막내아들은 어찌나 넉살이 좋은지 아파트 이웃 주민들의 속사정을 낱낱이 꿰뚫고 있을 정도로 남녀노소 두루 인간관계가 폭넓고 성격이 좋아 어른들의 귀여움을 독차지했다. 주변에서 F에게 일하면서 두 아들 키우려면 힘들지 않냐고 넌지시 물어보는 경우도 많았다. 하지만 그럴 때마다 F는 딸들 못지않게 섬세하고 배려심 많은 두 아들이 있어 무척이나 든든하고 자랑스럽다고 대답했다.

"우리 아들들은 진짜 힘들지 않고 수월하게 키웠어요. 저는 애들한테 막 함부로 대하지도 않지만, 우리 애들은 서로 싸우지도 않고 의좋게 잘 지냈어요. 밖에 나가서도 예의 바르고 착하다고 어른들한테 칭찬받으면서 자란 거 같아요. 아들이어서 힘든 거보다는 자랑스럽고 대견해요."

남편과 두 아들은 F가 하고 싶은 일이라면 언제든지 두 손 들어 환영하며 힘내라고 격려해주었다. 가족의 지지와 배려 덕분에 F는 일과 병행하며 봉사활동 또한 꾸준히 지속할 수 있었다. F는 봉사가 삶의 일부이다 보니 때로는 두 아들에게 신경을 써주지 못해 미안한 마음이 들기도 했다. 하지만 그럴 때마다 두 아들은 도움의 손길이 필요한 곳이라면 어디든지 찾아다니며 베풀고 섬기는 엄마를 보며 "엄마가 너무 자랑스러워요"라고 얘기해주었다.

"제가 일 다니고 봉사하느라 바빠서 애들을 잘 못 챙겨도 형제끼리 서로 의지하면서 잘 지내고 남편도 편하게 하고 싶은 일 맘껏 하라고 많이 도와줘요. 애들이 '엄마가 하는 일이 너무 자랑스러워요'라고 얘기해줄 때 제일 뿌듯한 거 같아요. 더 이상 바랄 게 없죠. 가족이라는 믿을 수 있는 울타리가 있어서 일이 힘들고 그래도 새 힘이 나고 든든해요. 너무 고맙죠. 남편도 아이들도."

3.
방문교육지도사 F의 방문교육 시기

1) 다문화가족과의 관계 맺기가 시작되다

성실성과 헌신으로 새로운 기회가 열리다

　F는 첫 직장에서 디스크 수술과 재활을 위해 퇴직한 후 오랜 기간을 직업 전선에서 떠나 전업주부로 지냈다. 양육과 돌봄이 필요했던 두 아들이 초등학생이 되자 시간적으로 여유가 생겼던 F는 문득 사회에 재능을 환원할 수 있는 직업을 찾아보게 되었다. 그러던 중 우연히 다문화가정 방문교육지도사 모집공고를 보게 되었다. 다년간의 보육교사 경험이 있었던 F는 고민 없이 입사지원서를 냈다. 그러나 아쉽게도 방문교육지도의 경험이 없었기에 1차 모집에서 탈락했다. F는 누구보다 잘할 수 있는 일이라고 자신했기에 아쉬웠다. 하지만 비슷한 시기에 지역 구청의 '한부모가정 양육도우미' 모집공고를 보고 지원하여 합격했다. 한부모가정의 양육도우미란 한부모가정에 파견되어 일정 시간 그 가정의 자녀를 돌보며 학습지도나 생활지도 등의 서비스를 제공한다. 한부모의 경제활동 시간

동안 그들의 자녀는 양육과 돌봄의 사각지대에 놓일 수밖에 없다. 그 자녀들에게 학습지원이나 심리적·정서적 돌봄을 제공하며 양육자의 빈자리를 채우는 업무였다. F의 보육교사로서의 경력과 아이를 사랑하는 마음이 그 일을 열정적으로 해내기에 안성맞춤이었다.

"초창기에 방문교육지도사 공고가 났길래 지원을 했어요. 그런데 떨어진 거예요. 보육교사 경험은 많지만 방문교육 경험은 없다 보니 가산점에서 점수를 못 받은 거 같아요. 그때는 양육도우미 하시던 분들이 경력 인정받고 특채되던 분위기였거든요. 떨어지니까 아쉽긴 하더라구요. 그러다가 구청에서 한부모가정 양육도우미 모집공고를 보고 지원해서 일하게 된 거예요."

F는 한부모가정 양육도우미로서 돌봄의 사각지대에 놓인 아이들에게 학습지도에서부터 생활습관, 인격 형성에 이르기까지 보육교사로서 습득해온 이론적 지식과 경험을 최대한 활용해서 사랑으로 아이들을 돌봤다. 한부모가정의 양육자 대부분은 경제활동을 하느라 아침부터 밤늦은 시간까지 일터에 있다 보니 아이들은 오랜 시간을 집에 홀로 방치된 상태에서 기본적인 돌봄과 양육의 사각지대에 놓여 있었고 건강한 발달에서 멀어지고 있는 경우가 많았다. F는 하나에서 열까지 차근차근 아이들의 눈높이에서 맞춤형 보육과 학습지도를 했다. 배고픈 아이들을 위해 빵을 준비해가서 허기를 달래주었고, 학습의 기초가 부족한 아이들에겐 학습지를 사서 기초부터 지도해나갔다. 첫 만남에서는 낯선 사람에게 눈길을 주지 않고 핸드폰에 집중하거나 시선을 마주치지 않던 아이들이 F의 계속되는 사랑의 손길과 지도에 차츰 마음을 열고 응답하기 시작했다. 이

러한 작은 변화를 시작으로 조금씩 일상생활 습관이 잡혀가고, 학교에서 뒤처지던 나머지반 아이들의 성적이 향상되고 눈빛이 살아나기 시작했다. F의 노력에 부응하듯 아이들이 점점 성장해가는 모습을 지켜보는 것이 F에게는 뿌듯한 보람이었다. 하지만 한부모 양육자의 피폐해진 삶 가운데 자녀 양육에 대한 희망의 끈을 놓아버리는 경우가 있어 안타까움을 느끼기도 했다. 현실적인 고달픔과 절망의 늪에서 비관적인 시선으로 삶을 살아가는 그들에게 정부의 적극적인 지원과 대책이 필요함을 느끼는 순간이었다.

> "안타까운 애들이 너무 많았어요. 머리는 정말 똑똑한 아이인데 엄마가 포기하고 기대가 없어서 방치하다 보니까 학교생활도 안 되고 또래 관계도 힘들고 혼자 고립된 경우가 많은 거예요. 엄마에게 찬찬히 설명하고 아이의 가능성을 알려주기도 하면서 기초부터 천천히 지지하고 격려해주면서 맛있는 것도 사 먹이면서 했어요. (중략) 나중에는 학교에서 수학을 90점 받아오더라구요. 한글도 못 읽던 아이였는데. 저도 놀랐지만 엄마도 놀라서 눈물 흘리면서 고맙다고 하더라구요. 애가 결국에는 얼마나 바뀌었는지 몰라요. 알아서 착착 해내고 눈빛이 살아났죠. 조금만 관심을 가져주면 이렇게 얼마든지 변할 수 있는데 안타까웠죠."

F는 한부모가정 양육도우미로 활동하는 동안 그 성실성을 인정받아 구청 담당 공무원의 추천을 받아 '다문화가족 방문교육지도사' 2차 모집에 재도전하게 되었다. 1차 때 한 번의 고배를 마신 경험이 있었지만, 그동안 한부모가정 양육도우미로 활동하며 방문교사 경력을 쌓은 터라 합격에는 자신이 있었다. 예견대로 서류전형에는 합격했지만, 면접에서 근

무 중인 한부모가정 양육도우미 활동과는 병행할 수 없으며 지금 하는 일을 내려놓아야 입사가 가능하다는 조건을 듣게 되었다. 하지만 책임감을 제1의 덕목으로 지켜왔던 F는 맡고 있던 가정의 아이들과 끝까지 회기를 함께하기로 했던 약속을 저버릴 수 없었다. 따라서 주어진 임무가 마무리되기 전까지는 그만둘 수 없으므로 입사를 포기하겠다고 선언했다.

"그때는 제가 한부모가정 양육도우미를 하고 있어서 그 일이 끝나기까지는 그만둘 수 없다고 그랬어요. 아이들과의 약속이기 때문에 저버릴 수가 없었거든요. 그래서 특별히 마무리가 될 때까지 두 가지 일을 병행할 수 있도록 기회를 주셔서 이 일을 시작할 수가 있었어요. 옛말에 우연한 기회가 인생을 바꾼다고 하잖아요. 하고 싶을 때는 기회가 안 오더니 우연한 기회에 시작하게 된 거죠."

위의 일화를 통해 F의 아이들을 향한 강한 책임감과 성실성을 엿볼 수 있다. 다행히 F의 상황을 고려해주신 센터장의 배려 덕분에 맡겨진 아이들과의 정해진 돌봄 기간을 마칠 수 있었고, 다문화가정 방문교육지도사로서의 첫발을 내딛게 되었다.

낯선 이방인의 두려움을 깨뜨리다
F는 다문화가정 방문교육지도사로서의 첫 방문 경험을 잊을 수 없다. 그 당시만 해도 이웃이나 주변에 이주민 여성들을 볼 기회가 흔치 않았다. 결혼이주가 이제 막 붐을 타던 초창기라 외국인 여성을 직접 만난다는 자체가 일종의 낯섦과 두려움이 교차하던 시기였다. F는 더군다나 해외를 한 번도 나가본 적이 없었기에 막연히 외국인에 대한 선입견과 편견

이 있어서 다문화가정 방문에 대한 긴장의 끈을 놓을 수 없었다. 특히, 첫 방문가정이 유럽에서 결혼이주한 여성이었기에 F의 생각에 우리보다 덩치도 크고 우락부락하게 생겨서 '성격이 거칠면 어떡하지?'라는 걱정 반, 우려 반으로 약간의 두려움이 들기도 했다.

"첫 가정이 하필 유럽 쪽 출신의 결혼이주여성이었어요. 저는 그 당시 외국에 나가본 적도 없고 제 주변에도 외국인은 흔하게 볼 수 있는 상황이 아니었어요. 더군다나 유럽 쪽 사람들은 매스컴에 보면 덩치도 크고 키도 커서 우왁스럽고 성격도 왠지 괄괄할 거 같아서 살짝 긴장되더라구요. 하하하. 근데 막상 만나보니 그들도 저랑 똑같은 사람이고 오히려 아무도 없는 낯선 땅에 시집와서 고생하면서 위축되어 있다는 걸 알게 됐어요. 그 이후로는 엄청 잘 지내게 됐죠."

현대사회에서 다문화가정과 이주민들은 우리 사회에서 밀접하게 경험되지 않은 타자성의 예시로 볼 수 있다. 이러한 타자성을 대할 때, 우리는 그들의 고유한 특성과 문화를 인정하지 않고, 나의 경험과 관점에 따라 해석하거나 배제하는 경향을 보일 수 있다. 이는 레비나스(Levinas)의 타자 윤리가 경계하는 주체적 폭력이며, 다문화 사회에서의 배타적 태도나 편견을 해소하기 위해 필수적으로 극복해야 할 부분이다. 타자는 자신의 관점에서 파악되고 구성되는 존재가 아니라 나와 함께 실존하는 현존재요, 나와 똑같은 공동존재다(강영안, 2004a, 2004b; 김영순 외, 2022).

F가 느꼈던 두려움과 이주민에 대한 편견은 이제 와 생각하면 웃을 수 있는 일이지만, 그때 당시의 마음이 그랬다는 건 감출 수 없는 사실이라고 했다. 그러나 F의 생각은 기우와 편견에 불과했다. 그들도 낯선 타국

의 이방인으로서 의지할 데라곤 없는 이곳에서 두려움과 위축감을 느끼고 있다는 것을 알게 되었다. 그 후 F는 방문교육을 통한 만남과 접촉을 통해 차츰 경계를 풀고 낯선 이방인을 향한 편견을 걷어내고 다가갈 수 있게 되었다.

2) 온정을 나누는 공감과 사랑의 실천가

다름을 인정하고 온정과 도움의 손길로 윤리적 책임을 다하다

F가 활동하던 방문교육사업 초창기에는 다문화가정 결혼이주여성들 대부분이 나이가 어린 경우가 많았다. 그들은 대부분 결혼과 동시에 출산과 양육을 경험하며 낯선 타국의 문화에 적응하기도 전에 많은 일을 감당해야 했다. 특히, 출산과 양육에서는 누구보다 가족이나 주변의 도움의 손길이 절실한 상황이었다. 혼자 힘으로는 감당하기 쉽지 않은 다양한 역할에 내몰린 결혼이주여성에게도 한국의 정주민인 시댁이 있었지만, 결혼이주여성을 향한 편견과 크고 작은 오해로 인해 시댁으로부터의 따뜻한 보살핌과 배려는 기대하기 힘든 상황이었다. F는 자녀의 나이대와 비슷한 결혼이주여성들이 딸처럼 느껴져 그들의 상황을 못 본 체 외면할 수 없었다.

> "어린 나이에 시집와서 얼마나 고생이 많아요. 제 아이와 비슷한 또래인데, 아이를 낳았는데 미역국 끓여주는 사람도 없이 뭐 할 줄 아는 것도 없으니까 먹는 것도 부실하고 신생아는 또 어떻게 다뤄야 할지도 모

르는 거예요. 씻기는 거에서부터 기저귀 갈고 분유 먹이고 재우는 거 등 하나부터 열까지 친정엄마다 생각하고 책임지고 도와줬어요. 그들도 시댁이 있는데도 서로 말이 안 통하고 결혼이주여성에 대한 편견과 오해가 많다 보니 와보지도 않고 도와주지도 않더라구요. 너무 안타까웠죠. 아무리 이주민 여성이라지만 그래도 며느리가 됐으면 한 가족인데 도의적으로 그래서는 안 되잖아요."

레비나스(Levinas)는 타자를 "절대적 타자"로 정의하며, 타자와의 만남에서 우리는 그 타자의 본질적 타자성에 의해 윤리적 관계 속에 놓이게 된다고 보았다(강영안, 2004a, 2004b; 김영순 외, 2022). 즉 타자의 존재가 나의 세계에 들어오는 순간, 나는 타자의 얼굴을 마주함으로써 "무한한 요구"를 받는다. 이 요구는 나의 편견과 선입견을 버리고, 타자의 고통과 두려움을 이해하려는 윤리적 행위로 나타난다. 이주여성의 외로움과 고통을 이해하게 된 순간, F는 그녀를 더 이상 단순한 이방인으로 보지 않고 타자적 존재로 인식하여 윤리적 책임을 다했다. 이러한 타자성은 단순한 타국인이나 이방인뿐만 아니라 모든 인간 사이의 근본적인 관계에서 드러나며, 이를 통해 우리는 자신의 한계와 책임을 자각하게 된다.

결혼이주여성들은 F의 밀착지원과 생활지도 덕분에 출산과 양육의 어려움을 극복하여 점차 한국의 음식문화를 익히게 되었고, 남편과도 한국어로 소통하며 적응해나가기 시작했다. 하지만 생활의 중심인 한국어가 서툴다 보니 시장에서 물건을 사는 기본적인 일에서부터 관공서 업무 등 밀착지원이 필요할 정도로 다양한 해프닝이 발생했다. F는 결혼이주여성의 가정형편에 따라 집에 있는 음식 재료부터 가재도구에 이르기까지 필요한 물품들을 준비해서 나누기 시작했다. 이는 아무런 대가를 바라지 않고 나의 것을 내주며 베푸는 온정과 도움의 손길이었다. 때로는 사비를 털어 그들의 필요를 채우기도 했다.

"매일 가까이서 눈에 보이니까 안 도와줄 수가 없는 거예요. 남편 저녁 상을 차려야 된다는데 냉장고 열어보면 식재료가 아무것도 없어요. 그러면 어떨 땐 미리 우리 집에 있는 재료들 챙겨서 가져가거나 그때마다 시장에서 사가지고 가요. 재료 손질부터 시작해서 조리법 알려주면서 같이 반찬도 하고 찌개도 끓여서 맛보게 해주고, 그렇게 해서 상 차리는 것도 숱하게 도와줬어요. 그러다 보니 점점 음식 솜씨도 늘고 남편이 너무 맛있다고 칭찬해줬다면서 선생님 덕분이라고 고마워해요. 그렇게 점점 자신감도 생기고 실력이 늘다 보니까 이제는 알아서 척척 뭐든지 너무 잘해요. 뿌듯하죠."

저출산으로 인한 인구 절감의 현실에서 결혼이주여성의 한국 사회 정착과 자립은 비단 한 개인의 시선을 떠나 국가와 사회가 적극적으로 나서야 함은 시대적 과제임을 부인할 수 없다. 결혼이주여성을 향한 온정과 사랑의 손길이 절대적으로 필요함에도 여전히 우리 사회에는 그들을 향한 차가운 시선과 냉대가 만연해 있다. 이는 개선되어야 할 당면과제이자 해결해야 할 우리의 책무로 '나-너'의 관계 맺기를 통해서만 '너'에 대한 책임, 타자에 대한 무한한 책임의 자리에 설 수 있다(강선형, 2020).

돌봄과 양육의 빈자리를 사랑과 긍정의 힘으로 채우다
돌봄은 인간사회에서 함께 살아가며 공존하는 데 가장 중요하고 기본적인 필요조건이다(정신희, 2020). 즉, 인간의 생존에 없어서는 안 될 물과 공기 같은 존재다. 다문화가정 자녀들의 경우에는 F가 한부모가정 양육도우미를 했을 때와 비슷하게 열악한 환경에 놓인 자녀들이 많았다. 다문화가정이라는 환경만 바뀌었을 뿐 그들의 자녀 또한 부모의 맞벌이로 인해 돌봄과 양육의 손길에서 방치되고 있었다. 다문화가정 자녀들은 부모가 없는 텅 빈 집에서 오랜 시간 TV 시청으로 시간을 보내거나 핸드폰 게임에 과도하게 몰입하며 대부분의 시간을 고립된 채 보내는 경우가 많았다.

"형편이 어려워 부모님들이 맞벌이하는 가정이 많다 보니 할머니가 있으면 그나마 다행인데 아이들 혼자 방치되어있는 거예요. 할 일이 없고 심심하니까 TV 보다가 재미없으면 또 핸드폰 하고. 그러다 보니 또래들과 교류도 없이 고립되는 거죠."

다문화가정 부모의 맞벌이로 인해 양육과 돌봄의 사각지대에 놓인 다문화가정 자녀들은 엄마가 올 때까지 끼니를 거르거나 간식을 챙겨주는 사람이 없어 배고픈 상태로 혼자 지내는 생활이 일상이었다. 그러다 보니 습관처럼 간식 등의 먹거리를 꼭 챙겨가서 미리 제공하며, 다년간 보육교사로 활동했던 경험을 살려 사각지대에 놓인 다문화가정 자녀들에게 돌봄의 빈자리를 사랑으로 채워나갔다.

"수업에 가면 아이들이 배고프다고 해요. 막무가내로 제 가방을 열어보면서 뭐 먹을 거 없나 뒤져요. 집에 돌보는 어른이 없고 아이 혼자 있다 보니 간식도 못 챙겨 먹어서 늘 허기진 거죠. 그러면 어떡해요. 모르는 체할 수 없잖아요. 그래서 빵이랑 우유랑 사다가 먹게 하고 그러고 나서 수업해요. 여름에는 또 날이 너무 더워서 애들도 지치고 저도 지치고 그러면 가기 전에 아이스크림이나 시원한 음료수 사서 가지고 가서 같이 먹으면서 해요. 아무리 어린애들이지만 받는 거에 너무 익숙해지면 또 발달상 안 좋을 거 같아서 자주 사다주고 싶어도 자제하고 적당히 칭찬거리를 찾아서 아이들 기를 세워주면서 보상으로 주고 라포를 형성하죠."

다문화가정 자녀들은 자신들을 향한 F의 조건 없는 사랑과 돌봄으로 인해 만남의 회기가 거듭될수록 주도적이고 능동적으로 변화되어갔다. 방문 초기에는 공부하기 싫다고 떼쓰며 선생님을 밀쳐내던 아이들이 언제부터인가 선생님의 방문을 기다렸다. F는 아이들과 사계절을 넘나들며 만나는 동안 상황에 맞게 아이들의 눈높이에서 공감하고 대화하며 공존했다. 결혼이주여성들 대부분은 생활고로 인해 아침부터 밤늦도록 일터에서 시간을 보내는 경우가 많다. 그러다 보니 집안 청소나 자녀들의 위생 상태가 열악했다. 방문교육지도를 가면 앉아서 공부할 공간이 없을 정도로 집이 너무 어지럽혀져 발 디딜 틈이 없기도 했다. 그럴 때면, 환경을 탓하기보다 솔선수범의 자세로 아이들과 함께 거실 주변을 정리하며 생활습관의 롤모델이 되기도 했다.

"수업에 가면 발 디딜 틈이 없을 정도로 거실 바닥이 어지럽고 청소도 안 되어 있어요. 아이들이 민망해하더라구요. 그래도 어떡해요. 수업은 해야죠. 그래서 입구부터 하나씩 정리하면서 들어가요. 그러다 보면 아이들도 저를 따라서 하나씩 제 자리에 갖다놓고 같이 치우게 되더라구요. 하하하."

F는 방문교육지도사로서 다문화가정 자녀들의 성장 과정을 가까이에서 지켜볼 수 있었다는 점에서 보람을 느낀다. 손주 같던 아이들이 어느덧 자라 청소년기를 보내고 대학에 진학하여 자신의 꿈을 이루어가는 성인으로 성장해가는 모습을 보며, 다문화사회의 공존을 위한 밑거름이 된 것 같아 뿌듯하다.

열정으로 연대하며 한계를 뛰어넘다

다문화가정 방문교육사업 초창기에는 다문화가족과 함께하는 각종 행사가 기관과 기업들의 후원으로 매년 절기마다 다양하게 진행되었다. 하지만 결혼이주여성들에게는 언어와 지리, 문화가 모두 낯설었기에 행사에 참여하기 위해서는 여러모로 도움의 손길이 필요했다. F는 담당 수혜 가족들을 돕기 위해 주말이나 휴일마저 반납하고 동료 교사들과 함께 모든 행사에 자원봉사자로 참여했다. F는 자차를 이용해 그들의 이동을 도왔고, 도움의 손길이 부족할 때는 남편과 자녀들도 행사에 동원되었다. 수업 이외의 행사에 대한 수당이나 보상은 없었지만, F는 사적인 시간도 아낌없이 할애하며 봉사했다. 체력적으로도 쉽지 않은 일정이었지만, 다문화가정을 향한 열정과 사명감이 있었기에 가능했다. 무엇보다 동료 교사들과 함께 연대하고, 웃음과 격려로 서로를 지지했던 시간은 F에게 큰 힘이 되었다.

"그때는 다문화 행사가 말도 못 하게 쏟아졌어요. 결혼이주여성들은 언어도 서툴고 지리에도 서투니까 그들만 내보낼 수 없는 거예요. 온 가족이 다 동원됐었어요. 남편은 차량 운전하고 아이들은 짐 옮겨주느라 도와주고 큰 행사는 체육관 같은 데 대여해서 했기 때문에 끝나고 나면 선물이나 체험행사 했던 물건 등 양도 엄청 많았어요. 바리바리 싸들고 차에 실어서 집집마다 배달하기도 하고 그때는 다문화가족들 간에 모임도 많았고 주말도 쫓아다니느라 휴일이 없었어요. 그래도 우리 교사들끼리 서로 의지하고 힘내고 그랬죠."

F는 동료들과의 연대를 통해 방문교육지도사로서의 정체성을 확립하고 전문성을 발달시켜나갔다. 이처럼 연대와 협력을 기반으로 한 관계 맺기는 다문화사회의 시대적 소명에 적극적으로 응답하는 능력을 바탕으로 결혼이주여성 그리고 그들 자녀와의 '나-너'의 관계 맺기로 이끄는 바로미터다(신혜정·최수안, 2022).

F가 다문화가족과 함께했던 이러한 실천과 관계 맺기의 순간들은 센터 내부 신문과 자료집으로 일정 기간 발간되기도 했다. 그러나 정년퇴직 제도의 도입으로 더는 현장에 설 수 없게 되면서, 그녀는 교사의 자리에서 은퇴했다. 이전의 자리로 다시는 돌아갈 수 없지만, F는 결혼이주여성들과 그들의 자녀들이 우리 사회에 정착할 수 있는 발판이 되어주었고 건강한 사회인으로 성장할 수 있도록 시간과 공간을 공유할 수 있었다는 점에서 보람을 느낀다.

3) 상호이해와 존중을 바탕으로 공존을 지향하다

온정과 사랑을 나누는 '나-너'의 인격적 만남

결혼이주여성들에게 이 땅에서의 삶은 아는 이 하나 없이 모든 게 낯설고 생소한 경험이다. 그들이 한국 사회에서 겪는 언어적·문화적 소외감과 그로 인한 어려움은 부버(Buber, 1954)가 말한 '나-그것'의 대표적인 관계다. 부버는 '나-그것'의 관계에서는 상대방을 도구적으로 이용하는 경향이 있다고 지적하면서, 이러한 관계가 현대사회를 병들게 한다고 보았다. 그러나 F와 결혼이주여성들의 관계는 온정과 사랑이 있는 '나-너'의 인격적 만남의 관계다. F는 그들에게 단순한 교육자 이상의 존재로 다가서며, 그들이 겪는 고통과 어려움을 경청하고, 그들의 삶에 실질적인 도움을 주고자 노력했다. F는 단순히 일방적으로 도움을 제공하는 위치에 있지 않고, 상호 존중과 이해를 바탕으로 관계를 형성하며 그들에게 마음을 열고 다가섰다. 이런 관계 맺기를 통해 결혼이주여성들은 타향살이의 외로움과 고단함을 덜어내고, F의 지지를 통해 새로운 힘과 용기를 얻었다.

> "따지고 보면 그들도 부모 입장에서 보면 내 아들하고 같은 또래인데, 어린 나이에 시집와서 낯선 땅에서 고생하는 게 너무 안쓰러워요. 제가 딸이 없다 보니까 어떨 때는 내 딸 하고 싶다는 생각도 들고 어떻게든 살아가려고 아등바등 애쓰는 걸 보면 친정엄마처럼 지켜봐주고 싶어요. 친정 가면 그들도 소중한 딸들이잖아요."

결혼이주여성에게 F는 방문교육지도사이기에 앞서 처음으로 마음을 열고 다가와 온정을 나누어준 사람이다. F의 아낌없는 온정과 사랑의 마음은 결혼이주여성들이 적응과정에서 힘든 시기를 잘 이겨낼 수 있도록 든든하고 안전한 버팀목이 되어주고 있다. F가 결혼이주여성들에게 먼저 손잡아주고 마음을 내어주는 만큼 그들은 타향살이의 설움과 외로움을 덜어내고 새 힘을 얻으며 다시 살아갈 용기와 희망을 얻는다. 방문교육지도사와 수혜자의 관계이기에 앞서 이 땅에서 먼저 정착하고 살아가는 선주민으로서, 그들이 기댈 수 있도록 어깨를 내어준 F는 날개 없는 천사와도 같은 소중한 존재다.

상호이해와 존중을 기반한 공존의 관계 맺기로 나아가다

F는 결혼이주여성들이 한국에 처음 정착하고 우리 사회에 적응해가기까지 그들의 행복한 삶을 위해 다방면으로 조력해왔다. 결혼이주여성들은 방문교육지도가 끝난 후에도 시장을 오가며 지나는 길에 옛 선생님의 안부를 묻고 맛있는 과일을 사서 건네줄 정도로 F와 편안한 이웃으로 공존하며 관계 맺기를 이어오고 있다. F는 그들의 관심과 호의가 싫지 않다. 오히려 F가 먼저 그들에게 서슴없이 손을 내밀고 다정한 이웃이 되자고 곁을 내주었기 때문인지도 모른다.

> "이제는 은퇴하고 나니까 수혜자와 방문교육지도사의 관계가 아닌, 오며 가며 마주치면 반갑게 인사 나누고 안부도 묻고 밥 한 끼 함께할 수 있는 편안한 이웃사촌인 거예요."

F는 은퇴 이후에도 결혼이주여성이 힘들면 언제든지 찾아와 기댈 수 있도록 따뜻한 가슴과 든든한 어깨를 내주었다. F는 그들이 수혜의 대상에서 벗어나 저마다의 능력과 자원을 사회에 환원할 수 있도록 그들의 변함없는 든든한 지지자이자 정보자요, 세상과의 소통을 잇는 다리가 되어주었다.

"초창기 때에는 나이도 너무 어려서 잘 적응해나갈지 걱정도 되고 안쓰러웠는데, 이제는 중년이 된 여성들도 있고 아이들도 잘 키우고 자립해서 강사로 활동하는 여성들도 있어요. 뿌듯하기도 하고 친정엄마 심정이죠. 제가 가끔 그래요. 내가 딸이 없으니까 '내 딸처럼 오래 곁에서 살자' 그래요. 어느 날은 불쑥 전화 와서 컴퓨터가 안 된다고 어떻게 하냐고 물어보기도 하고, 지나가다 시장에서 선생님 생각나서 사왔다고 그러면서 까만 봉지에 과일도 건네주고 가고 그래요. 주변에 사니까 오며 가며 소식 듣고 잘 지내고 있다고 생각이 되니까 좋아요."

F의 고백처럼 방문교육지도사와 수혜자의 관계가 끝난 이후에도 그들은 가까운 언니동생처럼, 때로는 이모와 조카처럼 함께 어울리는 상호 이해와 존중을 기반한 공존의 관계 맺기로 이어지고 있다. 이주민과 정주민이 편견 없이 함께 어우러져 삶을 살아가고 상호 대화할 수 있는 이러한 모습이 다문화국가를 향해 나아가는 우리의 지향점이자 공존의 사회를 향한 지름길이다.

4.
방문교육지도사 F의 은퇴 시기

은퇴제도의 아쉬움

방문교육사업이 시행된 지 어언 13년여가 흐르는 동안 방문교육지도사의 복지가 개선되고 많은 영역에서 변화가 생겼다. 이와 더불어 은퇴제도의 도입과 시행으로 은퇴 적령기를 넘긴 방문교육지도사들은 예외 없이 모두 은퇴 절차를 밟아야 했다.

"처음엔 은퇴제도가 없었어요. 이번에 은퇴제도가 생기면서 초창기부터 근무해오셨던 경력 선생님들이 은퇴 연령에 걸려서 다 은퇴했어요. 내 몸이 건강하고 아직도 아이들 공부 가르치고 결혼이주여성들에게 친정엄마처럼 도움을 줄 수 있는 역량과 노하우들이 충분한데, 나이 때문에 반강제로 은퇴하고 나가야 된다는 게 조금은 섭섭하더라구요."

F는 다문화가정 방문교육지도사업 초창기부터 은퇴제도가 시행되기까지 12년 6개월을 방문교육지도사로 활동했고, 2021년 12월에 은퇴

했다. 입사 초기의 근무조건에는 은퇴제도가 없었다. 따라서 은퇴는 자신과 상관없는 일이라고 생각되어 한 번도 고민해보지 않았다. 그녀는 방문교육지도사로서 아이들과 함께하며 그들의 성장을 지켜보는 게 좋았다. 결혼이주여성들이 딸처럼 느껴져 친정엄마의 빈자리를 채워주고 싶었다. 먼저 인생을 살아온 선배로서 삶의 지혜를 나누며 그들의 행복한 정착을 위해 도움이 될 수만 있다면 건강이 허락하는 한 그들과 함께할 수 있을 거라 믿었기에 아쉬움이 컸다.

나누고 베푸는 삶을 지향하다

F는 은퇴 이후 '내가 이 나이에 무엇을 할 수 있을까?'를 생각해보았다. F는 아이들과 함께할 때 즐거웠고, 자연과 더불어 시간을 보낼 때 가장 행복했다. 일상에 지칠 때면 자연으로 돌아가 그 속에서 리프레시와 힐링의 시간을 통해 에너지를 재충전할 수 있었다. 이 둘을 잘 조합하여 새로운 직업정보를 찾던 중 숲 치유사 교육과정을 알게 되었다. 숲 치유사는 숲의 강점을 활용한 치유프로그램으로, 아이들과 함께할 수 있다는 점이 무엇보다 F의 관심을 끌었다.

"은퇴하고는 잠깐 쉬었어요. 제가 또 집에만 있는 성격이 아니다 보니 '앞으로 뭘 하면 행복할까?'를 찾게 되더라구요. 그러다가 우연히 제가 여행을 좋아하고 특히 자연 속에 있을 때 가장 행복하다는 것을 알게 됐어요. 그래서 숲과 함께할 수 있는 직업이 뭐가 있을까를 고민하다가 숲 치유사를 찾게 된 거예요. 딱이다! 생각했죠. 제가 또 아이들을 좋아해서 늘 그리웠는데 아이들과 함께할 수 있는 직업이 숲 치유사잖아요. 바로 등록하고 수강하고 있어요. 곧 있으면 실습도 나가고 자격증 나와요.

제 힘이 다하는 날까지 평생을 할 수 있을 것 같아요. 하하하."

F는 숲 치유사 자격과정을 모두 마치고 나면 숲 치유사로서 새로운 길을 걷게 된다. 은퇴 이후 숲 치유사 자격과정을 밟으며 행복해하던 그녀의 환한 얼굴이 눈앞에 생생하다. 평생을 타자지향적 관계 맺기의 삶을 실천해온 F의 은퇴 이후의 삶 또한 아름답게 펼쳐지길 응원한다. 언젠가 우연히 숲길을 걷다가 숲과 더불어 아이들과 함께 웃으며 행복해하는 F를 볼 수 있는 행운이 찾아오기를 기대해본다.

3부

방문교육지도사의
실천적 삶의 의미

9장. 방문교육지도사와 결혼이주여성의 만남
10장. 방문교육지도사의 사회적 실천

9장

방문교육지도사와
결혼이주여성의 만남

이 장은 서현주·김영순(2023), 「방문교육서비스를 경험한 결혼이주여성의 정체성 변화에 관한 질적연구」, 『여성연구』 116(1) 논문을 바탕으로 이 책의 취지에 맞게 재구성했다.

본 연구의 결혼이주여성은 수도권 I시 다문화가족지원센터에서 주관하는 방문교육사업인 부모교육 서비스, 자녀 교육지원 서비스, 한국어 지원 서비스를 통해 방문교육지도사를 만난 결혼이주여성 5명이다. 결혼이주여성 A는 30세의 중국 출신 여성으로, 24세 때 결혼중개업체를 통해 남편과 결혼한 후 2016년 한국에 입국했으며, 아들을 출산한 지 6년이 되었다. 중국에서 초등학교를 졸업한 후, 한국에서 중·고등학교 검정고시에 합격했으며, 현재 사회통합 프로그램과 공인중개사 시험을 준비 중이다. 결혼이주여성 A는 일상생활이 가능할 정도로 한국어를 구사하고, 남편은 현장직 공무원이다. 결혼 초기 시부모님과 함께 살며 양육방식 차이로 갈등이 있었지만, 현재는 분가하여 남편의 지지 속에 주로 학업에 매진하며 전업주부로 지내고 있다.

결혼이주여성 B는 33세의 베트남 출신 여성으로, 대학졸업 후 회사 생활을 하다가 결혼중개업체를 통해 남편을 만났다. 2019년 결혼하여 한국에 입국했으며, 개인사업가 남편과 만 2세 된 아들이 있는 결혼 3년 차

주부이다. 한국 입국 직후 코로나19로 외부 활동을 거의 하지 못했고 본국 가족도 한국에 방문할 수 없어서 고립된 생활로 외로움을 호소했다. 결혼이주여성 B는 한국에 대한 포괄적인 정보를 제공하는 사회통합 프로그램을 선호하며, 대면 수업에 대한 욕구가 크고, 장래 직업으로 여행가이드로 활동하기를 희망한다.

결혼이주여성 C는 40세의 중국 출신 여성으로 대학 졸업 후 백화점 귀금속매장에서 판매직으로 일하다가 1998년 지인의 소개로 남편을 만나 2005년 결혼했다. 현재 한국에 거주한 지 17년째로 일상생활에서 한국어 구사에 큰 어려움 없이 한국에서 공장 운영과 자가 주택을 매입하는 등 적극적인 정착 과정을 거쳤다. 결혼이주여성 C는 남편과 고등학생 아들, 초등학생 딸이 있으며, 중국어 강사로 일하고 있다. 현재 고등학생인 아들의 심리·정서와 입시 지도에 어려움을 호소하며 상담을 희망했다.

결혼이주여성 D는 40세의 중국 출신 여성으로 중국에서 한국계 전자 회사에서 일하던 당시 남편을 만나 연애 결혼했다. 2010년 자녀의 학업을 위해 한국으로 이주한 지 12년이 되었으나, 말수가 적고 조용한 성격이며, 한국어를 유창하게 구사하지는 못한다. 코로나19의 영향으로 경제적인 어려움과 시댁과의 갈등, 그리고 코로나19 감염 후유증으로 인해 기억력 감퇴, 우울감, 불안 등 심리·정서적인 어려움을 호소했다. 하지만 자녀를 위해 열심히 일하기를 다짐하며 향후 요양보호사나 간호조무사 자격증 취득을 희망하고 있다.

결혼이주여성 E는 50세의 일본 출신 여성으로 남편과 연애 결혼 후 한국으로 이주했다. 일본에서는 영어 강사로 일했으며 현재 한국에서 일본어 강사로 일하고 있다. 언어에 대한 자신감으로 의사소통에 대한 불편감이 적은 편이다. 하지만 한국 입국 초기에 명의도용 금융 사기를 당해 한동안 심한 우울증을 앓았다. 그러나 방문교육지도사와의 만남으로 한국인에 대한 신뢰감을 회복하여 정착에 용기를 얻었다고 했다. 결혼이주여성 E는 심리상담 자격증을 취득하고, 주변의 다문화가정 자녀 상담 등 봉사활동에도 적극적으로 참여하고 있다.

1.
돌봄의 교감에서 시작된 나를 찾는 여정

1) 따뜻한 돌봄으로 기억하는 방문교육지도사

후설(Husserl)은 타자를 나와 동질적인 존재로 이해하며 "나의 이성적 판단이 올바르고 보편적이라고 주장하기 위해서는 타자 또한 나와 같이 판단한다"라고 전제했다. 이에 따라 타자를 온전한 주체로 인정하는 상호주관성을 가져야 한다고 했다(박인철, 2015: 111). 그러나 결혼이주여성은 타 문화와 언어에 대한 이해 부족이 상호문화 소통을 이루는 데 방해 요소가 되어 존재감 없는 이방인으로 존재할 수밖에 없음에 소외감과 고립감을 호소했다.

결혼이주여성이 느낀 '언어와 문화 이해 부족으로 인한 소외감'은 입국 초기 한국 사회에 대한 사전 정보가 부족한 상태에서 언어조차 미숙했고, 문화 적응에 대한 충분한 준비가 없었기 때문이다. 결혼이주여성은 결혼 직후 한국인 남편과 시댁 가족들과의 대화는 물론 일상생활에서 자기 의사를 한국어로 충분하고 명확하게 표현하지 못해 정서적으로 많이 위축될 수밖에 없었다. 결혼 전 아무 거리낌 없이 생활하던 일상의 작은 일 하나에도 확신을 가질 수 없었고, 자기의 생각과 생활방식이 맞는 것인지도 확인할 수 없어 답답해하며 자아정체성을 부정적으로 인식하게 되었다. 이러한 과정은 결혼이주여성 스스로 자신과 정주민을 동등한 존재로 인정하지 못하게 했고, 한국으로 이주한 후 안정된 돌봄을 받고 있다고 느낄 수 없는 시간을 한참이나 혼자 감내하는 소외된 기간이었다. 이들이 경험한 '나를 표현할 연결고리가 없는 고립감'은 결혼이주여성과 정주민이 서로를 동질적인 존재로 바라보는 감정이입의 윤리적 실천(Mall, 주광순, 2015: 42 재인용)인 상호작용을 할 수 있는 연결고리를 가지지 못했기 때문이다. 상호 간 언어와 문화의 장벽은 단순한 호기심만 일으킬 뿐 상호문화 소통의 핵심인 역동적이고 쌍방적인 소통을 통한 문화 간의 해석과 소통은 이루어지지 못했다. 결혼이주여성을 바라보는 정주민의 시선은 이들과의 소통을 위한 관심보다 단순한 호기심에 그치는 경우가 대부분이었다.

결혼이주여성 B는 결혼 전 본국에서 대학을 졸업하고 직장생활을 하다가 결혼을 계기로 한국에 입국한 경우다. 정착하는 과정에서 한국에 대한 포괄적인 정보를 제공하는 사회통합 프로그램을 공부하는 것이 꼭 필요하다는 것을 깨닫고, 심도 있는 지식을 배우길 희망했다. 그녀는 한국 입국 전 모국에서 한국어를 3개월간 학습하는 적극성을 보였다. 그러나 모국에서 배워온 한국어로는 실제 한국에서 의사소통이 되지 않아, 실제로 소통할 수 있는 한국어 억양을 배우고 싶어 방문교육 서비스의 대면 수업에 대한 욕구가 컸다. 그녀는 장래 직업으로 여행가이드를 희망하며 사회통합 시험공부에 매진했지만, 코로나19로 인해 현재 4급까지 시험을 보지 못했다며 걱정했다. 코로나19로 시험 일정이 세 번이나 변경되는 과정에서 시험 자체가 없어졌다며 마음을 졸였고, 시험이 계속해서 지연되는 동안 시험응시 희망자가 너무 많아 밤에 신청을 못 했다고 울상이 되기도 했다. "인터넷으로 하는 거예요. 이제 끝났어요. 남편이 좀 일찍 출근하고 아기도 어린이집에 보내놓고 신청해야 하는데 너무 느렸어요. 이미 신청이 끝나버렸어요. 이거 못하면 1년을 기다려야 되는데…." 결혼이주여성 B는 이러한 과정이 다른 이의 도움 없이는 쉽지 않다고 토로하며 아쉬워했다. 결혼이주여성 B가 코로나19로 인해 더욱 고립감을 느끼던 이 시기에 방문교육지도사를 만나게 되었다.

"제가 한국에 와서 출산한 후 3개월 됐는데 그때는 남편, 우리 남편이 사회통합 프로그램 신청해줘서, 그니까 한국에 오자마자 지금 한국말 잘 모르고 이제 어떤 서비스가 있는지 몰랐는데 남편은 사회통합 서비스를 알려주었어요. 저는 다문화센터라는 것도 모르고 방문교육 서비스라는 것도 몰랐어요. 남편이 처음에 '사회통합 프로그램 이거 이제 국적 따는 거다.' 우리 남편 찾아서 알려줬어요. 온라인 같아요. 왜냐하면 그때는 제가 출산한 지 3개월 됐잖아요. 그래서 만약 방문수업 받으면 안 되죠. 안 되잖아요. 그리고 그때는 코로나 너무 심각해서 방문수업은 없었어요. 그때는 다 온라인 수업해야 돼요. 그래서 한국에서 온라인으로 하다가, 사회통합 프로그램을 공부하다가 방문교육지도사 선생님을 소개해주신 거예요. 하지만 그때도 코로나였기 때문에 수업을 받아도 계속 공부했다가 좀 중간 중단했고 또 계속 공부하다가 또 중단했어요. 혼자 많이 어려웠어요. 그렇지만 생각할수록 그렇게 '그거 다 못하면 어떻게 한국에서 살 수 있지? 이렇게 공부 못하면, 공부 못하면 어떻게 한국에서 살 수 있지? 공부를 해야지' 하고 많이 고생했어요. 그때 선생님 만났어요."

"내가 어린 아기가 있잖아요. 다문화센터에 가는 게 너무 좀 어려워서 그래서 만약 방문수업 신청하면 선생님이 집에 와서 가르쳐주면 아기도 보면서 아기 있고 아직 어려서 그러거나 아직 한국 길을 몰라갖고 가기 힘들 때 이제 오시는 거니까 그런 것이 좋았어요. 한국어 억양을 배울 수 있었어요. 그런데 책에 있는 내용과 실제로 좀 달라요. 선생님이 해준 거랑 좀 달라요. 좀 약해요. 네, 부족해요. 사실은 처음부터 간단하게 배웠는데 실제로 높임말을 계속 사용하게 돼서 실제 생활에서 쓰는 말이랑 좀 달랐어요. 진짜 사람들이 생활하면서 쓰는 말이 아니라 만약 윗사람한테 얘기하는 데 높임말 사용되잖아요. 근데 책이 기초부터 해서 윗사람한테 실제로 말하는 걸 몰랐어요. 간단한 말만 배우고 높임말을 사용해야 하는데, 그건 안 배워서 스스로 바꿔야 되는데 그게 어려워요. 배워도 바로 말할 수가 없죠. 더 배워가지고 말을 해야 되는데, 다른 사람한테 말할 때 자꾸 반말하고 그래서 실수했어요."

이주 초기 지속적인 상호작용을 통한 소통을 나눌 상대가 없는 물리적·심리적 환경에서 결혼이주여성은 자신을 개방할 기회를 가지는 것이 쉽지 않았다. 이러한 상황 중에 만나게 된 방문교육 서비스는 결혼이주여성에게는 한국 적응에서 새로운 관문이 되었다. 방문교육 서비스가 주는 돌봄의 안정감 안에서 방문교육지도사와 결혼이주여성은 상호문화 소통의 다양한 과정을 거치며 상호작용을 했다. 결혼이주여성은 이러한 돌봄을 통한 상호과정에서 정체성 발달을 이루었다. 이렇듯 결혼이주여성의 정체성 변화의 첫걸음에는 방문교육지도사와의 만남이 있었다. 그 만남의 여정은 '돌봄의 교감에서 시작된 나를 찾는 여정', '서로의 성장을 이끌어가는 관계 맺음', '삶의 의미와 실현을 위한 실천'으로 확장했다.

2) 성장으로 자라나게 하는 돌봄

결혼이주여성 B의 한국 이주는 코로나19 팬데믹으로 인해 방문교육 서비스가 시행과 중단을 반복하던 시기였다. 그녀는 이주 초기 적응을 위한 돌봄서비스가 불안정하게 이루어지는 상황에서도 한국 적응을 위해 배움에 애를 썼다. B가 이렇게 생각한 데는 상호 소통의 어려움 때문에 겪은 마음의 상처가 있었기 때문이다.

> "한국에 온 지 얼마 안 돼서 애기 병원 갔는데, 의사 선생님 병원에서 애기가 계란 먹을 수 있냐고 물어보는데 저는 그때 바로 말이 안 나와서 의사 선생님이 웃었어요. 그때는 마음이 너무 아팠어요. 내가 못 했구나. 근데 그 마음이 너무 아파서 공부하려고 결심했어요."

결혼이주여성 B는 한국어와 한국 문화를 배우는 것이 어려워 스트레스를 많이 받았다고 하면서도 방문교육 서비스를 받은 것에 감사했다. 방문교육지도사는 많은 것을 가르쳐주고 많은 도움을 주는 사람이라는 경험을 하게 되었고, 그래서 공부에 대한 열정을 더 많이 가지게 되었다. B에게 방문교육 서비스는 자신이 한국에 잘 적응하고자 하는 기대를 충족시켜줄 수 있는 방편이었으므로 적극적으로 교육 지원을 활용하고자 했다. 방문교육지도사와의 만남을 통해 얻게 된 결혼이주여성 B의 배움에 대한 강한 욕구는 단순한 지식 전수의 의미를 넘어 교육을 통한 돌봄의 의미가 되었다.

결혼이주여성의 한국 생활은 단순히 언어와 문화의 접촉을 경험하는 것에서 끝나지 않는다. 한국인 가족들과 상호문화를 소통하기 위해서는 서로의 정체성을 인정하고 가치관을 존중하며, 문화 속에 있는 보편적이고 공통적인 특성과 내적 연관성을 가지는 것을 의미한다(김태원, 2012). 결혼이주여성이 한국 입국 전에 막연하게 자신의 방식으로 한국어와 문화를 이해했으나, 실제와는 차이가 있음을 깨달았다. 그녀는 이를 자신의 무능함으로 해석하며 부정적인 자아개념을 형성했다. 결혼이주여성은 가정이나 공동체 내에서 불평등한 지원의 대상이라는 암묵적 인식을 경험하기도 했다. 결혼이주여성은 한국 입국 직후 한국 문화와 언어를 다양하게 접할 기회가 부족해 부적응과 고립을 경험하며 불안을 느꼈다. 이러한 불안은 결혼이주여성 자신에 대해 '무용지물 같은 나에 대한 불안'을 느끼며 스스로 한국 사회의 구성원으로 정체성을 가지는 것이 막막하고 당황스러웠다. 결혼이주여성은 한국 입국 초기 가족 외에는 접촉이 거의 없는 단조롭고 폐쇄된 생활을 하며 '심리적 유아' 상태인 자아의 무능함을 고백했다. 그러나 방문교육지도사와의 만남을 통해 상호작용하고 실제적인 한국의 문화와 언어를 배워가는 것에 안도했다. 이처럼 방문교육지도사와의 만남을 통한 상호 소통에서 직간접으로 문화와 언어의 영향을 받으며 자아개념이 변화하기 시작했다.

"저는 한국어 배우는 거랑 교육이랑 어느 날 스트레스를 엄청 받았어요. 아기 키우는 거 때문에 울고 있었는데 선생님이 집에 와서 집에 오셔서 이렇게 저렇게 알려주시고 마음이 더 편해졌어요. 마음이 편해요. 보통은 스트레스받으면 남편, 남편이랑 얘기하는데 그래도 무슨 남편에게 대화 못 해요. 한국어가 잘 통하지 않기도 하고요. 어떨 때는 남편한테 대화할 수 없을 때가 있어요. 가까운 사람이 같은 집에 사는 사람이니까 만약 갈등이 있으면 '내가 아기 키우는 거 때문에 갈등 생기면 어떻게 해야 돼?' 하는데 가족이니까 더 말을 못 하는 그런 게 있는 것 같아요. 그때 선생님이 많이 알려주었어요. 그래서 더 많이 극복하게 해줬어요. 그래서 저는 극복했어요. 네, 자신감 더 자신감이 생기는 게 변한 거예요. 저는 더 극복했어요."

"한국 오기 전에 저는 미리 한국어를 배우고 왔어요. 3개월 배웠는데 여기 오니까 쓸모가 없는 거예요. 남편이 못 알아들었어요. 한국 선생님한테 발음을 많이 고쳐졌어요. 이걸 책으로 배우는 거 말고 진짜 말할 수 있는 기회가 있어야 발음도 고치고 하는데, 말하기는 내가 너무 부족하고 힘들어요. 이렇게 얼굴 보는 게 좋아요. 저처럼 한국에 온 지 얼마 안 되면 아직 한국어가 부족하니까 생활 너무 힘들어요. 그런데 선생님이 말해줬어요. 저는 좀 잘해서 아마 노력하면 나중에 성공한대요. 선생님의 격려를 듣고 자신감을 얻어서 극복할 수 있었어요. 네, 그래서 주변이 응원해주는 건 엄청 필요해요. 선생님을 통해서 응원을 받아서 내가 자신감을 회복하고 극복을 할 수 있었어요. 저는 한국에 오기 전에 베트남에서 한국어를 3개월 배우고 왔기 때문에 여기서 수업받으면서 말할 수 있다고 생각했는데, 밖에서 실제로 말할 때는 계속 안 나왔어요."

결혼이주여성 B는 한국에 적응하기 위해 본국에서 한국어를 배우고 왔으나 한국에서 대화할 때 억양 등이 실제 한국어와 많이 다르다는 것을 알고 적잖게 당황했다. 그러나 방문교육지도사와 실제로 만나 억양도 교정하고 칭찬과 격려를 받았으며, 한국어와 한국 문화에 대한 자신감을 가지는 데 큰 힘이 되어준 방문교육지도사를 회상하며 고마움을 표시했다.

결혼이주여성 C는 결혼하여 한국으로 이주하기 전 모국에서 대학을 졸업하고 백화점에서 판매직으로 일하는 등 활동적이고 적극적인 성격의 소유자다. 결혼이주 후 초기 적응 시기에 C는 갈 곳도 만날 사람도 없었다. 가족 중 누군가가 자신을 따라다니며 도와주지 않으면 자신의 힘으로 할 수 있는 것이 아무것도 없었고, 돌봄이 절대적으로 필요한 심리적 유아인 자신을 경험했다. C가 자신에 대해 스스로는 아무것도 할 수 없는 아이라고 느꼈다. 한국에 입국한 초기 적응 시기는 방문교육사업을 막 시작하던 해로 방문교육지도사들이 집집마다 다니면서 직접 결혼이주여성을 찾아다니던 때였다. C는 한국 이주 후 아무도 아는 사람이 없고 말 걸 사람이 없어 외로움을 많이 느끼며 날마다 집 앞에 나와 사람 구경으로 대부분 시간을 보내곤 했다. 그러던 차에 자신의 집으로 찾아온 방문교육지도사와의 만남을 분명하게 기억하고 있었다. 그 시기는 방문교육 서비스가 제공되던 초기여서 방문교육지도사와 C는 서로에게 소중한 존재가 되었다.

"저는 한국에서 완전히 아기로 다시 태어난 것 같아요. 여기 와서 한국말도 모르는 것처럼 남편하고 같이 다녀야 되고, 그럴 때 조금 나는 한국에 와서 바보다 그렇게 생각했어요. 갈 곳 없어서 혼자 놀이터에 있었고, 내가 이분 말고는 도움을 받을 데가 없어. 그런데 지금은 선생님 계속 둘이만 만나서 한국어 공부하고 '선생님 오늘 너무 속상한 일 있었어요' 이야기도 하고 좀 이렇게 풀어지지."

"선생님이 내 앞에 앉아서 손을 이렇게, 이렇게 왼쪽으로 하고 오른쪽으로 하면서 싱글싱글 싱글싱글~ 벙글벙글 벙글벙글~ 막 이렇게 했어요. 하하하."

결혼이주여성 C는 학생이라고는 자신 한 명만 앉혀놓고도 열심히 손유희와 율동을 해주던 방문교육지도사와 가사를 알 수 없는 낯선 한국어 노래를 함께 따라 불렀던 유쾌한 기억을 떠올리고 웃음 지었다. C는 이렇게 방문교육 서비스를 알게 되었고, 선생님 같고 엄마 같은 방문교육지도사의 돌봄을 받으며 한국 생활에 적응해나갔다. 한국 입국 초기에 소외와 고립을 경험하며 존재감 없이 지낸 C는 자아정체성의 혼란과 부정적인 정서를 경험하며 위축되어 지낼 수밖에 없었다. 이때 방문교육사업을 통해 자신을 찾아준 방문교육지도사와 우연히 만나게 되었고, 한국 입국 후 초기 적응에서 정서의 어려움과 자아개념을 찾지 못하는 혼란한 과정에서 돌봄의 수혜자로 자리매김했다. 이러한 돌봄의 기억은 C가 한국에서 적응하는 데 자신감을 갖게 했다. 이후로도 한국 생활 적응을 위해 불편함 없이 편의를 제공하는 돌봄이 될 것이라 신뢰하고 기대했기 때문에 C는 서비스에서 제공하는 교육에 대한 의욕과 열정도 높았다.

2.
서로의 성장을 이끌어가는 관계 맺음

1) 정서적인 돌봄이 맺어준 인격적인 관계

문화 다양성을 이해할 때 상호문화 소통은 문화가 중첩된 부분에서 공통점과 차이점을 이해하고, 이를 소통하고 번역하며, 겹침의 태도를 취하게 된다(장한업, 2016). 결혼이주여성은 입국 초기 한국 가족들과 서로의 문화를 인정하며, 자신의 문화를 기준으로 상호작용한다. 이때 생기는 겹친 문화의 공통과 차이의 역동적인 상호 소통에서 '나의 것'과 '낯선 것'이 동시에 뒤섞이고 표현되었다. 이 과정에서 '낯선 것'과 접촉하는 자신의 지각 모델에 따라 초기 정체성에서 혼란과 갈등을 겪으며 자기성찰을 이루었다. 이러한 모든 경험은 서로 다른 언어와 문화의 접촉과 갈등, 소통 등의 과정을 두루 거치며 결혼이주여성의 삶 속에 스며들어 한국 사회에서 정체성을 형성하는 과도기가 되었다. 결혼이주여성들은 방문교육지도사에게 받는 교육과 관계 맺음을 통해 지식을 습득하는 것에서 더 나아가 언어와 문화의 접촉을 통한 돌봄과 배움의 이중적인 관계를 맺어나갈 수 있었다.

결혼이주여성들은 한국에 이주해서 정착하기 위해 한국의 문화와 언어, 한국에 대한 지식 등 더 많은 것을 알고자 했고 방문교육지도사와 만나 이러한 궁금증과 갈등을 해소했다. 결혼이주여성은 방문교육 서비스 외에도 한국에서 잘 적응하고 살기 위해 도움이 된다면 더 높은 수준의 교육을 받길 원했다. 방문교육지도사와의 만남을 통해 목표를 설정하고 배움을 이어가며 자신의 정체성을 재정립했다. 이들이 모국과 한국의 문화 사이의 차이점을 이해하고 절충하는 과정은 서로의 문화를 습득하고 수용하는 것이었다. 이러한 겹침의 과정에서 발생하는 차이의 또 다른 문화를 만들어가며 상호문화 소통하는 과정이 되었다. 결혼이주여성에게 방문교육지도사와의 상호작용은 타문화를 이해하는 동시에 자문화에 대한 정체성을 새롭게 정립하는 기회가 되었다. 이는 사이의 문화에서 자신의 정체성을 설정하고 주체성을 생성해갈 수 있는 장을 마련해주었다.

결혼이주여성 A는 사회통합 프로그램을 공부하고 한국 국적을 따는 과정에서 방문교육 서비스를 알게 되었다. 결혼이주여성 A는 결혼 후 얼마 지나지 않아 임신했고, 남편은 A에게 비자가 나오자 이제 계속 한국에 사니까 국적을 한국으로 바꾸자고 권했다. 이 과정에서 방문교육사업에 대한 정보를 얻어 서비스를 찾아왔다고 한다. 그녀는 이때부터 사회통합 프로그램 시험에 관심을 가지게 되면서 방문교육 서비스를 신청했다. 방문교육지도사의 첫 방문 전에 문자를 받았으나 한국말을 몰라 어색해하던 첫 만남을 기억했다.

"선생님이 책도 가지고 오시고 간단한 시험지도 가지고 오셔서 몇 단계에서 시작할 수 있는지를 보셨어요. 우리 남편이 마음에 생각한 게 있어서 선생님께 도와달라고 그랬어요. 그때 선생님이 어떻게 도와주면 좋겠냐고 하셔서 제가 선생님에게 책 말고 사회통합 책을 먼저 가르쳐달라고 부탁했어요. 우리가 원하는 책을 가르쳐달라고 했어요. 방문교육 서비스에서 배우는 책과 다르지 않았고, 문법하고 문장이 다 있었어요. 제가 이거 배우고 싶었던 책이 1~5단계가 있었는데, 선생님이 이거 가르쳐줘도 도움이 될 수 있었어요."

결혼이주여성 A는 방문교육지도사에게 한국 국적 취득을 위해 자신이 해야 할 공부를 가르쳐달라고 요청했다. 방문교육 서비스에서 제공하는 교재가 따로 있었지만, 그 대신 자신에게 필요한 사회통합 단계 학습을 요구했다. "제가 하고 싶은 공부를 하지 않고 그냥 선생님이 가지고 오는 책만 하면 제가 싫증이 날 수도 있고 열심히 하지 않을 수도 있어요"라며 선생님을 설득했다. 방문교육지도사는 정해진 규정과 교재만 고집하기보다 A가 자신에게 필요한 공부에 대해 분명하게 요구하는 이야기를 귀담아들었고, A는 자신이 무시당하지 않는다고 느꼈다. "선생님이 생각해보니까 사회통합 교육교재에도 한국어랑 문법이 있으니까 바꿔도 되겠다고 생각했고, 선생님이 입장을 바꿔서 생각해주셨어요." 그녀는 국적 취득의 목적이 분명했기 때문에 방문교육지도사에게 자신이 원하는 교재로 가르쳐주기를 요구하고 선생님과 학생으로 처음 관계를 시작했다. 방문교육 서비스 시간이 100시간으로 한정되었으나 A는 100시간의 서비스가 모두 끝난 후에도 방문교육지도사와 관계를 지속하길 희망했다.

"제가 그냥 우리 둘이 이거 지금 자격증을 따야 돼. 근데 한국 국적을 취득하려면 이거 있어야 돼. 이야기하고 교재 변경이 가능한지도 알아보고, 선생님도 생각해보니까 딱 비슷했어요. 그래서 선생님한테 도움을 많이 받았어요. 오늘 제가 제대로 배웠어요. 그런데 왜 제가 이야기할 때 아직도 이렇게 어려운지. (웃음)"

"방문교육 선생님한테 서비스받을 시간이 100시간인데, 네 다 끝나고도 배웠어요. 제가 왜냐하면 제가 무슨 일이 생길 때마다 믿고 그냥 보고 싶을 때 궁금할 때 제가 연락해요. 제가 만약에 무슨 일 때문에 많이 고민이 있으면, 제가 물어봐야겠다고 마음이 들면 생각하고 연락해요. 선생님이 이렇게 하면 어떻게 될까요? 한국 사람이라면 이 일을 어떻게 좋게 처리할 수 있나요?"

결혼이주여성들은 방문교육지도사와의 관계 맺음을 통해 모국의 문화와 한국의 문화, 지식 및 언어가 어우러지고 소통하는 경험이 쌓여갔다. 그 과정에서 가족과 이웃 등 공동체와의 관계에서 자기 의견을 드러낼 수 있었고, 언어와 문화의 접촉에서 갈등을 빚기도 했다. 결혼이주여성과 가족들 간 언어와 문화의 갈등은 아이의 양육 과정 등 생활 전반의 상호작용에서 나타났다. 이를 조율하는 과정에서 발생한 유·무형의 문제로 갈등이 빚어졌으나 문제를 해결해가는 과정을 통해 서로의 문화를 이해하게 되었다. 그러면서 결혼이주여성들은 자신의 힘으로 한국 사회에 적응하고 정착하기 위해 단계적 목표를 세우고 이를 달성해나가기 위해 노력했다. 이때, 방문교육지도사와 상호 소통을 통해 배우고 경험한 유·무형의 학습이 자신의 목표를 달성하고 한국 사회를 알아가는 데 기초가 되어주었다.

2) 신뢰 관계를 통한 적응과 성장

결혼이주여성들에게 방문교육지도사는 단순한 선생님으로만 인식되지 않았다.

이들에게 한국살이에서 생기는 궁금증과 어려움이 있을 때 생각나는 사람이 바로 방문교육지도사였다. 결혼이주여성 A가 외롭고 힘들 때 방문교육지도사는 친정엄마같이 자신을 따뜻하게 돌봐주는 든든한 버팀목 같은 존재였다. 방문교육지도사 역시 A에 대한 관심과 돌봄이 수업 시간에만 국한되지 않았고, 다문화센터의 다양한 지원과 정보가 있을 때마다 결혼이주여성에게 정보를 알려주었다. 교육을 제공하며 선생님으로, 친구이자 보호자로 의지하며 돌봄과 배움의 관계를 이어갔다.

"그 당시 제가 아기가 있었잖아요. 그때 '○○ 씨 요즘에 다문화센터에 부모교육 있어요'라고 알려주셨어요. 그러면 '제가 할래요. 제가 다른 선생님하고 안 맞을 수 있어요. 그래서 선생님이 한다면 제가 다 하고 싶어요.' 그래서 그 선생님이 다시 오셨어요. 이 선생님한테 이만큼 도움을 받았어요. 제가 처음에 왔을 때, 사회통합 프로그램도 잘 몰랐을 때 그전에 친구도 없었어요. 그러니까 슬픈 일도 가족들에게 알리지 못하고 남편도 이해 못 하고 모두 다 선생님한테 얘기했어요. 저는 선생님을 친구로도 생각하고 선생님으로도 생각했어요. 그러니까 친구이면서 네, 친구 선생님이기도 하고, 그렇게 생각하니까 다른 프로그램이 있을 때 그때 이제 선생님이 오신다면 난 더 좋겠다. 생각해서 부모교육 지도도 받은 거예요."

"제가 자녀 양육 서비스를 받았을 때 아이 키우는 방법에서 중국의 방식들이나 이런 거랑 조금 부딪혔어요. 시아버지 시어머니랑은 한국 방식을 좀 말해주는 건데 그래도 나도 친정엄마한테 중국 내 엄마한테 배운 거 그런 방식이 있을 거 아니에요. 그래도 많이 알면 더 좋잖아요. 많이 알면 더 좋으니까 두 가지 방법을 배워서 이게 비교할 수 있어요. 예를 들면 '아기가 아이스크림도 먹고 싶어요. 찬 우유도 먹고 싶어요. 선생님이라면 어떤 걸 줄 거예요?'라고 물어봐요. 아이스크림하고 찬 우유 중에 근데 그거는 책에 나온 대로도 할 수 있지만, 내가 그냥 생각해서 '찬 우유는 아기 아직 안 되겠네' 그러면서 둘 다 안 줄 수도 있고, 만약에 이거 찬 우유는 한국 방식, 아이스크림 중국 방식 이렇게 비교하고 다 안 주면 안 돼요. 그거 하나도 안 돼요. 이것도 줘도 되고 이것도 줘도 되지만 사실 아이한테 더 좋은 것을 비교할 수 있을 거 굳이 한국, 중국 방식이 있지만 한국 방식도 배워서 내가 비교할 수 있어요. 이렇게 여러 가지 방법을 배울 수 있어요."

결혼이주여성 A는 방문교육지도사와의 관계 맺음을 통해 한국 문화를 배워나갔고, 정서적으로 많이 의지하며 한국 정서에 대해 알아나갔다. 남편에게는 차마 이야기하지 못하는 문화차이로 인한 시부모와의 갈등도 방문교육지도사에게 마음을 열고 이야기를 나누었다.

"선생님이 와서 내 얼굴 안 좋아 보이는데 무슨 일이 있었냐고 물어봐요. 그러면 제가 무슨 일이 있을 때 제가 너무 슬퍼할 때 너도 입장 바꿔 놓고 생각해보라고 설명해줘서 제가 선생님이라면, 시부모님이라면 하고 생각할 수 있게 도와줘요. 제가 선생님이라면 제가 시부모님이라면 이렇게 하면 저도 이렇게 할 수 있거나 이것보다 더한 못한 정도로 할 수도 있어요. 그래서 이해했어요. 남편과의 관계도 도와주었어요. 남편은 좋은 사람이에요. 진심도 너무 착하고 남편 마음이, 사고방식도 달라서 네, 남편은 나한테 오늘 무슨 일이 있는지 신경 써요. 남편이 걱정할까 봐 이야기 못 하지만 그때 우리 선생님한테 얘기하고 나면 마음이 너무 가벼워졌어요. 우리 남편한테 말했더니 너무 잘했다고 하며 친구도 없는데 만약에 마음이 가벼워지면 나중에도 선생님이랑 많이 연락하라고 했어요."

"저는 아침부터 저녁에까지 8시간 수업을 받아야 해요. 시부모님이 아기를 봐요. 아기한테 자주 찬물 줘요. 중국은 찬물 같은 거 잘 안 주고 어렸을 때 위나 대장은 너무 작아서 따뜻한 물 주는데, 이런 거 때문에 시부모님이랑 제일 힘들었어요, 아기 분유 먹을 때 할아버지가 왜 이렇게 자주 먹이니? 하고 줬어요. 혹시 배가 고플까 봐 이만큼 줘야 돼요. 아기가 배가 고팠어요. 자주 울었어요."

결혼이주여성 A는 방문교육지도사와 신뢰를 쌓고 정서적인 관계를 맺게 되자 자신에게 필요하고 원하는 방문교육 서비스를 요청하고 협의했다. 이처럼 방문교육지도사와 결혼이주여성의 상호작용은 일방적이고 경직된 교육 제공이나 무조건적 순응의 태도가 아니었다. 문화 다양성과 차이에 대한 이해와 존중의 마음, 타문화를 배우려는 개방적 태도로 서로 협력하여 문제를 해결하기 위해 조정안을 만들고 실천적 역량을 강화했다(조용길, 2015). 방문교육지도사와의 이러한 동등한 관계 맺음의 상호문화 소통 과정이 결혼이주여성의 정체성 재정립에 긍정적인 영향을 미쳤다.

결혼이주여성들은 방문교육 서비스 과정의 경험을 모방하고 확장하며 한국 사회 적응을 위해 자신에게 필요한 것이 무엇인지 알아가며 부족함을 채워나갔다.

"저는 지금 공인중개사 공부해요. 한국말로 하는 건 사실 이해 안 될 수도 있어요. 그런데 제가 다시 보고 이해하는 만큼 생각하면 돼요. 선생님 만나기 전에는 외로워서 미칠 때, 미칠 때는 하늘 보고 아니면 핸드폰 보고 아니면 점심 좀 하고. 지금은 2016년에 와서 6년 정도 지났지만 계속 공부할 때예요. 처음에 선생님이 어떤 사람인지 모르고 맞는지 안 맞는지도 모르고 책만 공부해요. 하지만 선생님 너무 착해서 이거저거 다 이야기하고 지냈어요. 왜냐하면 제가 한국에 왔고 어떻게 말하는지가 필요하니까요. 내가 모르는 게 많았으니, 내가 필요하니까. 사회통합 배운 후에 저는 좀 한국 사람처럼 다 알게 되었어요. 그래서 어디 가서 좀 알아서 좀 창피하지 않아 한국 사람처럼 행동할 수 있어서 자극받지 않았어요. 사회통합 프로그램을 받으니까 다 알고 있으니까 자신감도 좀 들어요."

"항상 제 생각이 한국에서 살아야지 그래서 계속 노력해야 되는데, 그런 마음 있어요. 그럼, 남들한테 '괜찮아. 지금 그렇게 서두르지 않아도 괜찮아. 잘하고 있어' 이런 격려를 들었을 때 조금 안심이 되고 마음이 좀 편해졌어요. 자신감도 생겼어요. 선생님이 저한테 잘하고 있는 거 칭찬해주면 자신감 나고 열심히 공부해요. 그래도 되게 모르겠어요. 고졸 시험 볼 때 밤늦게 책 보고 새벽에 일어나서 아기 밥을 주고 제가 죽을 정도로 피곤하고 책 보면서 많이 힘들었어요. 그런데 제가 나중에 어떻게 될 거 생각하면 얼마나 좋을까 생각해보고 일어났어요. 만약에 제가 나중에 돈이 많이 벌었어요. 나중에 아들도, 시부모님도 너무 좋아하고 여러 가지 좋은 일들만 있는데 그러려면 책, 책을 봐야 돼요. 그래서 일어나서 공부했어요."

결혼이주여성들은 모방의 과정을 거친 후, 자신만의 가치관 성장을 통한 관계를 형성하는 것에 조금 더 주체성을 나타냈다. 결혼이주여성들은 한국 적응을 위해 열심히 노력하면서도 확신이 부족하여 조급함을 느꼈다. 그러나 방문교육 서비스 내의 방문교육지도사와의 관계에서 격려와 지지를 받는 과정에서 결혼이주여성은 자신의 주체적인 가치관을 형성했다. 이때 방문교육지도사는 결혼이주여성들이 능동적인 관계 맺음을 할 수 있도록 지지 역할을 했고, 주체적인 정체성을 형성하도록 도왔다.

3.
삶의 의미와 실현을 위한 실천

1) 나를 성장시키는 적극적인 교육의 실천

문화 간 수평적 관계 형성은 윤리성과 타자에 대한 절대적인 책임 의식을 바탕으로 하는 문화 간 내적 소통의 연대를 의미한다(이화도, 2011). 결혼이주여성은 입국 초기 이방인으로서 낯선 문화와 언어의 관문을 거치며 한국 사회 구성원으로 적응하고 정착하기 위해 노력했다. 이때, 방문교육 서비스는 교육지원이라는 목표 외에도 이들이 정체성을 재정립해갈 수 있도록 했다. 방문교육지도사와 결혼이주여성은 상호문화를 소통하며 수평적 관계를 통해 내적 소통의 연대를 이루었고, 결혼이주여성이 한국 사회의 대등한 구성원으로 자리매김할 수 있도록 역할을 담당했다. 결혼이주여성들은 새롭게 형성해나가는 정체성의 변화를 경험하면서 한국에서 새로운 자신으로서의 삶을 꿈꾸고 도전하고 실천했다. 결혼이주여성은 방문교육 서비스를 받고 방문교육지도사와 상호문화 소통을 통해 자신의 정체성을 재정립해나가며 한국 사회에서 자신의 역량을 발휘할 수 있는 관문에 도전했다. 결혼이주여성은 방문교육지도사가 제공하는 교육지원을 수혜자의 역할에서 더 나아가 자신의 내적 가치를 인정하고 가정과 한국 사회 구성원의 역할을 담당하고자 도전하는 자아개념을 키워갔다.

결혼이주여성 E는 결혼 17년 차로 한국 이주 초기 적응과정에서 한국인에게 명의도용 사기를 당하고 큰 상처를 받아 심한 우울증을 앓았다. 한국에서의 삶에 대한 용기를 잃어가고 있던 차에 방문교육지도사와의 만남을 통해 한국인에 대한 신뢰를 회복했다고 회상했다. E는 방문교육지도사와의 관계에서 신뢰와 용기를 회복한 후 자신이 한국에서 경험한 심리·정서 문제, 방문교육지도사에게 얻은 정체성에 대한 공감과 수용의 경험을 사회에 환원하는 일로 승화시켰다. 이를 통해 한국 사회에서 자신 같은 다문화가정의 어려움을 돌보는 상담사로서 자기 경험을 나누고 실천했다.

"선생님들이 한국분들이 갖고 계시는 엄마의 마음이라는 거를 전달해 주신 게 가장 중요했다고 저는 생각했어요. 왜냐하면 한국 문화 자체가 정이라는 게 있어요. 근데 그거를 겪어봐야지 한국 문화에 조금 만졌다거나 스쳐 지나갔다거나 그런 느낌이 와요. 그게 이해가 돼야지 나도 한국에 살고 한국 문화가 좋겠다는 실감이 있어요. 그게 없으면 한국에서 살아가는 자신감 없고 두려움이 사라지지가 않아요. 정말 마음으로 이렇게 못 느꼈을 때 사람 대 사람으로 만나지 못해요. 그래서 저기 경험했다거나 한국 영화 봐도 '왜 이렇게 되지?'라고 이해를 못 하는데 실제로 경험하면 '그렇지'라고 다 알게 되잖아요. 진짜로 공감하는 건 이해가 돼야지 가능해요. 나도 한국에 오래 살고 나니 조금 한국 문화에 '좋겠다'라는 실감이 있어요. '그렇구나'라고 이해가 돼요. 그래서 정말 느껴보는 것 그게 없으면 한국에서 살아가는 그 자신감이라든지 두려움이 사라지지가 않아요. 처음에는 정말 마음으로 이렇게 큰 충격을 느꼈을 때 사람 대 사람으로 만나지 못했어요."

"방문교육지도사 선생님을 만났을 때가 제가 제일 힘들 때였는데, 그때 생각이 '더 빨리 만났다면 어땠을까?' 진짜로 생각했어요. 제가 가장 힘들 때 만나는 타이밍에 따라 더 감동을 받았을 수도 있는 것 같아요. 저는 선생님이 국제적인 감각이 있으시고 정체성이라는 개념을 알고 있었다는 데 놀랐어요. 저는 여기서 살면서 약간 나그네처럼 보인다는 느낌으로 살고 있었거든요. 선생님이 저에게 진실한 정을 보여준 것들이 이게 좀 많이 있었어요. 저는 그때 너무 우울증이 심했는데, 선생님을 만나기 위해서 웃었어요. 힘을 냈어요. 내가 그런 서비스로 받았고 이걸로 영향을 받았고 내가 이런 것을 직접 경험했기 때문에 이 문화나 한국 사회에서 사람들을 대할 수 있는 어떤 자신감이나 신뢰감대로 찾은 거예요. 그래서 지금 내가 여기에서 엄마로 살아갈 때 그 목표를 한번 해보고 싶다. 그건 어떻게 보면 진짜 해보고 싶은 마음이기도 하지만, 나를 좀 변화시켜주고 싶은 어떤 도전 같은 마음이 있어서 상담 자격증을 따고 상담을 시작했어요. 주변에 있는 사람들 중에 집이고 좋은 직장이고 일을 안 해도 되는 상황인데 힘들어해요. 지금 아이들이 미쳐가요. 정말 심각해요. 요즘 아이들이 가정에서 부모하고 애들하고 소통이 안 되고 그런 아이들을 많이 도와줬어요. 저는 가정폭력 상담사 자격이 있어서 주로 다문화가족 상담을 하고 결혼이주여성의 자녀들을 상담했어요. 아이들이 공감이 되고 내 아이 같은 거예요."

결혼이주여성은 입국 초기에 자신의 문화와 언어를 부정하거나 자녀에게는 전수하지 않으려던 모습에서 변화했다. 자신들이 경험한 양 국가의 문화에 대한 공통점과 차이점을 이해하고 혼란을 겪지 않았다. 또한 한국 문화에서 수평적인 공존을 이룰 수 있음을 깨닫고 자녀들에게 모국 언어와 문화를 전수하는 엄마의 모습을 부끄러워하지 않게 되었다. 결혼이주여성들은 자신의 문화를 수용하고 인정해주는 방문교육지도사와의 관계의 경험을 바탕으로 자신의 언어와 문화를 자녀들에게 적극적으로 가르쳤다. 이를 통해 진정한 상호문화 소통을 이루는 과정은 나와 타자의 정체성을 수용하고 인정하는 것이라는 것을 몸소 실천할 수 있었다. 결혼이주여성들이 한국 생활을 하면서 제일 후회하는 일 중의 하나가 아이가 한국말을 빨리 배우지 못할까 봐 엄마 모국어를 가르치지 않은 것이라 했다. 이러한 후회를 반복하지 않기 위해 더욱 자아정체성을 인정하고 실천하려 했다.

> "아이에게 말을 가르쳐줄 때 선생님들은 와서 그냥 아이한테 '꼭 엄마 말 가르쳐라. 엄마 나라말 꼭 가르쳐줘라' 그런 말 했는데 안 가르쳤어요. 그래서 저는 첫째 아이한테 안 가르쳤어요. 왜냐하면 엄마가 한국말을 너무 못하잖아요. 그래서 어른이 돼서 생각해보니까 아무 말도 잘 못해요. 아이가 한국말 못 할까 봐 한국말 가르치고 중국어는 안 가르쳤어요. 그런데 둘째는 처음부터 엄마 말을 가르쳐줬어요."

> "아이가 제게 물어보는데 내가 아는 게 많이 없어서. 몰라 그냥 사진 보라고 중국말로 알려줬어요. 그때 많이 슬펐어요. 제가 아이한테 좋은 거를 가르쳐주는지 안 주는지 때문에 선생님한테 물어봤어요. 선생님이

'○○ 씨도 중국말로 아이한테 이야기하면 좋겠어요'라고 말해서 제가 이렇게 할 수 있구나, 이렇게 해도 되는구나. 아기가 잠깐만 헷갈리지만, 나중에 크면 다 알 수 있게 돼요. 지금은 계속 중국어를 가르쳐주고 있어요."

"공부가 힘이에요. 나중에 아들이 또 해야 돼서 제가 먼저 하고 ○○이 크면 말해줄 수 있잖아요. 그리고 제일 기쁜 건 제가 이거 보고 합격했어요. 다른 사람이 전혀 이해 못 할 정도로 좋아요. 제가 노력해서 이거 따는 거 너무 기뻤어요. 제가 아기 키우면서 이것도 배우고 자격증 따고 너무 힘들지만, 제가 이 일을 거쳤어요. 이 좋은 결과를 받아봤고 그 과정을 너무 힘들지만, 좋은 결과를 받을 수 있어서 기뻐요. 우리 시아버님도 '우리 며느리 중국 사람이지만 좋은 직장 취직했어요. 우리 며느리도 우리 손자 잘 키웠어요.' 이런 말 듣고 싶어요."

상호문화 소통을 이루기 위해서는 같음과 다름, 일반적인 것과 특별한 성격을 띠는 다양한 문화의 뒤섞임 속에서 공존하는 구성원들이 존재한다는 것을 인지해야 한다. 이들은 각 개인이 보유한 언어와 문화의 다양성을 인정하는 데 그치지 않고 서로 다른 문화 사이의 의사소통을 강조한다(허영식, 2015). 결혼이주여성들은 한국 사회에 적응하는 과정에서 경험과 역량을 쌓았다. 그 경험을 바탕으로 한국 사회의 또 다른 이주민과 정주민을 연결하는 교량의 역할로 자신의 정체성을 형성하여 목표를 설정하고 한국 사회의 구성원으로 자리매김하고자 했다.

"저는 요즘은 취업에 대해 생각해요. 지금 한국어 토픽 공부하고 싶거든요. 공부하면 뇌가 점점 좋아져요. 이렇게 주부로 가만히 있는 게 왠지 좀 아쉬워요. 나중에는 여행 가이드도 되고 싶어요. 저는 대학도 나왔고 회사에도 다녔었고 그랬잖아요. 지금 한국 사회 발전하면서 사람들은 스트레스를 많이 받잖아요. 저 생각에 사람들은 스트레스를 풀기에 아마 여행 제일 좋다고 생각해요."

결혼이주여성 C가 한국 생활 초기 적응에 어려움을 겪던 시기는 방문교육사업 시행 초기인 2000년대 초반으로, 방문교육지도사들이 결혼이주여성의 집을 일일이 방문하며 찾아다니던 시기였다. 이때의 만남을 계기로 C는 한국 정착 과정에서 끊임없이 공부하며 자기계발에 매진했다. C는 현재 중국어 강사로 일하고 있으며 적극적으로 자신의 역량을 확장하여 자신 같은 결혼이주여성을 돕는 일에도 적극적으로 참여하고 있다.

"제가 처음 한국에 왔을 때 다문화 방문교육사업이 2008년에 그때 생겼어요. 우리는 아무도 그런 거 생긴 줄 몰랐어요. 아무것도 모르죠. 그래서 그때 선생님들은 이제 학생을 찾으러 다녔어요. 그때 마침 옆집에 베트남 여자가 살았는데, 그 여자를 찾으러 왔다고 하면서 막 문 두드리고 그랬어요. 그래서 그렇게 알게 됐어요. 그때는 무슨 서비스인지 몰랐는데 제가 당연히 공부하고 싶죠. 공부하고 싶었어요. 어떤 거에 대해서 특히 한국어하고 한국 문화 좀 배우고 싶었죠. 왜냐하면 처음에 왔을 때 제가 시간도 있잖아요. 시간이 좀 넉넉했죠. 그때 친구도 없고 그래서 '그런 거 배울 수 있으면 그런 것이 있으면 좋겠네' 생각했어요. 근데 그때 우리 신랑이 내가 배울 곳을 찾았는데 찾아보니까 되게 우리 동네에는 그런 곳이 그때 없었어요. 그냥 아무것도 몰랐고 나 혼자 다니는 것도 그냥 불가능했어요. 처음 한국 와서 뭐 길도 모르고 그러는데 내가 사는 ○○구에는 다문화센터가 없었고 신랑이 찾아봤는데도 잘 찾질 못했어요. 그랬는데 마침 결혼이주여성을 찾으러 다닌 그 방문교육 서비스가 생겨서 그분들이 우리를 찾으러 다녔어요."

결혼이주여성 C가 한국 사회의 구성원으로 자리매김하기 위해 역량을 발휘하며 실천하고자 하는 모습은 자신이 돌봄과 배움을 경험했던 방문교육지도사를 많이 닮아 있었다. 자신을 열정적으로 가르쳐주던 방문교육지도사처럼 그녀 자신도 배움에 대한 열정과 노력을 놓지 않았다.

"제가 사실 한국 와서 지금도 가르치면서 활동 많이 하면서도 그래도 공부 계속하고 있어요. 그러니까 왜냐하면 안 하면 따라가기 힘들어요. 그냥 남들 지금 경쟁 너무 심해서요. 내가 안 배우면 그만큼 지식이 너무 부족해서 공부하는 건데 그러면 남들보다 너무 귀찮은 부분이 있어요. 그렇지만 강사들은 많이 생기고 일자리는 줄어드니까 경쟁도 되고 수업도 작년보다 조금 수업이 적어요. 그래서 계속 공부해야 돼요."

"2000년대는 출입국에 관한 시스템이 잘되어 있지 않았고 결혼이주여성이 출입국관리소에 의무적으로 가서 받는 교육도 제한적이어서 저희에 대한 정보관리가 잘되어 있지 않은 시기였어요. 지금은 제가 여러 단체에 나가서 통역 서비스를 하면서 봉사하고 있어요. 저도 중국어 관련한 수업에 나가서 강사도 하고, 통역할 기회가 있으면 통역도 해요. 그런 것이 너무너무 좋아요. 경제적인 수입을 얻기 위해서 하는 것도 있지만 내 이후에 온 결혼이주여성을 돕는 역할도 하게 되는 것이기 때문에 좋아요. 통역도 하고 그러니까 단순한 통역한 거 아니고 그러면 이야기하면서 제가 또 그런 조언 많이 해요. 지금 온 사람들을 보니까 한국 온 지도 1, 2년 됐어요. 그 사람들에게 알아보니까 집에서 뭐 하냐고 물었더니 '그냥 놀아요. 아무것도 안 해요'라고 해서 그래서 내가 '아니야, 당신 한국어 배울 수 있으면 빨리 배우고, 네 그리고 지금 다문화센터도 많이 있잖아요'라고 했지만, 그 당시 코로나 때문에 너무 심해서 아무것도 하지 못하고 이상한 종교를 가진 사람들이 무서워서 특히 코로나가 처음에 뉴스에 너무 무섭게 났으니까 그래서 아무거나 못 하고 있다는 이야기를 들었어요."

결혼이주여성은 방문교육지도사와 문화의 다양성이 공존하는 관계 맺음을 형성한 후에는 현재에 머무르지 않고 계속 도전하기를 희망했다. 결혼이주여성들은 자신이 가진 문화와 언어를 바탕으로 한국 사회의 구성원으로서 수혜자가 아닌 베풂의 실천자로 한국 사회 구성원으로 자리매김하며 한 발 더 나아가고자 했다. 모국에서의 경험을 활용하여 자신의 문화와 언어를 바탕으로 한국 사회에 적합한 역할과 역량을 발휘하며 새로운 정체성을 형성했다. 새롭게 자신의 정체성을 재정립한 후에는 이주민과 정주민의 디딤돌로 자리매김하며 상호문화 소통을 실현했다. 이렇듯 점차 한국 사회 안에서 자신의 정체성을 능동적으로 형성하며 자신에게 주어진 상황과 역할에 도전하고 재해석을 시도함으로써 자신에게 불리한 상황을 바꾸어나갔다. 이를 통해 자기 삶의 영역에서 주체적인 관점을 가지고 정체성과 행위를 결정했다. 그 결과로 결혼이주여성 B는 요즘 취업에 대한 도전을 생각하고 있다고 했다.

2) 배움의 성장을 실천하는 사회참여자

결혼이주여성 C는 사람들을 만나는 것이 두려워서 집에만 머무르고 있는 한국 입국 초기의 결혼이주여성들에게 용기를 주며 온라인 수업도 소개했다. 이들을 만날 때마다 "여기서 살려면 무조건 많이 나가"라고, "많이 배워"라고, 그리고 또 "나처럼 나중에 학생 가르칠 수도 있다"고 격려하는 일을 진짜 많이 한다고 했다. 코로나19 시기에 한국에 입국한 결혼이주여성들의 경우 초기에는 코로나로 인해 어려움을 겪었다. 혹은 한국에 입국 후 1~2년은 아무것도 몰라서 그냥 놀기만 하는 사람을 보면 열심히 배워야 한다고 조언해주며 그들이 시간을 허비하지 않기를 바랬다. C는 그들에게 열심히 노력하면 자신처럼 기회를 찾고 무엇이든 할 수 있을 거라고 독려하며 많은 정보와 용기를 주는 디딤돌 역할을 했다. C는 자신의 자발적이고 적극적인 행동의 동기가 무엇인지, 자신이 경험한 방문교육 서비스가 어떠한 영향을 미쳤는지를 이야기하며 자신이 배우고 익힌 것을 실천하며 자신의 정체성을 변화시키고 있었다.

"지금 보니까 저처럼 이렇게 가서 통역하신 분도 많고 다른 나라 나라별로 다 있어요. 근데 그 사람은 또 단순하게 그냥 오늘 이 내용만 통역하면 돼요. 그러면 단순하게 통역하는 사람도 많아. 근데 저는 안타까워요. 같은 나라 사람인 걸 알아서 제가 그냥 진짜 내가 도와줄 수 있는 만큼 그렇게 알려줘야 돼요."

"저가 한국에 올 때 같은 시기에 한국에 친구가 한 명 왔어요. 저와 같은 고향 사람이 왔어요. 한국에 와서 가만히 집에만 있었어요. 그걸 제가 또 알게 돼서 '그냥 있으면 안 돼. 너 다문화센터에 다녀'라고 했어요. 방문교육지도사 선생님 만나면 많이 이야기하잖아요. 선생님 오셔서 진짜 많은 걸 가르쳐요. 꼭 해야 돼요. 그래서 저 통해서 다문화센터도 이렇게 다니게 돼요. 그렇게 막 약간 전도사처럼 이렇게 연결시킨 적이 많아요. 다른 사람들도 시키고, 그다음에 여기 아동센터 우리 자녀도 다니고 했잖아요. 네 아동센터 너무 좋고, 저는 그 아동센터에서도 중국어 가르친 적이 있어요. 그리고 센터장님이 너무 책임감도 많은 사람이고 그래서 아이도 아동센터에 보내게 되었어요. 아주 좋아했어요. 그 아이가 한국말을 하나도 몰라서 저를 통해서 아동센터 가게 된 거예요. 그 후에는 맨날 같이 어울려서 한국말도 하고 나중에는 이제 다른 선생님한테 한국말도 배우게 되었어요. 그런데 그렇지 않으면 만일 저를 안 만났으면 그냥 집에서 지내기만 하고 게임하고 하루 종일 이렇게 시간이 지나갔을 거예요. 아이랑 엄마랑 다 중국말로는 못 해요."

결혼이주여성 C는 한국 입국 초기 모든 것이 어렵고 외로운 시간에 만난 방문교육 서비스를 통해 만난 방문교육지도사와의 관계를 적극적으로 활용했고, 이를 통해 자신의 환경을 적극적으로 확장해나갔다.

"그때 나에게 제일 좀 필요한 것을 채워주었어요. 그때 나는 조금도 쉬운 게 없었어요. 진짜예요. 제일 급한 건 당시 내가 너무 외로웠다는 거예요. 그래서 선생님이 오면 너무 좋았어요. 선생님이 오시면 아기도 봐주고 한국어도 배울 수 있고 제가 잘하는 것을 선생님도 발견해주셨어요. 나의 장점을 선생님이 발견하고 '이 친구가 진짜 노래 잘해요'라고 나를 한국어 노래자랑에 추천해주었어요. 나의 장점을 발견해서 어떤 할 수 있는 일을 만들어주었어요. 그래서 저는 노래자랑 나가서 최우수상 받았고 그러면 기분이 좋잖아요. 자기 자신이. 내가 한국 온 지 얼마 안 됐을 때인데 나는 스스로 내가 노래 잘한다는 거를 사실을 알고 있었지만, 이렇게 한국에서 노래자랑 대회가 있는 것도 몰랐고 선생님이 거기 나가보라고 했었지만, 한국에 처음 와서 좀 자신감이 떨어졌어요. 왜냐하면 한국 노래 부르는 거잖아요. 한국 노래 부르고 그 한국 노래 가사도 모르잖아요. 그러면 외우기 힘들어요. 선생님한테 '제가 부르는 노래의 가사가 무슨 뜻이에요?'라고 물었더니 첫사랑에 관한 뜻이라고 선생님이 엄청 생동감 있게 생생하게 설명해주었어요. 남자와 여자가 처음 만나서 가슴이 두근두근 그런 내용이라고요. 그때 우리 선생님이 저한테 노래 내용 설명해주시고 장식할 꽃도 같이 사러 가고 막 이랬어요. 그때 선생님하고 저하고 되게 잘 맞았던 것 같아요. 그런데 많이는 못 들어봤는데 아무튼 종종 이렇게 서로 불만도 있다고 들었어요. 저희도 처음에는 잘 모르지만 그러니까 슬슬 이렇게 느껴요. 진짜 저는 너무 다행이고 선생님들 다 너무 좋은 분이에요."

결혼이주여성 C는 방문교육지도사와의 관계가 매우 좋았고, 서비스를 통해 많은 도움을 받고 좋은 관계 맺음의 기억이 있어서 더욱 방문교육서비스와 방문교육지도사와의 추억과 고마움을 많이 떠올렸다. 그러나 그런 관계 맺음은 저절로 이루어지는 것이 아니며 상호 간의 큰 노력이 있었음을 고백했다.

"언어를 가르친다는 것이 단순하게 한국어만을 가르치는 거 아니잖아요. 공부를 가르쳐주시다가도 제가 한국 생활하는 데 적응할 수 있는 문화나 생활에 대해서 많이 지도해주고 어떻게 생활해야 하는지 중요한 부분을 많이 살펴주었어요. 아무튼 생활적으로 선생님 많이 관심 가져주고 진짜 도움받은 것 많아요. 방문지도 선생님 통해서 제가 다문화센터를 알게 되잖아요. 거기서 제가 컴퓨터 배우게 됐어요. 중국에서 컴퓨터 많이 안 만졌고 집에도 컴퓨터 없어요. 제가 중국에서 컴퓨터를 써본 적이 없어서 구청에 신청해서 세 번을 배웠어요. 결혼이민자를 위한 게 아니었지만 제가 배우고 싶다고 해서 일찍 가서 줄 서서 배우고 내가 뭐 하고 싶으면 또, 또 했어요. 세 번 했어요."

"처음에 선생님을 만나서 공부도 배우고 선생님이 저를 데리고 다니면서 많이 보여주고, 노래자랑에도 출전하면서 도전하는 걸 많이 배웠어요. 열심히 했어요. 그뿐만 아니라 운전도 배웠어요. 학원에서도 글쎄 그 당시에 뭐 중국어 뭐 이런 게 있었어요. 우리는 다문화센터 오픈식에도 참석했어요. 여러 나라 사람들이 자기 나라 옷 입고 노래 부르고 정보도 교류하고 했어요. 같은 나라에서 온 사람들은 연락처도 받고 했어요. 그 이후는 저는 너무너무 반가워서 또 연락한 거예요."

결혼이주여성 C는 한국 입국 초기 가정마다 방문하며 결혼이민자를 찾아다니던 방문교육지도사를 통해 서비스를 알게 된 것이 한국에서의 삶에 매우 큰 변화의 계기였음을 알 수 있다. 이러한 관계 맺음은 방문교육지도사 개인의 만남에서 다문화센터로, 결혼이주여성들의 모임으로 자기 삶의 영역과 경험을 확장해갔다. 2008년 초기 방문교육 서비스는 결혼이주여성들의 가족들을 대상으로 여행이나 행사가 많았다. 가족들을 데리고 놀이공원에 가거나 가족 단위로 여행을 주선하는 등 한국에 대한 다양한 경험을 제공했다. 이때 C는 방문교육 서비스가 처음 시행되던 2000년대 초 센터의 도움으로 사람들과 연결되고 도움도 많이 받으며 다양한 프로그램에 적극적으로 도전하게 되면서 역량을 쌓아갔다. 현재 C는 구청이나 다문화가족센터의 다양한 교육을 꾸준하게 받으며 중국어 강사로 활동하고 있다. C는 강사 교육을 받으며 즐거움과 보람을 느낀 순간을 이렇게 회상했다.

"제가 다문화 강사를 하며 즐거움과 보람을 느끼는 때는 교육의 즐거움을, 배움의 즐거움을 느끼는 거예요. 물론 보람 있고 정말 즐겁고 행복해요. 내가 인정받을 때 너무 행복해요. 내가 발표하거나 할 때 너무 칭찬받았어요. 그럴 때면 진짜 그날은 너무 흥분해요. 특히 학교에 가서 학생들과 수업할 때 쉬는 시간이 되면 저한테 옆에 다가오고 아이들이 저한테 관심을 가지고 계속 와서 물어보고 '강의 내용을 할 때는 너무 잘 가르친다.' 그럴 때는 인정받고 할 때 너무 기뻐요. 세계 시민 교육을 다양한 나라에 대해 하는데 이미 제 수업을 들은 학생들이 저에게 다가와서 또다시 신청하고 싶다고 할 때 저는 그렇게 보람 있고 내가 좀 잘한 것 같아요. 아이들이 '고마워요. 재밌어요'라고 말해주니까 감동했어요. '선생님, 나 선생님 거 한 번 더 듣고 싶어요' 이렇게도 얘기하고 좋아해주면 저는 그런 아이들에게 그림을 그려줘요. 제가 아이들과 중국에 대해서도 알려주고 저도 자신감이 생겨요. 저는 진짜 다문화 교육을 통해서 많은 걸 배웠어요. 진짜 다문화센터가 없으면 저는 지금 이만큼 못했을 거 같아요. 내가 한국에 처음 와서 이렇게 좋은 선생님도 만나고 좋은 서비스 경험하고, 정말 너무 진짜 감사할 마음밖에 없어요. 지금 너무 감사해요. 제가 얼마 전에 읽은 글이 있는데, 저의 마음에 대해 이렇게 설명할게요."

결혼이주여성 C는 얼마 전 마음이 어려운 일이 있었는데, 친한 언니로부터 받은 위로의 글이라며 시를 보여주었다. C는 자신이 받은 중국시(中國詩)를 써주는 것으로 한국에서 삶의 여정에 대한 자신의 마음을 대신했다.

태양이 될 수 없으면 그러면 제일 밝은 별이 되면 돼요.
큰 길이 될 수 없으면 그러면 작은 길이 되면 돼요.
큰 배우가 될 수 없으면 그러면 평범한 백성이 되면 돼요.
주연이 될 수 없으면 그러면 조연이 되면 돼요.
생활 중에 어떤 배역이든 다 중요해요. 그냥 어떻게 연출하는지 제일 중요합니다.

做不成太阳，就做最亮的星星；
成不了大路，就做最美的小径；
当不了明星，就做平凡的百姓；
演不成主角，就做出色的配角；
每一个角色都很重要，就看你怎么演出！

결혼이주여성 C

10장

방문교육지도사의 사회적 실천

1.
방문교육지도사의 돌봄 실천의 의미*

1) 방문교육지도사의 돌봄

돌봄을 번역하면 'care' 또는 'caring'이다. 'care' 또는 'caring'에 해당하는 행위를 우리 용어로 표현하는 과정에서 돌봄의 의미는 돌봄 대상자의 연령과 욕구에 따라 상이해진다. 이런 돌봄 행위의 속성을 민감하게 포섭하기 위해 다양한 용어로 개념화되었다(남정연·김영순, 2022). 돌봄은 양육, 보육, 부양, 수발, 보살핌 등을 통칭하는 포괄적 용어로 2009년 보건복지가족부가 공적 문건에 사용하면서 유사 행위를 지칭하는 공식어로 자리 잡았다(이효성·고그린, 2014). 돌봄은 인간이 공존하면서 살아가는 데 가장 기본적인 필요조건이며, 한 사회 안에 물과 공기처럼 편재해 있어야 할 공공재라고 할 수 있다(정신희, 2020). 이는 누구나 태어나면서 죽을 때까지 돌봄을 받기도 하며 돌봄을 제공하기도 하는 속성을 지니기 때문이다(옥수

---

* 이 절은 남정연·김영순(2022), 「다문화가정 방문교육지도사의 돌봄 서비스」, 『문화교류와 다문화교육』 11(2)의 논의를 바탕으로 이 책의 취지에 맞게 재구성했다.

선·조향숙, 2016).

돌봄서비스는 이용자와 제공자 간의 기대와 정서, 행동이 복합적이며 역동적인 상호작용 과정을 바탕으로 이루어지는 감성노동의 성격을 지닌다(최희경, 2010; 정진경·정세희, 2015). 이는 돌봄이 공감과 친밀성 그리고 돌봄 제공자의 도덕적인 능력으로 상호 간의 관계 속에서 실현된다고 했던 왓슨의 주장과 일맥상통하는 주장이다(남미순·송광일, 2018: 185).

왓슨의 돌봄 이론은 인간의 내적 삶에 중심을 두고 있다. 포돌락(Podolak, 1995)은 1990년대 돌봄(간호)의 근간이 되는 철학, 즉 "간호 품질 철학"을 제시했다. 이 철학은 네 가지 핵심 요소로 이루어져 있는데, 돌봄, 품질, 비용, 간호(직)이다. 이를 바탕으로 사회적·정치적·기술적·경제적 영향에 대응할 수 있는 간호 품질 모델(nursing quality model)이 마련되었으며, 세부적인 요소에는 품질관리 모델, 사례 관리, 왓슨의 인간 돌봄 이론, 간호 전문 직업성이 포함되었다(남정연·김영순, 2022). 왓슨 이론은 간호의 주 모델로 선정되었는데, 왓슨이 강조한 휴머니즘과 개인의 한계를 초월하는 돌봄은 품질관리 모델과 사례관리 모델에서 강조된 돌봄 특성들의 비용과 완벽한 균형을 제공한다고 밝힌다. 개인 한계를 초월한 돌봄은 "전인격과 세계 속의 존재에 대한 높은 존경심을 가지고 맺는 다른 사람과의 결합"으로 정의된다. 포돌락(1995)은 왓슨의 10가지 돌봄 구성 요인 중 이 요인들과 매우 잘 맞는 다섯 가지를 소개했다. 즉, '인본주의적 이타적 가치체계 형성', '창의적인 문제해결 과정의 활용', '자아초월적인 가르침과 배움의 권장', '인간의 욕구 충족을 위한 도움' 등이다.

방문교육지도사들이 만나는 서비스 대상자들은 결혼이주여성과 그들의 자녀다. 방문교육지도사는 집합교육에 참여하기 힘든 다문화가정에 직접 찾아가 결혼이주여성과 그들의 학령기 자녀들에게 부모교육 및 자녀생활서비스 그리고 한국어교육 등을 실시하는 공적 돌봄 제공자(정신희, 2018: 203)다. 방문교육지도사가 다문화가정 대상자의 삶에 들어가 실천하는 다양한 돌봄은 인간 돌봄에 기초한다고 볼 수 있다. 또한 육체적 돌봄에 비해 영적 돌봄에 비중을 두는(남미순·송광일, 2018: 189) 행위적 실천으로 볼 수 있다.

2) 방문교육지도사의 이타적 돌봄

다문화가족 방문교육사업의 목적은 여성 결혼이민자와 그 자녀를 위한 한국어교육, 부모교육, 자녀생활서비스 등에 있으며, 지리적·경제적 문제로 집합교육에 참여하기 어려운 다문화가정을 대상으로 안정적인 정착을 돕고자 지도사를 다문화가정에 파견하여 맞춤형 교육 서비스를 제공한다(여성가족부, 2021). 방문교육지도사들은 현장에서 문화가 다른 결혼이주여성들을 만나 업무를 진행하며, 그들 편에서 이해하고 상대방 문화를 존중하려는 모습을 보였다. 이러한 모습을 통해 타자를 이해하는 이타적 가치를 실천하고 있음을 알 수 있었다.

"조금씩은 문화도 알게 되고, 이 친구 입장에서는 그럴 수도 있겠구나 이해도 하고 느낀 것도 있었죠. 아기 이유식 만들 때도 보면 미원을 잔뜩 넣는 것도 봤어요. 본인이 생각했을 때 그게 맛있으니까. 그래서 놀랐죠."(남정연·김영순, 2022: 192)

아기 이유식에 인공조미료를 넣는 이주여성의 모습을 보고 방문교육지도사는 깜짝 놀라고 이해가 안 되었다고 했다. 그러나 아기 엄마인 이주여성의 입장을 생각하고 이해하게 되었다고 했다. 요리할 때 인공조미료를 넣으면 맛이 가미되는 것처럼 아기를 위해 이유식을 맛있게 만들어주려는 엄마의 정성스러운 마음으로 이해하고자 노력한다.

"한국어 강사로 방문한 가정에서 냉장고에 검은 비닐봉지로 쌓여 있는 것들이 뭐가 뭔지 모를 정도로 아주 많아서 이거를 교육으로, 기분 나쁘지 않게 같이 정리하게끔 도와주기도 했어요."(남정연·김영순, 2022: 193)

방문교육지도사는 방문한 결혼이주여성 가정의 냉장고가 검정 비닐봉지로 가득 쌓여 내용물도 알 수 없고 구분이 안 되는 상황을 보고 많이 당황스러웠지만, 애써 내색하지 않고 감추었다고 한다. 그리고 혹여 결혼이주여성의 마음이 다칠까 최대한 배려하는 마음으로 기분 나쁘지 않도록 함께 정리를 도우면서 살림을 가르친다는 엄마의 마음으로 따뜻하게 감싼다. 방문교육지도사들은 한국어 강사로 지도하러 갔음에도 본인의 오랜 살림 경험을 바탕으로 상대방의 주방 환경에 도움의 손길을 건넸다. 다그침이나 지적보다 그렇게 될 수밖에 없었던 상황을 이해하고 상대방을 존중함으로써 타자를 이해하려고 했다.

"부모 생활 수업이 끝나는 대상자와는 대상자 나라의 음식을 같이 먹으며 넌 할 수 있다는 긍정심과 자긍심을 심어주었어요. 안산에 있는 베트남 쌀국수집 많이도 갔죠."(남정연·김영순, 2022: 193)

방문교육지도사들은 방문교육지도 서비스가 끝난 이후에도 학습자와 대화를 통해 할 수 있다는 자신감을 심어주고 학습자의 나라 음식을 함께 먹으며 상대 나라 음식 문화에 대한 존중과 관심을 보였다. 이러한 타인을 인정하고 존중하는 인간 상호 간의 관계를 형성하기 위한 만남, 대화, 접촉, 경험 등은 행위 가치로서 큰 의미가 있다(김영순, 2017: 250). 자녀생활서비스를 하는 지도사들은 교육뿐 아니라 대상 아동에게 간식도 챙겨줬다. 그러한 행위를 통해 이타적 가치관을 형성해나가는 것은 자신과 타인 혹은 타문화와의 역동적 관계(김영순, 2017: 255)를 중시한다고 할 수 있다.

"우리 애들 어렸을 때 끼고 공부 가르쳤던 것처럼 지금 그렇게 가르치고 있어요. 힘들기는 하지만요."(남정연·김영순, 2022: 193)

방문교육지도사는 자신의 자녀를 가르치는 마음으로 방문교육 아동을 옆에 앉혀놓고 공부를 시켰다. 가끔은 공부를 가르치는 도중에 집안에서 벌레가 나올 때도 있었다. 방문교육지도사는 직접 벌레를 잡기도 하고, 아이가 벌레에 물렸으면 약을 발라주는 세심함도 보여주었다. 대부분 방문가정 아동들은 부모가 직장에서 일하기에 방문교육지도사의 돌봄 역할이 부모의 역할이기도 했다. 따라서 그들은 현장 상황에 맞게 단순히 가르치는 대상이 아닌 자식처럼 아끼는 진정한 마음으로 아동 학습자에게 돌봄의 손길을 건네고 있었다.

"한 번도 영화관에 가본 적이 없다고 하는 아이에게 같이 영화도 보러 가고, 팝콘도 같이 먹고, 아이들이 좋아하는 햄버거와 아이스크림도 먹으러 가고. 아이들이 좋아하는 모습 보면 나도 덩달아 기분 좋아지면서

도 안쓰럽죠."(남정연·김영순, 2022: 194)

방문교육지도사의 교육과 돌봄에는 이 밖에도 그들이 다양한 문화 체험을 할 수 있게 도와주기도 하고, 부모와 대화가 적은 아동들과 소통과 공감을 통해 이해와 배려로 나아가는 부분도 포함하고 있었다. 다른 친구들이 부모와 함께 극장 가는 모습을 부러워하는 것을 보고 직접 부모님처럼 함께 극장도 가주고 하면서 아이들의 상대적 박탈감마저 배려하는 모습을 보여주었다. 그들은 자신을 부모라고 생각했고, 아이들의 좋아하는 부분을 알아내어 다양한 문화를 누릴 수 있게 행동했다.

"아이들이 돌봄교실에서 간식을 먹고 왔는데도 불구하고 늘 저만 보면 배고프다고 해요."(남정연·김영순, 2022: 194)

한창 성장기에 있는 아이들은 돌아서면 배고픈 나이였다. 그렇기 때문에 학교에서 간식을 먹고 왔음에도 방문교육지도사를 만나면 또 배고프다고 한다. 방문교육지도사는 번번이 아이에게 간식을 챙겨주었다. 이는 아이들이 방문교육지도사를 엄마처럼 믿고 따르고 있다는 방증이기도 했다. 이러한 모습들을 통해 방문교육지도사가 단순히 학습을 지도하는 일에 머무르지 않고, 돌봄서비스를 실천하며 이타적 가치체계를 형성하고 있음을 알 수 있었다.

"학교와 학원 이후 집에 홀로 있게 되는 자녀를 위해 자녀생활서비스를 신청해요. 2시간 서비스로 엄마가 올 때까지는 있으니까."(남정연·김영순, 2022: 194)

방문교육지도사가 방문하는 가정은 부모가 주로 맞벌이를 하기에 낮에는 아이들이 홀로 집에 있게 된다. 그들은 집에 혼자 있을 자녀를 위해 자녀생활서비스를 신청한다. 그 경우 방문 현장에서는 교육보다 돌봄 역할이 더 클 수밖에 없다. 결국 명분은 자녀생활서비스이지만, 실제 이루어지는 모습은 돌봄서비스 실천의 형태로 드러난다.

"서비스 기간 지나고 저한테 연락 안 해도 잘 지내는 분들 보면 흐뭇하고 좋아요." (남정연·김영순, 2022: 194)

방문교육지도사는 몸과 마음을 다해 돌봄을 실천하지만, 서비스가 종료된 이후 대상자에게서 연락이 없어도 잘 지내는 모습을 보면 서운함보다 흐뭇하고 좋다고 말하며 미소를 지었다. 이러한 방문교육지도사들의 모습을 통해 단순하게 직업적인 의무감을 초월한 자식 사랑을 느낄 수 있었다. 그들은 현장에서 사람으로 다가가 환대하고 있었고, 서비스 대상자가 성장하는 모습에 뿌듯해하고 있었다. 이는 인간 사랑과 인간 존중에서 비롯된 것이라고 볼 수 있겠다.

3) 방문교육지도사의 돌봄을 통한 감수성의 확장

부버(Buber)는 인간의 자기상실과 원자화를 인간과 인간 사이의 관계가 깨어진 데서 기인한 것으로 본다고 했다(우정길, 2007). 방문교육지도사들은 부버의 인간 상실과 원자화의 원인을 방증이라도 하듯이 자신과 타인의 건강하고 촘촘한 관계를 통해 자아를 함양하는 모습을 보였다(남정연·김영순, 2022). 방문교육지도사들은 방문교육의 특성상 어떠한 대가를 받는 것을 넘어서는 인간에 대한 연민이나 봉사정신이 있어야 가능한 업무라고 느낀다. 그들은 자신이 제공하는 서비스를 통해 자신과 타인에 대한 감수성을 향상시키고 긍정적 피드백을 받는다. 이러한 봉사정신은 그들이 자신과 타인에 대한 감수성을 배양하는 길이기도 했다.

"대상자들이 조금씩 나아짐에 보람을 느끼며, '선생님 고맙습니다'라는 말을 들을 때, 한글 모르던 학생들이 글을 읽고 편지를 써주면 보람을 느끼고, 가정생활을 열심히 하고 아이들 잘 돌보고 행복하게 사는 모습을 볼 때 보람을 느껴요."(남정연·김영순, 2022: 195)

"나의 생활에 활력이 더 생기고 아직도 일을 할 수 있다는 것에 대한 자부심도 느껴요. 이제 나이 많은 할머니인데 일을 한다고 다니니까 친구들도 부러워하죠. 올해 다문화가족지원센터에서 퇴직을 하지만 아직 젊고 건강하다고 생각해요. 그래서 저는 계속 이 일을 하고 싶은 거예요."(남정연·김영순, 2022: 195)

방문교육지도사는 다양한 삶의 굴곡을 경험했고, 이러한 경험들이 그들이 하고 있는 방문교육에 밑거름이 되고 있기에 자신이 하는 일에 대한 강한 애착과 자부심을 갖고 있었다. 그들은 단순노동이 아니라 사람을 양육하는 일에 보람을 느끼고 있었기에 연령 제한으로 퇴직해야 하는 상황을 무척 아쉬워했다. 그들이 자신의 일을 사랑하는 밑바탕에는 서비스 대상자들과의 관계 맺기를 통해 긍정적인 자아상을 회복함으로써 치유와 행복감을 느끼고 있었다. 그들은 결혼이주여성과의 만남에서 자신의 삶을 돌아볼 수 있으며, 자신의 노력으로 그들이 성장하는 모습에 보람을 느끼고 자존감을 회복하는 과정을 긍정적으로 해석한다.

"속상할 때도 많지만 긍정적인 부분이 많아서 저는 이 일이 좋아요. 학습적인 부분에 있어서 처음에는 하나도 몰랐다가 아이들이 발전하는 모습 보면 정말 좋죠. 시간이 지나고 나면 '아, 이 사람들이 이제 내게 마음을 열었구나' 그런 걸 느끼게 되고 그래요. 그렇게 나에 대해 마음이 열릴 때 참 보람되고 좋아요."(남정연·김영순, 2022: 196)

"아이들이 성장할 때 막힘없이 얘기할 때 참 좋아요. 무척 만족하며 일을 하고 있어요."(남정연·김영순, 2022: 196)

교육 대상 아동의 부모님은 처음에는 아동과의 외출을 허락하지 않았다. 하지만 시간이 지나면서 방문교육지도사에게 신뢰가 생기자 많이 의지하고 있었고, 외출이나 문화활동을 적극 지지해주게 된다. 이러한 변화의 모습에 방문교육지도사는 인정받은 느낌이었고, 자신에 대한 타인의 긍정적인 변화에 보람을 느낀다고 한다. 비록 힘들고 속상할 때도 있지만, 시간이 지나면서 학습자의 발전하는 긍정적인 모습들은 그들의 모든 수고로움에 보상으로 다가온다. 이러한 보상들로 인해 그들은 더욱 자신의 업무에 애착을 느낄 수 있게 된다. 이처럼 다양한 사람과의 만남은 그들의 감수성을 확장시키고 마음의 넓이와 깊이가 더해지게 만들었다.

"봉사정신이 없다면 할 수 없는 일이 아닐까 생각해요."(남정연·김영순, 2022: 197)

"요구하는 자격증과 고학력에 비해 처우가 굉장히 낮음에도 불구하고 일을 하는 거는 봉사정신이 있기에 가능한 것 같아요. 이 일은 남을 배려하는 배려와 돌봄 정신이 분명 필요하죠."(남정연·김영순, 2022: 197)

"방문교육지도사 맨 처음 모집을 했을 때, 아, 이거는 돈 안 받고도 할 일인데 하고 시작한 거죠. 봉사개념으로. 처음에는 봉사한다는 생각으로 시작했어요."(남정연·김영순, 2022: 197)

"돌봄서비스라는 마인드가 없으면 하기 힘든 일이죠. 만약 돈 바라고 하는 거라면 다른 데 가서 일해야 해요. 일단은 처우도 너무 낮고(고학력, 각종 자격증 보유에도 불구하고 최저임금 수준). 정말 돈 벌려고 생각하면 이거 못 해요."(남정연·김영순, 2022: 197)

방문교육지도사들은 아동 학습자들이 점점 발전해나가는 모습을 보면서 그리고 부모님한테서 감사 인사를 전해 들을 때 보람을 느낀다고 했다. 무엇보다 처음에는 어색하고 다소 방어적이었던 학습자들이 그들을 향해 마음의 문을 열었을 때 가장 행복하다. 힘들 때도 있지만 일이 주는 긍정적 부분이 훨씬 많아서 언제까지나 이 일을 하고 싶다. 이러한 만족감은 '나'와 '너'라는 존재론적 구분이 사라지게 하므로 서로가 하나 되는 존중과 공존의 삶의 현장을 구현하고 있었다. 이러한 타자지향적 삶은 타인에 대한 감수성의 배양과 확장으로 이어진다. 방문교육지도사들과 심층면담을 하면서 공통적·다회적으로 들은 단어는 '봉사정신'이었다. 다시 말해 봉사정신이 없으면 이 일을 하기 힘들다는 것이다. '봉사정신'의 사전적 정의는 "국가나 사회 또는 남을 위해 자신을 돌보지 아니하고 힘을 바쳐 애쓰려는 마음의 자세나 태도"다. 방문교육지도사들은 봉사정신을 기반으로 사회적 책임감과 전문성을 실천하는 돌봄서비스 업무에 참여하고 있었다(남정연·김영순, 2022).

이 책을 집필하기 위해 심층면담한 방문교육지도사들은 대부분 대졸 이상의 학력을 소유하고 있었다. 그들이 갖고 있는 각종 자격증과 고학력에도 불구하고 처우는 매우 열악했다. 그러므로 방문교육지도사를 하는 사람들은 대부분 배려심이 많거나 돌봄 정신이 강한 사람들이 모인다고 한다. 그들 대부분은 봉사활동 경력이 많았고, 이러한 봉사정신이 그들이 이 교육사업에 애착을 갖게 된 원동력이기도 했다. 따라서 그들은 방문교육지도라는 업무를 봉사하는 마음으로 임하게 되었고, 이에 따른 물질적 대가는 부수적인 것이 되었다. 그럼에도 시간이 지남에 따라 요구되는 다양한 자격증에 대한 압박과 그에 상응하는 보상의 부재, 개선의 여지가 없어 보이는 열악한 처우환경은 가끔 그들을 지치게 만들고 속상하게 하기도 한다.

4) 돌봄을 통한 관계의 발전

방문교육지도사의 이야기를 통해 방문교육지도사와 결혼이주여성 학습자 간의 독특한 관계를 확인할 수 있었다. 방문교육지도사와 학습자의 만남은 가장 가까운 사적 장소인 가정에서 이루어지기에 평범한 이웃 이상의 만남이 된다. 가정이라는 공간에서 방문교육지도사와 결혼이주여성은 새로운 가족 같은 신뢰가 형성되고 있었다.

> "장례 치르는 2박 3일 동안, 돌 지난 아기를 우리 집으로 데리고 왔죠. 마땅히 보낼 데가 없어 데리고 왔는데 우리 아이들이 돌봐줬어요. 그 친구는 무슨 일이 있을 때마다 전화했어요. 저한테."(남정연·김영순, 2022: 197)

방문교육지도사들은 지도 시 나타나는 역할 관계에 있어 갈등 관계에 있는 가족의 모습보다 조력자로 다가가기 위해 애쓰는 창조적 모습을 보였다. 그들은 단순히 돌봄 제공자와 수혜자의 관계가 아닌 삶의 깊이를 함께 나누는 이웃으로, 가족으로 관계가 발전한다(남정연·김영순, 2022). 이국 타향에서 손 내밀 곳 하나 없던 결혼이주여성에게 방문교육지도사의 존재는 가족, 친구 그 이상이었다. 갑작스러운 남편의 사망으로 장례를 치르는 동안 결혼이주여성은 자신의 어린 자녀를 방문교육지도사에게 맡길 수밖에 없었다. 흔쾌히 도움을 주기로 한 방문교육지도사 역시 상호 간에 깊은 유대감이 형성되었기에 가능한 것이다. 결혼이주여성은 가장 힘든 시기에 주변에서 가장 신뢰할 수 있는 사람으로 방문교육지도사를 찾는다. 이렇게 결혼이주여성은 이국땅에서 혼자가 아니라 믿고 의지할 수 있는 사람을 찾게 됨으로써 한국 사회에서 뿌리내리고 살아갈 수 있다는 자신감을 얻게 된다. 이런 일을 경험하고 나서 결혼이주여성은 더욱더 방문교육지도사를 신뢰하고 의지하는 모습을 보여준다. 방문교육지도사의 따뜻한 배려로 인해 절망적인 상황에서도 혼자 고립되지 않고 희망을 버리지 않고 한국 사회에서 계속 살아갈 동력을 얻는다. 방문교육지도사는 방문교육 서비스가 종료되었지만, 결혼이주여성과는 계속해서 연락하고 도움을 주고받는 가족 같은 사이로 발전했다고 한다.

5) 창조적 문제해결의 과정

　방문교육지도사들은 학습자 지도 시 나타나는 역할 관계에 있어 갈등 관계에 있는 가족의 모습보다 조력자로 다가가기 위해 애쓰는 창조적 모습을 보였다(남정연·김영순, 2022). 아이를 돌봄에 있어서 그들은 지침에도 없고 교육 내용에도 없지만, 사비를 들여서 함께 영화를 관람하기도 한다. 그가 아동 학습자에게 사비를 들여서까지 영화를 보여주는 것은 아이들이 너무나 좋아해서라고 했다. 이처럼 가정을 벗어나 새로운 공간에서 아이들과 다양한 체험을 하고 공감대를 느끼고 있는 방문교육지도사의 배려는 창조적 행동으로 해석할 수 있겠다.

　"처음 만났을 때 그 친구(결혼이민자)는 저한테 커피를 주고 싶은 거예요. 그래서 커피 한 잔을 갖고 왔는데 커피에서 이상한 냄새가 나서 봤더니 그 친구가 프라이팬에 물을 끓인 거예요. 왜냐하면 프라이팬이 물 끓이기 좋다 생각하고 끓인 거죠. 그럴 때 제가 이러면 어떡하냐고 막 야단치는 건 아니잖아요. 어떤 방법이 있을까 생각하는 거죠. 커피포트를 사 줄 수도 있지만 사주는 게 능사는 아니잖아요. 그니까 여러 하나하나를 접했을 때 마치 시어머니처럼 가르치지 않으려고 했어요." (남정연·김영순, 2022:198)

"시어머니가 며느리에 대해 안 좋게 얘기하면 우린 그래도 결혼이민자 편에서 들으려 해요."(남정연·김영순, 2022: 198)

한번은 방문한 가정의 결혼이주여성이 커피를 타주었는데 기름 냄새가 심하게 났다. 살펴보니 프라이팬에 물을 끓여서 커피를 타고 있었다. 아직 살림에 서툰 모습을 눈치챈 방문교육지도사는 잠깐 고민했다. 잔소리하자니 혹여 마음이 다치거나 자신을 싫어할 것 같아서 효과적으로 알려줄 방법이 무엇이 있을까 고민했다. 커피포트를 사줄 수도 있지만 그것이 능사가 아니라는 생각이 들자, 방문교육지도사는 "고기를 잡아주지 말고 고기 잡는 법을 가르치라"는 격언을 떠올렸다. 그는 결혼이주여성에게 프라이팬보다 커피를 타는 다양한 도구가 있음을 알려주고 창조적으로 해결하려고 노력했다.

이 밖에도 한 가정에 방문했는데, 시어머니가 방문교육지도사한테 외국인 며느리 험담을 한 적도 있다고 한다. 방문교육지도사는 결혼이주여성 편에서 시어머니한테 좋은 말씀을 드리려고 노력했다. 이처럼 고부갈등이라는 뜻밖의 상황 속에서도 방문교육지도사는 방관하지 않았고, 책임감으로 상담사 및 해결사 역할을 감당하기도 한다. 저자가 만난 방문교육지도사들은 평균 연령이 60세 이상이다. 그들은 자신이 경험한 연륜과 삶의 지혜를 활용하여 다문화 고부갈등을 중재하는 모습을 보여준다. 그들은 아직 한국어가 서툰 외국인 며느리를 대변하고, 시어머니에게 조언함으로써 외국 며느리에 대한 선입견을 없애고 학습자를 보호하는 모습을 보이기도 한다. 이는 자신도 며느리였던 과거 경험을 살려 방문교육지도사로서 자신의 학습자를 보호하려는 목표를 설정하고, 선택과 결정을 통한 창조적 행위로 해석할 수 있다. 방문교육지도사들은 창조적 자아

(creative self)를 활용함으로써 스스로 문제를 해결하고자 노력하고 있었다.

"자비가 들어갈 때가 많지만 이 일이 좋기 때문에, 또 내가 그렇게 함으로써 아이들이 너무 좋아하니까 내 돈을 쓰면서까지 영화를 보여주고 하죠."(남정연·김영순, 2022: 199)

이러한 창조적 문제해결 과정에는 일부 개인 비용이 많이 들어가기도 한다. 그럼에도 방문교육지도사들은 하는 일 자체가 즐겁고, 자신을 좋아해주는 아동 학습자들의 모습을 보면서 더욱 보람을 느끼면서 또 다른 긍정적 자아를 획득하게 된다. 이처럼 방문교육지도사들은 서비스 대상자들에게 학습뿐만 아니라 삶의 여러 방면에서 도움을 주고자 노력했다. 도움을 주는 행위는 그 자체만으로도 즐거운 일이다. 계산된 행동이 아닌 마음에서 우러나온 행위다. 학습자를 위하는 즐거운 마음 가운데 창조성은 더욱 발휘된다(남정연·김영순, 2022).

관계 영역에서 중요한 것은 '인간적인 필요를 만족시키도록 지지'하는 것이다. 방문교육지도사와 서비스 대상자라는 공적 돌봄 관계가 사적 영역으로 확대되는 것이다(남정연·김영순, 2022). 나아가 편안한 이웃이 되는 것도 인터뷰를 통해 확인할 수 있었다.

"타 지역으로 이사 갔다가 다시 제가 있는 ○○지역으로 오겠다는 친구도 있어요. 그땐 정말 부담됐어요. (웃음) 제가 그 사람의 아이를 돌봐주는 사람은 아니지만 어쨌든 굉장히 많이 나를 의지했어요."(남정연·김영순, 2022: 200)

방문교육지도사가 좋아서 타 지역으로 이사 간 대상자가 다시 이사 오고 싶다고 말하는 경우도 있었다. 방문교육지도사의 돌봄과 친분으로 마음의 안정을 찾았던 한 결혼이주여성은 이사 간 지역에서 외로움을 느끼자 자신에게 친절했던 그를 다시 떠올리게 되고 그에게 도움을 요청하기도 한다. 방문교육지도사는 감사하기도 하고 부담되기도 하지만, 그래도 결혼이주여성이 도움을 청할 때마다 기꺼이 응답하고 필요를 채워주고자 노력했다.

"시간이 나면 만나서 이야기도 많이 나눠요. 사는 동네가 같아서 서로 시간 날 때 만나서 차 마시는 거죠. 하고 있는 공부는 잘되고 있는지도 묻고요. 좋은 것 같아요."

방문교육지도사는 홀로 한국인 가정에 진입한 결혼이주여성과 가장 근접한 거리에서 접촉하는 가족 이외의 한국인이다. 그들은 자신의 역할을 직업적인 부분을 초월하여 결혼이주여성들에게 인간적인 욕구를 만족시키고자 지지하고 이해해주고자 노력하고 있었다.

"한 대상자는 너무 외롭고 친구도 없고 그랬는지 아기 백일, 돌 때 전화했어요. 시어머니 돌아가셨을 때도 전화해서 울고 웃고. 그러면 저는 '네, 선생님이 갈게요' 하고 가서 위로해주고 그런 적도 있었어요."(남정연·김영순, 2022: 201)

방문교육은 종료되었지만 그들은 결혼이주여성들을 나 몰라라 하지 않고 사랑의 마음으로 시간 날 때마다 만나 안부를 묻고 관심을 가져주었다. 그뿐만 아니라 결혼이주여성들에게 새로운 도전을 하라고 정보도 제공하고, 자신감도 불어넣어주고 있었다. 심지어 집안의 경조사가 있을 때마다 자신을 찾는 대상자에게 기꺼이 달려가 응답해주고 있었다. 우리는 이를 통해 방문교육지도사와 결혼이주여성 사이의 끈끈한 유대감을 확인할 수 있었다. 인간적인 필요를 만족시키도록 지지해준 서비스 대상자와 방문교육지도사 간의 신뢰와 돌봄의 관계는 결혼이주여성들이 이국땅에서 외롭지 않게 지낼 수 있는 버팀목이 되어주고 있었다.

2.
방문교육지도사의 공존으로서의 관계 맺기*

1) 방문교육지도사의 관계 맺기

아리스토텔레스는 인간은 태어나면서부터 인간관계 속에 살게 되며, 혼자서는 살아갈 수 없는 사회적 동물로 인간관계의 중요성을 표현했다(이경석·이미경·김경희, 2012). 인간은 누구나 자신의 의지와 상관없이 태어나면서부터 부모와 형제, 자매, 친척 등과 같은 가족 집단에 소속되면서 사회 안에 존재하게 되는 사회적 동물이다(류다영, 2021). 사회의 최소 단위인 가족이라는 테두리 안에서부터 시작되는 인간의 삶은 서로 관계를 맺고 이미 존재하는 법과 질서를 따르며 살아가게 마련이다(류다영, 2021). 인간관계에서 파생되는 상호작용은 한 인간으로 생존하고 정체감을 확립하며 건강한 성격 발달을 위해 필요한 사회 현상의 하나라고 할 수 있다.

이 책에 등장한 다문화가정 방문교육지도사들도 다문화사회의 낯선

---

* 이 절은 신혜정·최수안(2022), 「다문화가정 방문교육지도사의 관계맺기 경험에 관한 내러티브」, 『문화교류와 다문화교육』 11(5)의 논의를 바탕으로 이 책의 취지에 맞게 재구성했다.

타자인 결혼이주여성과의 관계 맺기에서 두려움과 편견을 가진 채 만남을 시작하기도 했다. 하지만 이들은 결혼이주여성의 삶의 공간으로 밀접하게 다가가며 역지사지와 측은지심의 첫 만남을 경험하게 되었고, 이는 소통과 공감의 관계 맺기로 나아가는 시발점이 되었다. 이러한 관계 맺기의 전환은 방문교육지도사로서 결혼이주여성과 서로의 문화적 차이를 이해하고 공존으로 나아가게 하는 추진력이 되어주고 있었다. 즉, 방문교육지도사와 다문화가족의 관계는 제공자와 수혜자라는 일방향적 관계를 넘어 서로의 삶에 영향을 주고받는 구도적 동반자의 관계 맺기로 공존하고 있음을 확인했다(신혜정·최수안, 2022).

그러나 정신희(2019)가 지적하고 있는 바와 같이, 한국의 다문화정책에서 방문교육지도사들의 역할은 국가의 발전과 건강한 가족을 위한 역할로 도구화되고 있다. 이 책은 방문교육지도사와 결혼이주여성의 관계를 정책적 맥락 속에서 주고받는 영향보다 방문교육지도사들의 관점에서 관계 맺기에 집중하고자 했다. 방문교육지도사가 실질적인 만남 속에서 이러한 도구화된 정책적 맥락에 매몰되지 않고, 인격적 만남을 추구하고 있다는 것은 주목할 만하다.

2) 역지사지의 관계 맺기

인간관계는 둘 이상의 사람이 빚어내는 개인적이고 정서적인 관계다. 즉, 인간 상호 간에 있어서 본성이나 직접적 접촉에 의해 지속적으로 유지되는 내면적·정서적인 개념을 의미한다. 다문화가족센터에서 방문교육지도사업을 진행했던 초창기에는 결혼이주여성들의 신청이 저조했다. 방문교육사업이 잘 알려지지 않았기에 방문교육지도사들은 결혼이주여성들을 직접 찾아다니거나 전화 통화를 하며 방문교육사업을 홍보하기도 했다.

방문교육지도사는 방문교육 1세대로서 결혼이주여성 학습자를 발굴하기 위해 직접 발로 뛰며 찾아다녔다. 한 방문교육지도사는 뉴질랜드에서 생활했던 경험이 있었기 때문에 결혼이주여성들이 새로운 만남을 두려워하는 것을 이해할 수 있었다고 한다. 그 자신도 이국 타향에서 낯선 타자를 만나기가 두렵고, 거부했던 경험을 했기 때문이다. 그랬기에 그는 거절당하는 경험을 여러 번 했음에도 포기하지 않았다고 했다. 계속해서 거절을 당하는 경험은 쉽게 익숙해지기 어려운 것이었지만, 역지사지의 마음으로 한발한발 다가갔다. 이렇게 방문교육지도사와 결혼이주여성들은 거듭되는 만남을 경험하면서 서서히 서로 마음의 간극이 좁아지며 관계 맺기의 영역이 넓어짐을 경험했다.

2008년은 다문화가족 방문교육사업이 시작된 첫해다. 방문교육지도사들은 가족센터의 상황과 여건이 충분히 갖추어지지 않은 상황에서 업무를 시작하게 되었다. 그들은 비록 '우연한 기회'로 방문교육지도사가 되었지만, 센터 구성원 및 방문교육지도사 동료들과 상호 협력하며 부족한 부분을 열정으로 채워나갔다. 그들은 각자의 경험과 노하우를 살려 방문교육 현장을 직업적 전환과 자아실현의 장으로 만들어나갔다.

"시작할 때는 센터도 외부에 위탁 운영 받던 시기였어요. 센터 내부 공간도 협소하고 인테리어도 안 되어 있던 상황이라 아침부터 저녁까지 쓸고 닦고, 오리고 붙여가며 환경미화도 하고 솜씨 좋은 선생님들이 많앉어요. 국장님은 밤을 새기도 하고 그러다 보니까 센터장님이나 국장님은 물론이고 센터 행정 직원들하고도 친밀했고 가족 같은 관계였어요."(신혜정·최수안, 2022: 156)

방문교육지도사들은 다문화가족센터의 방문교육지도사 초창기 멤버이자 센터가 자리 잡아가는 전 과정에 함께했던 방문교육사업의 살아 있는 역사다(신혜정·최수안, 2022). 방문교육지도사들은 센터가 안정화되어가는 과정에서 자신의 업무 이외에도 대가를 바라지 않고 솔선수범하여 센터 대내외적으로 행사를 적극 도왔다.

"그때는 다문화 붐을 타고 행사가 쏟아졌어요. 기업이나 단체 등에서 후원도 많았고 주말에도 행사가 열리면 파트별로 아예 담당을 지정해놓고 휴일도 반납하고 다 쫓아다녔어요."(신혜정·최수안, 2022: 156)

"이주여성들이 우리나라 지리가 익숙하지 않으니까 우리 선생님들이 자차로 픽업 다 해가면서, 휴일 수당도 나오지 않았는데 진짜 열정 하나로 했어요."(신혜정·최수안, 2022: 157)

방문교육사업이 확장되어가는 과정에서 방문교육지도사들은 센터 직원들을 도와 상호 개방적이고 우호적인 관계 맺기를 형성해나갔다. 그들은 열정을 갖고 오직 사업 확장을 목표로 헌신했다. 하지만 시간이 지남에 따라 센터직원과의 관계 맺기는 어색해지는 관계로 변해갔다. 다문화가족센터가 점차 확장되고 회원 수도 점점 많아졌지만, 센터직원들의 높은 이직률은 관계의 장벽으로 작동되었다. 서로 간의 대면 기회 또한 적어지며 초창기의 상호 열정의 연대는 사라지고 표면적이고 형식적인 관계 맺기로 전환되었다.

> "센터가 확장되면서 센터직원들도 자주 바뀌고 업무도 많아지다 보니까 서로 만나서 얼굴 익힐 시간도 없었어요. 서로 낯설다 보니 센터직원들도 우리를 사무적으로 대하고 센터장님을 뵙고 싶어서 계시는지 여쭤보면 '누구세요?' 흝어보며 방문객 취급하기도 해서 우리도 센터 소속인데 소속감도 떨어지고 서운하더라구요."(신혜정·최수안, 2022: 157)

방문교육지도사들의 관계 맺기 사례에서 알 수 있듯이 다양한 상황 속에서 관계 맺기의 형태와 본질은 변화한다. 관계의 철학자 마르틴 부버는 현대사회의 인간소외 현상과 자아상실을 지적하며 인간의 존엄성을 회복하기 위해서는 '나-너'의 참된 만남을 통한 관계 맺기로 돌아갈 것을 주장했다(마르틴 부버, 표제명 역, 1995). 부버가 주장한 인간성 회복의 문제는 결국 '사람됨(Menschwerden)'의 문제다. 부버는 한 개인의 자존감과 정체성 상실의 원인을 '나-너'의 관계가 깨어진 데서 기인한다고 보았다. 사회적 상호관계의 회복을 위해서는 '나-너'의 상호 대화적 관계 맺기로 돌아가야 한다. 이를 통해 '나'와 '너'의 진실한 마음이 만나고 소통을 통한 친밀한 관계를 쌓아나가야 한다. '나-너'의 바람직한 관계로 나아가기 위해서는 '너'를 바라보는 '나'의 시각 또한 자기중심적 이기주의의 편협한 시각에서 탈피해야 한다(이경화, 2019). 반면, '나-그것'의 관계는 상대를 독립된 인격체로 인정하지 않고 '너'를 '나'보다 못한 존재로 여긴다. 즉, '너'를 '나'의 지배 대상이나 소유의 대상으로 바라본다. 따라서 '나-그것'의 관계는 고립과 단절로 이어지는 결과를 초래한다.

방문교육지도사는 두려움 반 호기심 반으로 시작된 결혼이주여성과의 첫 만남 이후, 이주민을 바라보던 편협한 사고와 두려움에서 벗어나게 되었다. 더 나아가 그들을 하나의 동등한 인격체로 바라보게 되고 기꺼이 돕고자 하는 마음이 싹트게 되었다. 또한 우리 모두 잠재적 이주민이 될 수도 있다는 거시적 안목으로의 관점 변화를 체험했다. 이와 같은 만남의 동기는 많은 방문교육지도사들이 방문교육 수혜자들을 "도와주고 싶은" 온정의 마음을 가지고 시작한다는 정신희(2019)의 저서 결과와 맥락이 비슷함을 알 수 있다. 따라서 방문교육지도사들은 결혼이주여성과의 첫 만남에서 측은지심을 통해 타인을 바라보게 되었다. 결혼이주여성을 직업 활동의 경제적 수단으로 보는 '나-그것'의 관계가 아닌, 나처럼 동등한 인격을 가진 소중한 존재로 바라보게 되면서 '나-너'의 인격적 만남의 관계 맺기를 시작할 수 있었던 것으로 나타났다.

3) 소통과 공감의 관계 맺기

방문교육지도사들은 다문화가정을 직접 방문하며 방문교육지도를 통해 결혼이주여성들의 생생한 삶의 현장을 목격하게 되었다. 결혼이주여성들은 대부분 이른 나이에 낯선 타국으로의 결혼이주를 선택하고 이곳에 정착하게 된다. 그러다 보니 크고 작은 현실 속 난관에 봉착하기도 한다. 그중에서도 가장 큰 현실적 어려움은 한국어 의사소통 능력의 부재다.

"이주여성들이 언어가 일단 안 되니까 한국어 의사소통 능력을 키워주는 게 급선무예요. (중략) 신문 가져가서 사회면, 교육, 문화, 시사란 등 같이 보면서 한글도 배우고 단어 뜻도 설명해주고 일상적인 이야기로 대화를 해요. TV 보며 말 따라 하기, 재래시장, 박물관, 도서관, 미장원도 함께 가고 실생활 동선을 같이 다니면서 연습했어요. 어떤 날은 '영화 보고 싶어요' 하면 영화도 보러 가고 보고 나서 또 줄거리나 대사 같은 거 생각나는 거 있으면 얘기하고, 느낌도 물어보면서 공감해주고."(신혜정·최수안, 2022: 160)

로저스(Rogers, 1961)는 공감에 대해 "나의 주관적인 판단을 배제한 채 타인이 경험하고 지각하는 주관적 세계로 들어가서 타인의 세계에 완전히 익숙해지는 것"이라 정의한다. 즉, 타인의 내부에 흐르는 감정의 변화 등 그가 경험하는 모든 것에 민감해지는 것을 말한다. 방문교육지도사는 결혼이주여성들의 한국어 능력 향상에 도움을 주기 위해 먼저 그들의 상황에 공감하고, 실질적으로 필요한 것은 무엇인지 함께 방법을 찾아나갔다. 교과서만 가지고 하는 공부가 아니라, 생활 속에서 다양한 환경을 통해 한국어를 익힐 수 있도록 이끌기도 했다. 방문교육지도사는 단순히 '함께 있음'을 넘어서서 결혼이주여성의 상황에 공감함으로써 그들의 실질적인 요구에 응답하고 소통한 것이다.

"수업 다니다 보면 어려운 가정들 많이 보잖아요. 그들에 대한 애착이라든가 이런 게 너무너무 많았어요. 방송국에서 다문화가족 결혼식 이벤트 할 때도, 치매 시어머니 모시고 사는 며느리 사연으로 응모했는데 당첨이 돼서 방송국에서 결혼식 올려주기도 했어요. ○○기업에서 주최

했던 무료 결혼식 행사에도 추천서가 필요했는데, 제가 써주기도 했어요."(신혜정·최수안, 2022: 161)

방문교육지도사는 센터 내에서 발행된 간행물의 편집위원으로 활동했던 경험을 살려 한국어 쓰기 능력이 서툰 그들에게 문서작성과 편집을 돕는 등 실질적인 조력을 했다. 이 밖에도 방문교육지도사가 결혼이주여성이 살고 있는 지역사회의 자원을 적극 활용하는 긍정적 사례도 나타났다.

"결혼이주여성들이 사실 타국에 와서 적응하고 애 키우면서 사느라 스트레스도 많고 힘들어요. 한국 지리도 서툴고, 언어소통도 안 되다 보니 밖에 나가기가 두렵기도 하고 그래서 변변한 여행 한번 못 가고 살아요. 초창기에는 다문화가족 행사에 엄청 불려다니고 동원되는 느낌도 있었죠. 그래서 여행다운 여행 좀 기획해보자 해가지고 기업이나 은행, 단체 같은 데서 후원도 받고 해서 결혼이주여성들만 따로 데리고 여러 차례 여행을 다녀오기도 했어요. (중략) 제주도도 가고, 너무 좋아하더라구요."(신혜정·최수안, 2022: 161)

이처럼 방문교육지도사는 방문교육지도를 통해 결혼이주여성의 척박한 삶의 현장을 접하며 그들이 여성 주체로서 삶의 질을 높이고 행복감을 증진할 수 있는 일환으로 오랫동안 지속해오고 있는 봉사활동의 경험을 살려 지역사회의 자원을 활용하고 연계하며 상호 시너지를 위한 가교 역할을 하고 있었다.

4) 이해와 공존으로 나아가기

방문교육지도사들은 한국의 전통적 가치관을 지니고 오랫동안 살아온 사람들이다. 따라서 방문교육지도사가 결혼이주여성을 만나는 첫 순간부터 내려놓고 열어두는 관계를 시작할 수 있었던 것은 아니다. 예컨대, 청소와 관련된 부분에서도 다문화가족의 다양한 사회문화적 상황에 대해 대화를 통해 이해하고 깨달아가는 과정이 필요했다.

"창문이나 벽에 묻은 손때들, 구석의 거미줄, 벌레들이 사방에 기어다니고. (중략) 그들 문화에서는 한 번도 집을 치우거나 우리처럼 쓸고 닦으며 살아본 경험이 없어서. (중략) 문화가 다르면 그럴 수도 있겠구나! 이해가 되더라구요. 그 뒤로 청소하는 법을 좀 알려줬더니 혼자서도 잘 치우게 됐는데, 남편이 너무 좋아하고 가르쳐줘서 감사하다 그러고. 이주여성도 선생님이 나를 사람 만들어줬다고 그러면서 고맙다고 하더라구요."(신혜정·최수안, 2022: 162)

방문교육지도사는 결혼이주여성과의 만남을 통해 타문화에 대한 이해와 수용의 폭을 넓혀갈 수 있었다. 더 나아가 편협한 자문화중심주의에서 벗어나 문화상대주의적 태도로 관점이 바뀌는 계기가 되었다. 부버가 말한 '나-너'의 관계는 타자를 향해 나를 열어놓는 것으로부터 시작한다. '너'를 있는 그대로 내버려두고 인정하고 성찰하는 과정을 통해 '나-너'의 관계는 상호 인격적 만남의 관계로 나아갈 수 있다. 또한, 결혼이주여성들이 자신의 모국과는 다른 사회문화적 환경 속에서 '청소하는 방법'을 알아가고 적용하듯이 자신들의 문화를 주체적으로 변용해나갈 수 있도록 이끌었다. 하지만 결혼이주여성들과의 관계가 긴밀해질수록 방문교육지도사가 이들의 가족 안에서 갈등에 개입해야 하는 상황이 발생하기도 했다.

"시댁 식구들이 한국말 모른다고 이주여성을 무시하고 바보 취급을 하는 거예요. 이주민 여성이 너무 속상해하고 우울해하더라고요. 그때는 한국말로 소통이 거의 안 될 때라 번역기 돌리고 사전도 찾고 해서 겨우 통역해서 속마음을 알아냈죠. 남편이 병원에 입원했는데 어떤 상황인지 알고 싶다면서 울더라구요. (중략) 결국 쌍둥이 애기들 한 명씩 들쳐업고서 병원으로 같이 갔죠. 직접 남편도 보고, 시댁 식구들하고도 서로 오해도 풀 수 있게 의사소통하는 걸 도와줬죠. 그런데 누구든 한국말을 모른다고 무조건 무시하고 바보 취급을 하면 안 되는 거잖아요."(신혜정·최수안, 2022: 162)

방문교육지도사는 한국의 다문화가족 구성원들이 결혼이주여성을 향해 편견과 차별적인 언행을 내려놓고 타자지향적인 존중과 열어놓음의 대화적 관계(김영순, 2018)로 나아갈 수 있도록 중재자의 역할을 도맡았다. 그러나 방문교육지도사 업무에 가족 갈등의 중재자로서의 역할은 공식적으로 존재하지 않는다. 이 과정에서 겪게 되는 방문교육지도사로서의 개입 범위와 역할의 한계에 부딪히며 갈등하기도 한다. 이러한 "역할의 한계와 갈등"은 결혼이주여성과 그들 가족의 삶에 얼마나 개입해야 하는지에서 오는 것이 가장 크다. 그럼에도 방문교육지도사는 자신이 다름의 차이를 인정하고 관계를 맺으면서 서로 성장할 수 있었던 것을 경험 속에서 터득했고, 이러한 성찰적 관계 맺기가 윤리적 책임감으로 나아가게 했다는 것만은 부인할 수 없다.

방문교육지도사들은 다문화가정 방문교육지도를 하며 결혼이주여성들과 그들의 자녀 간에 발생하는 관계 맺기의 갈등을 자주 접했다. 결혼이주여성은 본국을 떠나 우리 사회에 적응하며 살아가는 과정에서 문화의 차이나 가치관의 다름으로 인해 크고 작은 다양한 어려움을 겪는다. 특히 그들의 자녀는 학령기가 되면서 학교라는 더 넓은 사회를 경험하게 되며, 이주민인 엄마의 외모와 언어가 정주민과 다름을 인식하기 시작한다. 이러한 다름의 차이에 대한 인식의 변화는 엄마를 무시하거나 반항적인 행동 패턴으로 나타나게 된다. 이에 따라 부모-자녀 간 대화가 단절되면서 관계갈등이 시작되기도 한다.

"제가 엄마랑 애랑 따로 붙잡고 얘기를 조곤조곤했어요. 엄마한테는 '애한테 기죽지 말고 엄마한테 함부로 하고 예의가 없는 행동을 할 경우에는 NO!라고 따끔하게 훈육도 하고 그럴 때는 그냥 모국어로 유창하게 혼도 내고 모국어 실력을 보여줘라.' 그러고 나서 애한테는 '엄마는 외국에서 왔기 때문에 모국어는 유창하게 잘하지만 우리말은 서툴 수밖에 없다. 선생님은 엄마 나라말 하나도 못 한다. 너는 엄마 나라말 할 줄 아니? 잘 못하지? (중략) 선생님은 너네 엄마가 돈도 벌고 외국말도 잘하고 너희들 이렇게 키워주는 게 너무나 자랑스럽다'라고 했더니 그다음부터는 애가 얼굴 표정이 확 달라져서 엄마한테 너무 잘하는 거 있죠. 하하하."(신혜정·최수안, 2022: 165)

방문교육지도사는 결혼이주여성과 그들 자녀 간의 소통 단절을 해결하고 관계지향적인 대화의 관계로 나아갈 수 있도록 조력했다. 즉, 그들의 자녀와 개방적 대화를 시도하고 그들의 이야기에 경청하며 대화의 장으로 초대했다. 또한 기다림을 통해 성장으로 이끈 사례도 있다.

> "처음에 갔을 때 진짜 낫 놓고 기역 자도 모르는 상태였어요. 학교에서도 방과 후에 특수교사가 지도하는데 한글을 못 깨우쳐서 포기했다고 그러더라구요. 학교에서도 집에서도 천덕꾸러기 취급을 받는 아이였어요. 엄마가 한부모가정이라 밤늦게까지 직장을 다녀야 해서 이 아이를 돌볼 겨를도 없었고 애들은 그냥 놔두면 혼자 크는 걸로 알고 있더라구요. 안타깝기도 하고 도와주고 싶어서 지도해보니까 아이가 가능성이 보이는 거예요. 그래서 기역부터 하나씩 차근차근 지도했어요. 하나씩 글자를 읽기 시작해서 한글을 깨우치고 나니까 수학도 조금씩 하게 되고 나중에는 기말시험에서 수학을 80점을 받아오더라구요."(신혜정·최수안, 2022: 166)

방문교육지도사와 다문화가정 아동과의 만남에서 사회적 기준이나 잣대로 평가하기보다는 존재 그 자체로 아이를 바라보며 기다림의 관계 맺기를 형성했다. 발달 과정에서 아이마다 속도가 다름을 인정하고 획일화된 틀에 맞추어 '가치 조건화'하거나 상대평가의 기준으로 아이를 판단하기보다는 있는 그대로 바라봐주고 아이의 눈높이에 맞추어 대화를 통해 공감하고 소통했다. 이러한 타자지향적인 열린 자세는 아동의 잠재력을 끌어올리고 성장으로 이끄는 결과를 가져온다. 로저스(Rogers, 1961)에 따르면 개인은 관계 맺기를 통해 성장이 가능하며, 이를 충족하는 세 가지 조건에 대해 다음과 같이 말하고 있다. 첫째, 관계 맺기의 '진솔성'이다. 진솔해진다는 것은 내 안의 다양한 감정, 태도를 언행으로 그렇게 되기를 바라는 마음을 담아 표현하는 것이다. 둘째, 개인의 성향에 대한 '무조건적인 긍정적 수용성'이다. 이는 조건 없이 타인을 받아들이는 것을 의미하며 타인을 독립된 존재로 존중해주는 것을 뜻한다. 타인에 대한 무조건적인 긍정적 수용은 따뜻하고 안전한 관계 맺기로 이끈다. 셋째는 '공감적 이해'다. 공감적 이해는 나 자신의 권리와 가치를 내려놓고 타인의 눈을 통해 그의 사적인 세계를 바라보는 것처럼 깊이 있는 공감을 통한 이해를 말한다. 이상의 세 가지 조건이 성립할 때 '나'와 '너'의 진정한 관계 맺기가 가능하다.

3.
방문교육지도사의 타자성과 윤리적 책임*

1) 타자성과 윤리적 책임

다문화사회로 진입하며 한국 사회에서 타자에 대한 논의는 새롭게 부각되고 있다. 한자로 타자(他者)는 '자기(自己) 외의 다른 사람' 또는 '동일 범주로 취급될 수 없는 다른 것'을 말한다(문성훈, 2011: 392). 이러한 타자는 맥락 속에서 확대되거나 변형되기도 하지만, '타자'의 본질적 뜻은 한자어의 의미에 머물러 있다(배경임, 2018: 17). 다양성이 공존하는 다문화사회를 구성함에 있어 타자에 대한 논의는 타자와의 만남과 이해를 위해 필수다(김영순·박병기 외, 2022: 17).

레비나스(Levinas)는 오랫동안 서양철학에서 논의되어온 존재론의 전통을 비판하며 자신의 타자철학을 시작했다(양천수·최샘, 2020: 177). 레비나스(2001)는 타자에 대한 윤리적 태도로서 '책임'을 주장했는데, 여기서 타자

---

* 이 절은 박옥현·김영순(2023)의 「다문화가정 방문교육지도사의 타자성에 관한 생애사적 내러티브 연구」, 『다문화와 평화』 17(2)의 논의를 바탕으로 이 책의 취지에 맞게 재구성했다.

는 헐벗고 나약한 고아와 과부를 말한다. 비록 이들이 나에게 시선을 두지 않고, 나와 상관없어 보일지라도 나는 이들 타자에게 책임이 있다. 이러한 타자에 대한 책임을 레비나스는 '시간의 통시성'으로 설명했다. 시간의 통시성이란 시간의 경과에 따라 나타나는 사물의 변화 경향을 의미하는데, 타자의 불행은 나와 상관없어 보이지만 시간은 비가역적이므로 나는 시간의 통시성에서 벗어나지 못한다(김연숙, 2001: 17-18).

레비나스는 부버의 철학에서 큰 영향을 받았다(강영안, 2005: 29). 부버(1954)에 의하면, 인간은 반드시 짝으로 존재한다고 했다. 이는 언어를 통한 인간의 소통 방식에서 찾을 수 있다. 즉 인간은 자신이 지닌 생각과 삶의 태도를 언어로써 외부로 드러낸다. 이에 따라 언어는 인간의 현존재 방식에 밀접한 연관 관계를 맺고 있다고 볼 수 있다. 이에 인간의 존재 방식은 혼자가 아닌 너와 함께할 때 존재 의미를 찾을 수 있다. 이러한 인식을 바탕으로 부버(1954)는 인간은 반드시 짝으로 존재한다고 했다. 특히 '대화'는 함께 존재하는 인간에게 중요한 토대가 된다. 즉 서로 다른 두 존재는 대화를 통해 서로 소통하는데, 대화는 서로의 고유성을 손상하지 않으며 서로에게 관여하도록 한다. 부버는 근원적으로 인간은 각자 떨어져 있으나 함께 실존할 때 비로소 인격체가 된다고 했다. 이때 대화는 홀로 존재하는 인간을 엮어주므로 대화로 인해 현존재로서 내 방식이 결정된다(윤석빈, 2006: 271).

이러한 관점에서 부버와 레비나스의 철학을 살펴보면, 두 철학의 중심에는 '사람'이 있다. 세계대전을 경험한 부버와 레비나스는 전쟁의 폭력성에 대한 해결방안으로 인간관계의 회복을 제안했다. 즉, 레비나스는 부버의 '나-너' 관계에서 주체-타자의 관계를 철학적 사유로 발전시켰다. 부버 철학은 이렇게 레비나스 철학에 큰 영향을 주었다고 할 수 있다(노상우·권희숙, 2010: 57). 이에 부버와 레비나스 철학에서 공통으로 발견되는 것을 적어보면, 첫째, 사람에 집중했고, 둘째, 인간관계에서 시대 문제의 해결 방안을 찾았고, 셋째, 대화를 통한 관계 맺기의 중요성에 대한 깊은 통찰이었다.

2) 생애사 속 타자성 경험

타자성은 생애사적 사건을 통해 형성된다(배경임·김영순, 2019: 1054). 인간은 경험을 통해 행동의 변화를 보이는데, 행동을 변화시키는 것은 경험이다(Chance, 2009: 43). 이러한 인식을 바탕으로 이 절에서는 방문교육지도사들이 삶 속에서 경험한 타자성에 집중했다. 레비나스는 타자와의 윤리적 관계에서 타자 주변의 특수성을 뛰어넘어 '벌거벗은 가운데 나타나는 얼굴'에 대한 책임을 주장했다(강영안, 1999: 253). 이에 따라 방문교육지도사들이 성장과정에서 경험한 타자성을 탐색했는데, 최초로 경험한 그들의 타자성은 부모·형제 등과의 가족공동체 경험에서 발견된다.

(1) 가족사랑

방문교육지도사들의 따뜻한 마음의 근간에는 그들이 어려서부터 경험한 가족사랑이 깔려 있었다. 1차원적으로 부모님으로부터 받은 사랑과 교육은 그들이 교육 현장에서 결혼이주여성들에게 부모의 가슴으로 다가갈 수 있었고 딸처럼 대하게 한다. 그중 특히 아버지와의 관계가 돈독했던 한 방문교육지도사는 이렇게 말했다.

"저희 아버지는 (중략) 딸한테 굉장히 잘해주셨어요. 여자애도 무조건 배워야 된다. 부모가 능력이 없어서 대학교는 못 해주지만 고등학교까지는 어떻게든 내가 가르칠 테니까 너네가 해라. 이런 거 있고, 아빠가 되게 자상하셨어요. 학교 운동회 같은 거 하고 이러면 엄마는 안 오셔도 아빠는 오셨어요."(박옥현·김영순, 2023: 30)

1960년대 한국 사회는 가부장적 사회였다. 그 당시 남아선호사상(男兒選好思想)이 강했는데, 남성중심주의는 동서양 모두에 존재했다. 즉, 여자아이보다 남자아이를 선호하는 경향이다. 한 방문교육지도사는 1남 8녀의 가정에서 성장했다. 비록 아버지는 아들을 얻기 위해 8명의 딸을 낳았지만, 다행히도 아들보다 딸을 더 아꼈다고 한다. 아버지는 가정형편이 어려웠지만 높은 교육열을 갖고 계셨다. 심지어 아버지는 어머니를 대신해 학교 운동회에 참석하실 정도로 자녀교육에 열성적이고 자상하신 분이었다.

또 다른 방문교육지도사는 아버지로부터 권선징악 등의 귀한 말씀을 들으면서 올바른 삶의 가치관을 수립할 수 있었다고 한다. 육체적 고통을 겪으면서도 아버지는 어린 시절 방문교육지도사와 친구처럼 눈높이를 함께하며 토론을 즐기셨다. 아버지가 집에 없을 때는 어머니가 많은 고난 속에서도 묵묵히 2남 4녀의 자녀를 길러냈다. 이렇게 성장 과정에서 경험한 부모와의 친밀한 관계는 그녀의 인성에 큰 영향을 미치게 된다.

"우리 아버지는 (중략) 동화책의 권선징악에 대한 얘기를 진짜 많이 해줬어요. 가족 모아놓고 (중략) 같이 친구처럼 토론하고 자기 발표하고 애들 교육시키고 (중략) 제가 유아교육과도 (공부)했잖아요. (중략) 나는 어렸을 때 인성은 이미 부모님으로 인해서 좋게 형성이 됐구나."(박옥현·김영순, 2023: 31)

한국에서 1960년대에 출생한 1980년대 청소년기 여학생은 주로 상업계 고등학교에 입학했는데, 그곳에서 주산이나 부기 등의 자격을 취득하면 은행이나 일반 사무실의 경리로 취업하기가 수월했기 때문이다. 특히 열악한 가정경제 환경의 여학생은 서울 등 수도권으로 상경한 형제자매의 경제적 지원에 의지해 교육의 기회를 얻는 경우가 종종 있었다. 한 방문교육지도사는 장녀로서 동생들을 석사·박사로 키워낸 후 48세의 나이에 학사과정에 편입했다고 한다. 또 어떤 방문교육지도사는 가정에서 언니의 도움으로 고등학교를 졸업하게 되는 가족애를 경험하기도 했다.

"남동생 같은 경우는 박사도 받았고 (중략) 그러니까 친정 분위기가 좀 그랬어요. (중략) 어쨌든 결혼해서 살면서 아이 키우면서 정규 대학을 가기는 참 힘들어요. (중략) 출석 수업 때 야간에 가서 또 사복(사회복지사) 같은 경우는 야간에도 해야 되고 그렇죠. 하여튼 저는 그래도 그거 하면서 힘들다는 것보다는 너무 좋았어요."(박옥현·김영순, 2023: 31)

"중학교 때까지는 엄마 아빠랑 살고 그래요. (중략) 저 언니 돈으로 가르쳤거든요. 고등학교를 저희 언니가 가르쳐가지고 지금도 마음의 빚이 있어가지고. (중략) 언니한테 신세를 졌다. 이게 그 강박이 있어요."(박옥현·김영순, 2023: 31)

이렇듯 방문교육지도사들은 대부분 다수의 형제와 함께 성장했다.

비록 가정경제 환경 등은 열악했지만 부모·형제의 지극한 사랑이 있었다. 이를 통해 형성된 방문교육지도사들의 타자성 경험은 누군가에게 도움을 나누어줄 수 있는 타자성 실천의 씨앗이 되었다. 인간의 최초 양육자는 부모인데, 부모로부터 많은 영향을 받는다. 부모의 양육 태도는 자녀에게 최초 관계 경험이 되어 성격·정서·지적 발달에 중요한 영향을 미친다. 가족관계는 모든 사람의 1차적 사회화 과정으로서 성장과정의 경험들은 그들의 일생에 많은 영향을 미친다. 또한 동시에 개인이 사회 기타 구성원과의 관계 맺기에서 토대가 된다. 이렇듯 부모의 양육 태도는 세대를 통해 전이하는 것으로 밝혀졌다(박영선·안자영 외, 2020: 729).

(2) 타자의 도움을 경험하다

방문교육지도사들은 결혼, 출산, 육아 등 생애 발달 과정을 통해 인생 선배로서의 경험을 먼저 했다. 삶의 다양한 현장 그리고 배움의 연속에서 그들은 자신감을 획득하고, 긍정적으로 세상을 바라보는 방법을 터득한다. 이러한 삶의 산 경험들 속에서 타자성을 경험하며 타자성 실천의 잠재력을 함양하게 된다.

"제가 이제 그 아이가 어렸을 때 어린이도서연구회, 동화읽는어른 모임. (중략) 그거 하고 있을 때 거기에 회원 중에 (중략) 방송대 공부를 같이 하자고 그러더라고요. (중략) 이것(방송대)도 했는데 내가 이거 못 하겠어! 이런 게 그때부터 생겼어요. 저는 실은 그전에는 별로 그렇게 제 생활에 만족하지 않았던 것 같아요. 왜냐면 제가 굉장한 콤플렉스가 있거든요. (중략) 그 친구랑 지금 헤어져서 지금 알지는 못하는데 계속 뭔가 제가

시작하고 이렇게 하게 될 때마다 그 사람을 생각하게 되더라고요."(박옥현·김영순, 2023: 32)

3) 결혼이주여성과의 만남 그리고 반성적 성찰

삶의 다양한 경험은 방문교육지도사의 행동을 변화시키는 학습의 출발점이 되기도 한다. 2000년대부터 결혼이주여성이 증가하면서 다문화가정 방문교육이 시작된다. 방문교육지도사들은 일선에서 낯선 이주민의 가정을 방문하여 그들과 만남을 갖게 된다. 따라서 방문교육지도사들의 방문교육 초기 태도와 경험에 따른 반성적 성찰은 특별한 의미를 지니고 있다고 볼 수 있다.

(1) 편견 버리기 그리고 기다림

한국 이주민 정책의 중심에는 '가족'이 있다(도미향·주정 외, 2019: 97). 예컨대 한국인의 피를 전달하는 결혼이주여성이 준한국인의 위치에 있다면 완전히 다른 피를 가진 이주민은 외부인으로 구분된다. 이러한 인식을 바탕으로 원숙연(2008: 36)은 한국의 이주민 정책에서 우리와 타자를 구분하는 포섭과 배제 정책을 전해주었다. 이처럼 다문화가정을 직접 방문하는 방문교육지도사들의 결혼이주여성에 대한 초기 태도는 다양했다. 이에 따라 방문교육지도사는 처음 만남부터 결혼이주여성에 대한 선입견 또는 편견을 버리고자 노력했다고 했다.

"일단 저희가 초기 면접이라고 이제 한 달 두 달은 정말 다 빼놓고 가야 돼요. 그리고 기다려줘야 돼요. 그 학습자가 나에게 마음을 열 때까지 '왜 그래?', '그러는 거 아니야' 이런 소리를 안 했거든요. 그러면은 알아요. 제가 볼 때는요. 나의 마음이 중요한 것 같아요."(박옥현·김영순, 2023: 33)

방문교육지도사는 결혼이주여성이 마음을 열 때까지 "왜 그래?", "그러는 거 아니야"라는 말을 하지 않았다고 한다. 이러한 태도에서 우리는 방문교육지도사의 차이를 인정하는 '관용'을 발견할 수 있다. 관용은 낯선 타인의 정체성과 생활 방식을 그대로 인정하는 것인데, 왈쩌(Walzer)는 타자를 소유하거나 지배하지 않고 나를 버리지도 않는 '관용'을 타자와의 공존을 위한 덕목이라고 주장했다(문성훈, 2011: 43-46).

"저는 좀 측은지심이 더 많았어요. 저 안됐다는 느낌이 있잖아요. 그니까. 한국인으로서 같이 '책임'져야 될 부분도 있다고 생각을 했어요. (중략) 남편 혼자 보고 왔잖아요. 그래 왔는데 누군가는 진짜 도움을 줘야 되고 그런데 우리가 그분들하고 제일 먼저 마주치는 사람이잖아요."(박옥현·김영순, 2023: 33)

방문교육지도사는 한국인으로서 결혼이주여성에 대해 책임감을 느끼고 있었다. 이는 레비나스(2001)가 주장하는 낯선 타자에 대한 '책임'의 실천이다. 결혼이주여성들은 한국인 남편 하나만 믿고 이주했기 때문에 외롭고 고립되기 쉽다. 어쩌면 방문교육지도사는 이들이 한국에서 처음 만나는 한국을 대표하는 외부 사람일 수도 있기에 책임감으로 임했다고 했다.

레비나스는 가난하고 나약한 타인에 대한 무한 책임을 주장한다. 고통받는 타인의 얼굴에 응답하는 책임감은 형이상학적 의미에서 절대자로 향하는 자기초월이 된다고 했다(레비나스, 2001).

"어찌 됐든 우리 한국의 국민으로 와서 살겠다는데 국민이 국민으로 산다는 것을 열심히 일해서 노동의 대가로 세금도 내고 그러겠다는 얘기잖아요. 그리고 아이도 많이 낳아주고. 나중에 우리나라가 부강해지죠. 우리나라 아무것도 없는데 딱 있는 거 사람밖에 없는데."(박옥현·김영순, 2023: 34)

방문교육지도사는 이주민과 더불어 사는 삶을 통해 한국 사회가 더욱 부강해질 것이라는 긍정적인 생각을 품고 있었다. 그는 결혼이주여성들을 한국 사회의 새로운 인적자원으로 인정하며, 초창기에 그들을 돕는다는 것은 결국 그들과 함께 더 좋은 나라를 만들어나갈 수 있다는 희망을 이야기하고 있었다. 결혼이주여성들이 한국 사회의 구성원으로 자리매김하게 되고, 세금도 많이 내고, 많은 자녀를 낳게 되면 이들로 인해 한국은 부강해질 수 있다고 했다. 우리는 방문교육지도사의 이야기를 통해 낯선 타자에 대한 '환대'를 기대할 수 있다. 환대는 이방인을 손님으로 받아들여 호의를 베푸는 행동이나 의식을 말하는데(최샘·정채연, 2020: 58), 손님을 구분하는 환대는 조건적 환대다. 조건적 환대는 내 말을 알아듣고 자신이 누구임을 밝히므로 자격이 있음을 증명할 때 이루어지는 것이다. 그러나 어떠한 이유가 아닌 무조건적인 환대는 특정한 상대방의 조건을 묻지 않는다. 의무와 권리에 맞춘 상호 조건적 환대는 씨실과 날실처럼 상호 침투하며 무조건적 환대로 나아간다(박옥현·김영순, 2022). 예컨대 방문교육지도사와 이주민 학습자는 규칙적·반복적인 만남과 대화를 통해 상호 신뢰를 쌓아가며 좋은 '인연'을 만들어가고 있었다.

> "사명감으로 만났고, 만남도 인연 같아요. 인연이 믿음을 쌓고, 믿음이 신뢰하게 되어 꾸준히 좋은 정보를 전하고 싶었습니다. 믿음과 신뢰가 없으면 중간에 중단했습니다."(박옥현·김영순, 2023: 34)

(2) 성찰을 통한 배움의 장

경험을 통한 학습은 행동의 변화를 수반한다. 그 행동의 결과는 어떤 행동이 유지되거나 소멸하는 것으로 결정된다(천성문·박명숙 외, 2009: 134). 이러한 인식을 바탕으로 사람들의 바람직한 결과를 위해 환경을 조작할 수 있는데, 이를 '조작적 조건형성(Instrumental conditioning)'이라고 한다. 예컨대 매주 2회기, 2시간씩 방문교육사업의 한국어교육(40주), 가족생활지도(20~60주)는 규칙적·반복적으로 이루어지므로 조작적 조건형성을 위한 정적 강화 조건이 될 수 있다. 또한, 교육을 위해 대화는 필수이므로 대화를 통해 학습자와 지도사는 상호작용한다. 인간 관계는 상호적이므로(Buber, 1995: 28) 내가 너에게 영향을 주듯이 너는 나에게 영향을 미친다. 이에 따라 시간의 흐름에 따라 방문교육지도사들의 태도가 변화하고 있는 모습을 알 수 있다.

> "옆집인가 뒷집에 (중략) 아빠가 흑인 병사였나 봐요. (중략) 다문화 한부모가정을 보면서 그 생각이 났어요. (중략) 내가 그때 참 어렸다. (중략) 그때 한동안 잊고 있다가 떠올랐어요. (중략) 그냥 틀린 게 아니라 다를 뿐인데, 그냥 똑같은 사람이고 그 아이들 같은 경우에는 '눈 떴는데, 그냥

한국에서 태어난 거죠'."(박옥현·김영순, 2023: 35)

방문교육지도사에게 다문화가정 방문교육은 새로운 배움의 장이었다. 예를 들면 한 방문교육지도사는 다문화가정 자녀를 보면서 어린 시절 이웃집 혼혈아가 생각났다고 했다. 그는 다문화가정 자녀의 입장에서 본다면, "눈 떴는데 그냥 한국에서 태어난 거죠"라고 말했다. 이는 방문교육지도사가 방문교육에서 경험한 자신의 깨우침에 대한 이야기였다. '성찰'의 사전적 의미는 "지나간 일들을 되돌아보거나 살피는 것", "본인의 마음을 반성하고 살피는 것"인데, 방문교육지도사의 이웃집 혼혈아에 대한 차별과 배제 행동에 대한 반성적 성찰은 결혼이주여성을 새로운 시각으로 해석하는 데 도움이 되었다.

"제가 생각할 때는 한국으로 시집 오기로 결심한 거는 굉장히 진취적인 사람 아니면 못 해요. 저도 만약에 그러면은 굉장히 힘들 것 같은데 어쨌든 여기 한국으로 왔다는 거는 제가 볼 때는 생각도 진취적이고 긍정적이고 도전 정신이 없으면 못 올 것 같거든요."(박옥현·김영순, 2023: 35)

이처럼 방문교육지도사는 결혼이주여성을 새로운 관점으로 바라봄으로써 그들의 입장을 이해하고자 노력한다. 그는 결혼이주여성의 이주를 단순히 '돈 때문에 팔려온 불쌍한 이주여성'이 아닌 도전적이고, 진취적이고, 긍정적인 여성으로 인정하고자 했다. 그럼에도 방문교육지도사들은 다문화가정을 직접 방문하고 가장 가까이에서 관찰하기에 일부는 다문화가정 가족 구성원의 민낯을 종종 목격하기도 한다. 특히 늦잠을 자거나 청소를 하지 않는 등 결혼이주여성의 행동은 가끔 방문교육지도사들을 불편하게 했다. 하지만 이러한 상황에도 마음을 추스르고 다시 생각하고자 노력한다. 즉 입장을 바꿔 '내가 그들이라면', '내 딸이 이런 상황이라면'이라고 생각하면서 '이 상황에서 쟤가 좀 살고 싶겠어'라고 그녀들의 입장이 되어본다고 했다. 방문교육지도사는 결혼이주여성의 입장이 되어봄으로써 그들을 이해하고자 노력했고, 그것을 넘어 그들에게 용기와 희망을 북돋아주고 싶어졌다.

"내가 조금만 더 잘해주면 이분이 한국에서 살 때 조금 용기도 갖고 또 희망의 끈을 놓지 않을까. (중략) 이렇게 저렇게 살 수도 있지. (중략) 이렇게 (먼지 등이) 쌓여 있으면 '얘는 왜 이렇게 살까?' 이런 마음이 있으면서도 막 이해가 돼요. 그런 그냥 '이 상황에서 쟤가 좀 살고 싶겠어' 막 이런 생각 있잖아요."(박옥현·김영순, 2023: 36)

이렇게 방문교육지도사는 상대의 입장이 되어보는 역지사지를 통해 마음가짐을 고쳐 매고, 방문교육 현장에서 겪게 되는 부당한 대우에도 유연하게 대처할 수 있었다. 특히 학습자의 학력 저조로 인한 불편한 상황, 열악한 환경에서도 이를 극복하려 노력하는 결혼이주여성의 삶을 보면서 자신의 삶을 반추하기도 한다.

"그만두고 싶을 때도 있지만 또 새로운 사람 만나가지고 그 학습자가 또 굉장히 막 열심히 하고 이러면 또 그분한테도 저도 또 힘을 얻죠. 항상 나쁜 거만 있는 게 아니라. 이 친구 정말 너무 대단하다. (중략) 쟤가 이렇게 힘든데도 이렇게 어려운 공부를 하면서 이겨내고 있는데 나는 이렇게 살면 안 되지."(박옥현·김영순, 2023: 36)

"이제 중·고등학교 검정고시를 하고 있잖아요. 나중에 우리 아들이 컸을 때 (중략) 우리 아들이 기가 죽는다 그래서 (중략) 그분은 그런 것 때문에라도 이렇게 한다는 자기 어떤 목표가 있잖아요. (중략) 이런 건 정말 배워야 될 것 같아요."(박옥현·김영순, 2023: 36)

한 방문교육지도사는 과거 동아리 회원의 권유로 방송통신대학교에서 공부하면서 자신감을 가지게 되었다. 그는 자신의 경험을 살려 방문교육에서 만나는 결혼이주여성을 격려하여 중·고등학교 과정 검정고시를 치르고 대학교에 진학하라고 권유한다. 방문교육지도사는 공부를 하면서 성장하는 결혼이주여성을 보면서 보람을 많이 느끼게 된다. 자신이 지도한 결혼이주여성이 중·고등학교 검정고시 과정을 마쳤을 때, 방문교육지도사는 자신의 일처럼 기뻐했다. 또한, 그 모든 어려움을 이겨낸 결혼이주여성을 보면서 자신도 삶에 대한 열망을 더 느꼈다고 한다. 이처럼 방문교육지도사들은 이주 초기 갓난아기 같은 결혼이주여성과의 만남에서 타자성을 실천한다. 즉, 타자의 부름에 응답함으로써 나약한 목적어에서 타자성을 실천하는 주어가 될 수 있었다. 한국어교육을 위한 만남 그리고 '대화'를 통해 진실한 나-너의 관계로 나아가게 된다. 이렇게 타자성을 실천하는 주체로서 방문교육지도사들은 결혼이주여성의 성장을 함께하며 서로에게 스며들고 있었다.

4) 이주민을 통한 타자성 실천

방문교육지도사의 타자성 실천은 지도사로서의 공식적인 역할에서 찾을 수 있었다. 그뿐만 아니라 방문교육지도사들은 직접 다문화가정을 방문하기에 한국인 가족 구성원의 호소도 외면하지 않았다. 이처럼 방문교육의 매뉴얼을 넘어선 비공식적인 역할에서도 다수의 타자성 실천을 발견할 수 있었다.

(1) 가르침에서 행복 찾기

방문교육지도사는 방문교육 현장에서의 타자성 실천을 가르치는 것을 행복이라고 말한다. 그들은 기역니은도 모르던 결혼이주여성들이 한글을 배우고 말문이 트일 때면 보람을 넘어 행복했다고 했다.

> "헌신보다는 되게 보람이 있어요. (중략) 그 친구들 진짜 아야어여 기역 니은도 모르고 하나도 모르고 오는 거야. (중략) 근데 정말 그분이 한국어를 배워가지고 이렇게 말문이 트여서 말을 하게 되잖아요. 제가 너무 행복하지. 그런 보람이 아마 저를 계속 일을 하게 하지 않았을까."(박옥현·김영순, 2023: 37)

방문교육지도사는 학습부진 다문화가정 자녀를 만나면 그들의 눈높이에 맞추어 가르침을 주고자 노력했다. 학업에서 어려움을 겪고 있는 다문화가정 자녀를 양육하는 부모님은 다른 선생님보다 방문교육지도사를 더 신뢰하기도 하기에 자녀의 학업지도를 부탁하기도 한다. 이러한 신임을 받고 자녀교육을 하여 아이의 학습 능력이 향상될 때, 방문교육지도사는 보람을 느꼈다. 특히 다문화가정 보호자가 "애 사람 만들었다"며 감사인사를 전할 때, 가장 큰 보람을 느끼게 된다.

"그애가 구몬학습, 빨간펜, 눈높이 다 실패했어요. 선생님이 마지막이에요. 어떡하든 도와주십시오. 믿을게요. (중략) 근데 100점을 맞아온 거야. (중략) 애가 그때부터 반짝반짝반짝하면서 하라고 하는 것 다 해. (중략) 근데 그게 참 보람이에요. (중략) 너무 고맙대요. '애 사람 만들었다'고."(박옥현·김영순, 2023: 37)

방문교육은 애초에 한국어교육 목적으로 시작된다. 하지만 교육현장에서 아직 육아에 서툰 결혼이주여성들을 만나게 되면서 자연스럽게 부모교육으로 이어지기도 했다. 이를 통해 방문교육으로 시작된 공적 관계가 상호 간의 깊은 신뢰를 쌓게 됨을 알 수 있다. 이러한 상호 신뢰의 관계는 결혼이주여성과 시어머니의 관계에서도 발견된다. 한 결혼이주여성은 비록 남편과는 이혼했지만, 시어머니와는 오히려 인연을 이어가고 있었다.

"애기가 있으면 저희가 부모교육을 할 수 있어요. (중략) 그래서 지금도 저랑 계속 (연락)하고 있고. (중략) 결국은 선생님, 헤어졌어요. (중략) 거기 어머님들이 이혼하고 나서도 어머님한테 잘 가고 아이도 자기가 계속 이렇게 왔다 갔다 하면서 봐주고, 생활비도 좀 드리고 좀 하는 것 같아. 그 남편하고만."(박옥현·김영순, 2023: 38)

부버는 인간관계를 수단에 의한 '나-그것'이 아닌 '나-너'의 관계여야 한다고 주장했다. 특히 나-너의 관계는 자유로운 주체 간의 상호작용이 원칙이라고 했다(김희근, 2018: 234). 이러한 관점에서 본다면 자녀를 생산한 남편일지라도 상호 주체로서 원활한 상호작용이 어려운 '나-그것'의 관계는 단절로 이어짐을 볼 수 있다. 그러나 결혼이주 초기 한국의 문화에 적응해야 하는 결혼이주여성을 갓난아기처럼 모성으로 돌본 시어머니나 방문교육지도사와의 관계는 원활한 주체 간의 상호작용이 존재하는 나-너의 관계였다고 해석할 수 있다. 즉 시어머니와 방문교육지도사는 '내가 낳은 것도 아니고 내가 태어나게 한 것도 아닌' 결혼이주여성에게 그녀들의 육화(incarnation)된 모성성(maternite)에 따라 타자성을 실천했다. 인간관계는 상호적이고(Buber, 1995: 28), 돌봄은 상호 침투적이므로 어리고 헐벗은 타자를 향한 돌봄은 서로에게 침투되어 정신적 동반 관계로 깊이가 더해진다.

(2) 현실적 한계 극복하기

방문교육지도사는 방문교육에 대해 단순한 한국어교육이 아닌 다문화가정과 함께 걸어가는 '동행'이라고 했다. 학습대상자인 결혼이주여성만이 아닌 다문화가정의 구성원 모두를 배려하고, 서로 이해하고 상호작용을 촉진하기 위해서는 규정된 매뉴얼대로 해서는 그 역할을 모두 할 수 없다고 했다.

"저희는 한국어를 수업하고 자녀를 수업하지만 가정으로 투입되는 거예요. (중략) 그래서 이제 같이 공유를 하고 같이 아파하고. (중략) 시어머니를 이해시키면 또 며느리한테 이해를 해야 돼요. (중략) 그 옆에 있는 아이들이 상처받으니까. 이런 일이 이거는 매뉴얼로 할 수가 없는 일이에요."(박옥현·김영순, 2023: 38)

방문교육을 위해서는 다문화가정 방문은 필수이므로 방문교육지도사들은 자연스럽게 다문화가정의 한국인 가족을 만난다. 그들은 결혼이주여성과의 삶의 어려운 문제를 방문교육지도사들에게 호소했는데, 방문교육지도사들은 이를 외면하지 않았다. 방문교육의 한국어교육과 가족생활지도의 주요 대상은 결혼이주여성과 자녀이므로 이는 방문교육의 매뉴얼을 넘어선 것이라 할 수 있다. 방문교육지도사들은 다문화가정의 한국인 가족 모두를 다독이고자 했다. 특히 일부 남편들은 결혼이주여성의 모국 송금 문제 등으로 인해 종종 방문교육지도사에게 상담을 요청하기도 한다. 그는 이러한 상담도 마다하지 않고 안타까운 심경으로 밤늦게라도 한국인 남편을 따로 만나 상담하고 다독여준다. 다문화가정의 고민을 함께하고, 해결방안을 조언하는 모습에서 방문교육지도사의 책임감을 알 수 있다.

"음… 다 고마워하고 그랬어요. (중략) 한 가족을 웬만해서는 다 (상담을 해줘요.) 노력을 해요. (중략) 저는 다 만나요. 그리고 기회가 된다면은 밖에서도 만나요. (중략) '상담 좀 하고 싶어요.' 그렇게 연락이 와요. (중략) 24시간 커피 열잖아요. 그럼 집 앞에 얘기하면은 오셔. 그럼 거기서 상담을 하는 거죠."(박옥현·김영순, 2023: 39)

방문교육지도사는 가정집으로 방문하기에 가정의 일상을 적나라하게 보는 경우도 있었다. 한번은 방문교육지도사가 다문화가정을 방문했을 때, 시어머니와 결혼이주여성이 서로 머리를 잡고 몸싸움하는 현장을 목격했다. 놀란 가슴을 쓸어내리며 그는 시어머니와 며느리의 진솔한 대화를 중재했다. 다행히 시어머니와 며느리는 방문교육지도사의 중재로 서로의 문화차이를 인정하고 화해하는 계기가 되기도 했다.

"어느 날 갔더니 시어머님하고 물리적으로 충돌을 한 거예요. (중략) 어머님은 밥상을 차려서 아침을 다 해서 아들을 먹이고 시어머니 밥상을 따로 차리고. (중략) 그게 언어가 통하고 문화가 좀 비슷하면은 이해를 할 수 있지만 (중략) 그런 시어머니의 관계에서 몇 번 그런 충돌을 중재를 하고 그러면은 마음을 금방 열어요."(박옥현·김영순, 2023: 39)

방문교육지도사들은 다문화가정의 어려운 가정환경을 외면하지 않았다. 한 방문교육지도사는 방문한 가정의 열악한 주거환경을 보고 도움을 줄 방법을 고민했다. 그는 여러 곳에 알아보고 지역 자치단체 등에 호소했다. 이를 통해 다문화가정은 도배공사, 싱크대 교체 등 지원을 받을 수 있게 되었고 그 가정은 깨끗한 환경에서 지낼 수 있게 되었다.

"집이 한 30년이 넘은 집이에요. (중략) 아이도 있고 이제 친정, 자국에서 여동생까지 와 있는데 (중략) 수업을 하면은 싱크대 문이 떨어져갖고, (중략) 근데 거기서 수업을 해야 되잖아요. (중략) 연계가 잘됐어요. 수리를 다 했어요. 그거 이제 집을 깨끗하게 이제 싱크대 갈고 도배하고 다 정리를 했어요."(박옥현·김영순, 2023: 40)

학습자와 관계가 깊어지면서 방문교육의 영역은 지역사회로 확장되었다(박옥현·김영순, 2023). 이는 방문교육지도사들이 금융 관련 자격도 갖추고 있기 때문이다. 한 방문교육지도사는 한국에서 금융 문제로 어려움을 겪는 결혼이주여성을 도와준 적 있었다. 그는 자신의 지식을 이용하여 불합리한 처우를 받고 있는 결혼이주여성을 도와 법원은 물론 산업재해 사무실, 고용보험 사무실 등을 오가면서 책임감 있게 문제를 해결해나가는 모습을 보여주었다. 시댁에서 다양한 불합리한 처우를 받다 보니 마음의 문을 닫았던 한 결혼이주여성은 이를 계기로 한국 사람에 대한 신뢰를 회복하고 자신의 권리를 찾아서 안정적인 생활을 할 수 있게 된다.

> "한 학생 신랑이 근재(근로자재해)로 세상을 떴어요. (중략) 그 돈까지 다 가져갔어 작은아버지가. 그리고 얘는 가라 하는 거야 조카도 자기가 본다고. 너무너무 상처가 많이 있다 보니까 마음의 문을 안 열어요. 근데 (중략) 그 일을 2년 넘게 갔지 계속 법원 왔다 갔다 하고 산재(산업재해)."(박옥현·김영순, 2023: 40)

"타자는 내가 완전히 파악할 수 없는 무한성"이다(Levinas, 2001: 140). 타자는 지금 여기 존재하는 타자만이 아니라 타자의 뒤에 있는 제삼자나 다른 사람들과의 구체적인 결속을 의미한다. 이러한 관점에서 본다면, 낯선 얼굴로 현현(顯現)하는 타자와의 직면은 제3의 모든 이들과 연계된다고 볼 수 있다. 따라서 방문교육의 대상은 매뉴얼에 제시된 결혼이주여성과 그 자녀만이 아니라 다문화가정의 한국인 남편과 시어머니 등으로 확장되었고, 방문교육 장소는 다문화가정을 넘어 산업재해 사무실, 법원 등의 지역사회로 확장되고 있는 모습을 알 수 있다. 또한, "너는 나를 이해하는 단초"가 된다(윤석빈, 2019: 314). 이는 타자의 부름에 응답할 때 비로소 그를 통해 자신을 이해할 수 있다는 것인데, 이러한 관점에서 본다면, 방문교육지도사는 낯선 결혼이주여성의 부름에 응답하며 타자성을 경험했던 목적어에서 타자성을 실천하는 주어가 될 수 있었다(박옥현·김영순, 2023).

맺음말

"환대는 이방인이 누군가의 영토에 도착했을 때, 적대적으로 취급받지 않을 권리다."(Kant, 1795)

방문교육지도사들은 우리나라가 다문화사회로 급변하는 시기에 가족센터 구성원으로서 결혼이주여성을 가장 밀접하게 만나고 그들과 관계 맺기를 통해 함께 성장하는 사회 구성원이자 상호문화 실천가다. 이들은 결혼이주여성이 접하는 이주 현실의 변화와 해당 사회의 맥락에서 상호문화 실천의 생생한 현장을 구성하는 행위자들이기도 하다.

이 책에서는 방문교육지도사들의 생애 이야기를 통해 그들이 지닌 직업 소명관, 결혼이주여성과의 만남 속에서 경험한 돌봄의 경험, 관계 맺기 경험, 타자성의 윤리적 책임 경험을 소개했다. 방문교육지도사들은 모두 자기 삶의 다양한 현장에서 새로운 봉사와 도전을 향한 걸음으로 방문교육을 선택하고 열정을 쏟아부었다. 새로운 도전 앞에서 그들은 처음부터 좋은 스승, 좋은 멘토가 아니었다. 같은 여성이라는 안쓰러운 마음, 그리고 이국 타향에서 외롭고 힘들게 살아가는 이들에 대한 넘치는 사랑과 타자에 대한 책임감으로 낮은 임금과 열악한 처우 등 어려움을 극복하면서 봉사와 자기희생이라는 자신만의 상호문화 실천을 수행하고 있었다.

이 밖에도 이 책에서는 방문교육지도사들이 제공하는 돌봄서비스를 경험한 결혼이주여성 5명의 성장과 변화과정을 기술했다. 이를 통해 이주여성들이 건강한 정체성을 형성해나가고 평등한 구성원으로 자리매김하기 위한 노력도 담았다. 이주민인 결혼이주여성과 정주민인 방문교육지도사의 만남과 관계 맺음의 사회적 행위는 나와 타인의 상호작용 속에서 타자의 관점에서 자신을 바라보고 자기를 해석하는 과정을 제공했다.

김영순·황해영(2023)에서는 "상호문화 실천이란 문화다양성에 대한 인정과 존중을 바탕으로 상호 적극적인 의사소통과 성찰을 통해 공존사회를 모색해가는 사회적 변혁운동이다"라고 정의한다. 또한 상호문화 실천의 개념을 개인적 차원, 사회적 차원, 초국적 차원으로 영역을 구분했다. 상호문화 실천의 개인적 차원을 성찰, 인정, 존중, 소통, 배려 등 키워드를 중심으로 아래와 같이 정의했다. 상호문화 실천의 개인적 차원은 기존의 단일민족, 단일문화 정체성에 대한 성찰을 통해 타문화에 대한 인정과 존중을 바탕으로 공존의 정체성을 함양하고 상호 소통과 배려를 실천하는 행위다. 상호문화 실천의 사회적 차원은 서로 다른 문화집단 간의 능동적인 사회적 상호작용 행위다. 사회의 제도적 주체들(지방 및 중앙 정부, 여타 관련 기관이나 조직들)이 이주집단의 보편적 인권과 기본적 필요를 위한 자원과 복지를 제공하고, 교육과 사회 참여를 위한 균등한 기회를 부여함으로써 사회적 갈등을 방지하고 공존사회로 전환하기 위한 실천적 행위다. 상호문화 실천의 초국적 차원은 인류 보편의 가치관을 형성하고, 권리를 존중하며, 세계시민적 정체성을 가지고 타 문화권과 연계된 국제적 활동(프로그램)에 적극 참여하여 세계적 빈곤과 불평등의 해소 국가 간 이주의 자유를 보장하는 등 실천적 행동을 통해 지속가능한 인류의 발전에 기여하는 것이다. 이렇듯 방문교육지도사와 결혼이주여성의 만남은 하나의 실천 공동체적 의미를 지니며 소통과 공존으로 나아갈 수 있는 상호문화 실천의 장이다. 서로 낯선 문화와 언어로 만남에서 두려움과 편견도 있었지만, 어울리고 이끌리면서 서로의 문화를 이해하고, 공감함으로써 타자에 대한 이해, 책임감을 다하는 윤리적 행위로서 성숙한 다문화 시민성을 터득해 나가고 있었다.

다문화사회에서 공존과 소통의 생활세계를 열어나가기 위해서는 연대와 더불어 포용적 관계 맺기가 필요하다. 따라서 다문화사회의 사회통합을 위해서는 연대, 공존, 소통, 성찰의 관계 맺기에 기반한 지속가능한 정책 및 프로그램이 뒷받침될 필요가 있다. 상호문화 실천은 결국 인간관계 속에서 발현되는 결과물로, 자연스럽게 정주민과 이주민의 삶이 서사화되고 다양한 유형의 상호문화 적응이 나타난다. 방문교육지도사의 상호문화 실천적 행위로서 교육활동과 결혼이주여성과의 만남에서 이루어지는 성장과 변화에 대한 이야기는 이 책을 읽는 독자들에게도 선한 영향력으로 새로운 변화의 바람을 불러일으킬 것을 기대한다.

참고문헌

강규희(2016). 「자녀양육 직장여성들의 생애사 연구: 공공기관 20년 이상 근속 여성들을 중심으로」. 대전대학교 박사학위논문.

강선형(2020). 「마르틴 부버의 철학과 유대주의」. 『철학연구』 128.

강성애·박정윤(2015). 「다문화가족지원센터 종사자의 직무만족도 및 관련변인에 관한 연구: 방문교육지도사를 중심으로」. 『Human Ecology Research(HER)』 53(4), 391-404.

강영미(2015). 「필리핀 결혼이주여성의 '자기 복원' 생애사: 로젠탈의 내러티브 분석 접근」. 『한국사회복지질적연구』 9(1), 108-136.

강영안(1999). 「레비나스: 타자성(他者性)의 철학」, 엄정식 외, 『현대철학특강』. 서울: 철학과현실사, 147-166.

_____(2004a). 「책임으로서의 윤리: 레비나스의 윤리적 주체 개념」. 『철학』 81, 51-85.

_____(2004b). 『타인의 얼굴: 레나스의 철학』. 서울: 문학과지성사.

강준만(2018). 「왜 사회적 행위가 정신과 자아를 창출하는가?: 상징적 상호작용론 외」. 『인물과 사상』 239, 47-81.

고선강·손서희·서찬란(2023). 「가족다양성을 고려한 가족센터 사업운영에 대한 연구: 가족센터 실무자를 중심으로」. 『가족자원경영과 정책』 27(2), 19-33.

공공데이터 포털(2023). 「한국건강가정진흥원: 전국 다문화가족지원센터 방문지도사 현황, 데이터 상세 I 공공데이터포털(data.go.kr)/검색일: 2023.3.11.

곽흥란(2010). 「다문화가정 방문지도사의 활동 특성 및 현황 연구」. 『한민족어문학』 57, 599-625.

구차순(2007). 「결혼이주여성의 다문화가족 적응에 관한 연구」. 『한국가족사회복지학회』 20, 319-359.

권경숙·봉진영(2013). 「다문화가정 방문교육지도사의 실제적인 역할과 어려움에 관한 탐구」.

『유아교육연구』 33(3), 59-81.

권정선·김회용·배지현(2022). 「대학의 사회적 책임에 대한 역사적 고찰: 존 듀이의 경험철학에 토대한 의미 성찰을 중심으로」. 『교육혁신연구』 32(4), 25-50.

김경숙(2014). 「한국의 여성결혼 이주자정책: 상호문화주의적 조망과 함의」. 『디지털융복합연구』 12(9), 21-33.

김경화(2010). 「다문화가족 방문교육지도사의 자기효능감과 직무만족도의 관계에서 역할모호성의 매개효과」. 『가족자원경영과 정책』 14(3), 165-181.

김경화·민하영(2011). 「다문화가족 방문교육지도사의 직무몰입에 영향을 미치는 관련 변인의 탐색」. 『한국가족관계학회지』 16(1), 143-158.

김기화(2022). 「결혼이주여성의 공동체 활동 경험연구: 상호문화실천과 임파워먼트를 중심으로」. 『IDI 도시연구』 2(1), 45-89.

김미종·김태임·권윤정(2008). 「여성 결혼이민자의 건강증진 행위와 피임에 관한 연구」. 『여성건강간호학회지』 14(4), 323-332.

김연숙(2001). 『레비나스 타자 윤리학』. 서울: 인간사랑.

김연희·이교일(2017). 「초국적 삶의 주체로서 결혼이주여성의 전환경험과 미디어행위자 네트워크의 역할」. 『아시아여성연구』 56(1), 107-153.

김영순(2014). 「결혼이주여성의 초국적 유대관계에 나타난 정체성 협상의 커뮤니케이션」. 『커뮤니케이션이론』 10(3), 36-96.

_____ (2017). 『다문화교육의 이론과 이론가들』. 성남: 북코리아.

_____ (2020). 『결혼이주여성의 상호문화소통과 정체성 협상』. 성남: 북코리아.

_____ (2023). 『타자의 경험: 결혼이주여성의 생활세계담』. 하남: 패러다임북.

김영순·김도경(2022). 「결혼이주여성이 참여한 자조모임 공동체의 상호문화소통에 관한 연구」. 『다문화사회연구』 15(2), 5-37.

김영순·김진희·강진숙·정경희·정소민·조진경·조현영·최승은·정지현·오세경·김창아·김민규·김기화·임한나(2018). 『질적연구의 즐거움』. 서울: 창지사.

김영순·박미숙(2016). 「다문화멘토링에 참여한 대학생의 사회적 실천에 대한 근거이론적 패러다임 분석」. 『한국교육문제연구』 34(2), 69-89.

김영순·박병기·진달용·임재해·박인기·오정미(2022). 『다문화사회의 입문학적 시선』. 서울: 연두.

김영순·염지숙·김기홍·남혜경·박봉수·박옥현·배경임·신희정·정경희·허숙·황해영(2023). 『이야기의 사회과학: 생애사와 내러티브 연구』. 하남: 패러다임북.

김영순·최수안(2022). 「'생성'으로서의 자조모임에 참여한 결혼이주여성의 경험에 관한 연구」. 『아시아여성연구』 6(1), 127-174.

김영순·황해영(2023). 「상호문화 실천의 개념 및 내용에 관한 연구: 초점집단토론(FGD) 방법을 중심으로」.『언어와 문화』19(2), 31-63.

김정택·심혜숙(1994).『MBTI와 나의 가족 이해』. 대구: 한국심리검사연구소.

김지혜(2020).「한국에 거주하는 조선족 청년의 삶에 대한 생애사 연구」.『다문화사회연구』13(2), 65-106.

김태원(2012).「다문화 사회의 통합을 위한 패러다임으로서의 유럽 상호문화주의에 대한 이론적 탐색」.『유럽사회문화』9, 179-213.

김희근(2018).「부버와 레비나스의 타자론 시각에서 바라본 야콥 바서만의 세계 구원 이념」. 『독일언어문학』82, 227-247.

남미순(2015).「왓슨과 인간 돌봄이론」.『범한철학』78(3), 405-429.

남미순·송광일(2018).『돌봄 간호 철학: 자연주의적 돌봄을 향한 철학적 모색』. 서울: 현문사.

남순현(2009).「중년기 기혼여성의 성과 일에 대한 태도가 심리적 행복감에 미치는 영향: 전업주부와 취업주부 비교」.『인간발달연구』16(1), 197-222.

남정연·김영순(2022a).「다문화가정 방문교육지도사의 돌봄 서비스: 실천에 관한 의미 탐색」. 『문화교류와 다문화교육』11(2), 179-205.

＿＿＿(2022b).「다문화가족 은퇴 방문교육지도사의 사회적 실천에 관한 생애사 연구」. 『성인계속연구』13(3), 59-90.

노상우·권희숙(2009).「타자의 타자성의 교육학적 메시지: Lvns의 철학을 중심으로」.『교육학연구』 47(4), 1-25.

노영혜·김원중(2019).「다문화가족 방문교육지도사의 역할적응 과정: 근거이론적 접근」. 『복지상담교육연구』8(2), 175-203.

도미향·주정·최순옥·이무영·송혜자·장미나(2019).『건강가정론』. 서울: 신정.

류다영(2021).「스토리텔링을 통한 자아 인식과 치유: [프랑켄슈타인]을 중심으로」.『인문과학연구』 70, 153-171.

문무경(2010).「유아교육의 관점에서 본 다문화 사회의 정책동향과 교육」.『한국육아지원학회 춘계학술대회 자료집: 다문화사회에서 육아, 부모, 교사의 역량 강화』, 163-182.

문성훈(2011).「타자에 대한 책임, 관용, 환대 그리고 인정: 레비나스, 왈쩌, 데리다, 호네트를 중심으로」.『사회와철학』21, 391-418.

박미숙(2016).「다문화멘토링에 참여한 대학생들의 사회적 실천과정에 관한 근거이론적 연구」. 인하대학교 박사학위논문.

박영선·안자영·남인순·김영경·박세호·이문영·신미자·김정실·한미순·이창주·조은형(2020). 「양육태도의 세대 간 차이: 원가족 부모가 성인자녀의 양육태도에 미치는 영향」. 『교육문화연구』26(3), 729-756.

박옥현(2017).「부모의 양육태도가 초기 청소년의 공동체 의식과 관용에 미치는 영향」.

한국방송통신대학교 대학원 석사학위논문.

박옥현·김영순(2022). 「중년여성 다문화가정 방문교육지도사의 직업 생애사 연구」. 『문화예술교육』 17(3), 149-173.

_____(2023). 「다문화가정 방문교육지도사의 타자성에 관한 생애사적 내러티브 연구」. 『다문화와 평화』 17(2), 21-47.

박인철(2010). 「상호문화성과 윤리: 후설의 현상학을 중심으로」. 『철학』 103, 129-157.

_____(2015). 『현상학과 상호문화성』. 파주: 아카넷.

박정혜·강세원(2022). 「직장 여성의 연령대별 주관적 행복감과 관련된 요인 청년층과 중년층을 중심으로」. 『Journal of the Korean Data Analysis Society』 24(1), 165-178.

박찬구(2014). 『개념과 주제로 본 우리들의 윤리학』. 파주: 서광사.

박현순·김영순·정소민(2017). 「조산사 생애사에 나타난 사회적 실천의 과정과 의미 탐색」. 『교육문화연구』 23(1), 501-527.

방현희·이미정(2014). 「다문화가족 방문교육지도사의 역할과 교육경험에 관한 연구」. 『열린교육연구』 22(1), 217-238.

배경임(2018). 「이주민 봉사 기관 재직 개신교 성직자의 타자성 형성에 관한 생애사 연구」. 인하대학교 대학원 박사학위논문.

배경임·김영순(2019). 「이주민지원센터 재직 개신교 성직자의 타자성 형성에 관한 생애사 연구」. 『교육문화연구』 25(5), 1053-1073.

봉진영·권경숙(2013). 「부모교육지도사의 다문화가정 방문지도 경험의 의미탐색」. 『교육연구』 56, 69-105.

서현주·김영순(2023). 「방문교육서비스를 경험한 결혼이주여성의 정체성 변화에 관한 질적 연구」. 『여성연구』 16(1), 5-32.

석영미·이병준(2017). 「이주민 활동가들의 학습생애사 연구」. 『문화예술교육연구』 12(6), 45-67.

설진배·김소희(2013). 「결혼이주여성의 사회적 연결망과 초국가적 정체성: 한국생활 적응과정을 중심으로」. 『아태연구』 20(3), 229-260.

손민호·조현영(2013). 「일반논문: 다문화가정 결혼이주여성의 학습경험에 따른 정체성 구성에 관한 연구: 다문화교육 교사양성 프로그램 참여자를 중심으로」. 『교육문화연구』 19(3), 141-173.

손제령·김경화(2009). 「다문화가정 방문교육지도사의 역할갈등과 역할모호성」. 『사회과학논총』 8, 13-31.

신승혜(2015). 「결혼이민여성의 정체성 확립을 위한 상호문화교육 방안」. 『국제지역연구』 19(1), 33-60.

신영일(2020). 「다문화가족지원센터 운영에 관한 개선방안 연구: 기관종사자 대상 설문조사」. 동아대학교 국제전문대학원 박사학위논문.

신혜정·최수안(2022). 「다문화가정 방문교육지도사의 관계맺기 경험에 관한 내러티브 연구」. 『문화교류와 다문화교육』 11(5), 149-174.

심영희(2011). 「기획특집: 다문화사회와 이주민의 정체성; 국제결혼이주여성의 초국적 장의 경험과 초국적 정체성 연구」. 『비교한국학』 19(1), 7-44.

양영자(2013). 「내러티브-생애사 인터뷰 분석의 실제」. 『한국사회복지학』 65(1), 271-298.

양천수·최샘(2020). 「타자에 대한 책임의 근거: 레비나스의 철학을 예로 하여」. 『법철학연구』 23(1), 169-208.

여성가족부(2018). 「2018년 건강가정·다문화가족지원센터 통합서비스 사업안내Ⅱ」.

＿＿＿(2011). 「2011년 다문화가족지원 사업안내」. 여성가족부.

＿＿＿(2013). 「2013년 다문화가족지원 사업안내」. 여성가족부.

＿＿＿(2016). 「2016년도 다문화가족지원센터 사업안내(지침)」. 여성가족부.

＿＿＿(2021). 「2021년 가족사업안내(Ⅰ)」. 여성가족부 가족정책과.

＿＿＿(2021). 「제3차 다문화가족정책 기본계획('18~'22)에 따른 2021년도 시행계획」.

＿＿＿(2022).http://www.mogef.go.kr/mp/pcd/mp_pcd_s001d.do?mid=plc503에서 2023.1.6. 인출

여성가족부 보도자료(2021.10.13). 「"건강가정·다문화가족지원센터", 이제 "가족센터"로 불러주세요」. 청소년가족정책실 가족정책과.

염지숙(2017). 「영아기 자녀를 둔 농촌지역 결혼이주여성의 취업경험을 통한 정체성 형성」. 『유아교육학술집』 21(2), 307-327.

오성배(2005). 「코시안(Kosian)아동의 성장과 환경에 관한 사례연구」. 『한국교육』 43(3), 61-83.

옥수선·조향숙(2016). 「돌봄서비스 종사자의 직무경험에 관한 인식유형 연구」. 『사회과학연구』 32(2), 243-269.

우정길(2007). 「마틴 부버: 대화철학과 대화교육학의 임계점에 관하여」. 『교육철학』 40, 139-161.

우치다 타츠루(2013). 『레비나스와 사랑의 현상학』. 이수정 역. 서울: 갈라파고스.

우태식·김창래(2015). 「자원봉사활동의 유래를 통한 행정체계의 발전방향에 대한 고찰」. 『한국행정사학지』 37, 103-137.

원숙연(2008). 「다문화주의시대 소수자 정책의 차별적 포섭과 배제, 외국인 대상 정책을 중심으로 한 탐색적 접근」. 『한국행정학보』 42(3), 29-49.

원진숙(2010). 「삶을 주제로 한 자기 표현적 쓰기 경험이 이주 여성의 자아 정체성 형성에 미치는 영향에 관한 한국어 쓰기 교육 사례 연구」. 『작문연구』 11, 137-164.

유재봉(2001). 「Hirst의 사회적 실제에 기반을 둔 교육: 교육내용관을 중심으로」. 『교육철학』 25, 73-89.

윤석빈(2006). 「마틴 부버의 대화원리: 인간 실존의 토대로서의 대화」. 『동서철학연구』 42, 271-294.

_____ (2019). 「언어공동체 존재의 토대로서 실존적 대화」. 『철학연구』, 297-341.

응포친(2013). 「여성결혼이민자의 관점에서 본 다문화가족 방문교육 참여 경험연구」. 숙명여자대학교 석사학위논문.

이경은·박창재(2009). 「결혼이주여성을 위한 다문화가정 지원사업의 경제성 분석」. 『가족과 문화』 21(4), 119-143.

이경화(2019). 「'내'가 '너'라고 부를 때 데이지는 꽃으로 피어난다」. 『인문연구』 87(6), 143-164.

이귀애(2016). 「다문화가족지원센터 이용 결혼이주여성의 프로그램 만족도와 필요도」. 가야대학교 석사학위논문.

이병준·석영미(2015). 「다문화가족지원센터 실무자의 직업생애사 연구」. 『다문화콘텐츠연구』 18, 329-362.

이병준·한현우(2016). 「상호문화역량의 개념 및 구성요소에 관한 연구」. 『문화예술교육연구』 11(6), 1-24.

이부영(2008). 『자기와 자기실현』. 파주: 한길사.

이상철(2015). 「본회퍼와 레비나스의 타자의 윤리」. 『신학연구』 66, 59-87.

이선정(2019). 「다문화가정 방문교육지도사 교육활동 경험 의미 탐색」. 숭실대학교 박사학위논문.

이성식(1995). 「역할담당 감정으로서의 수치심과 청소년 비행: 상징적 상호작용모델의 검증을 중심으로」. 『한국사회학』 29, 617-649.

이오복(2014). 「다문화가정 방문교육지도사의 직업경험에 관한 근거이론연구」. 『한국산학기술학회논문지』 15(10), 6092-6101.

_____ (2019). 「다문화복지정책에 대한 서비스 제공자의 인식유형 연구」. 『인문사회21』 10(6), 395-410.

이용수(2017). 「서구적 근대화와 한국 가족공동체의 변화: 건강하고 조화로운 가족공동체 문화의 출발점」. 『평화학논총』 7(1), 80-111.

이은정(2018). 「결혼이주여성의 노동 경험과 의미: 대구·경북 이주민과의 인터뷰를 중심으로」. 『다문화와 디아스포라연구』 13, 183-214.

이은주·전미경(2013). 「건강가정지원센터 '가정헌법 만들기' 사업의 '가정헌법' 분석과 발전방안: 서울지역 건강가정지원센터를 중심으로」. 『한국가정관리학회지』 31(2), 93-108.

이인숙(1996). 「덕의 윤리는 새로운 대안일 수 있는가?: 덕 윤리의 자립성에 대한 검토」. 『철학연구』 19, 291-317.

이정애·최은경(2019). 「베트남 결혼이주 여성의 정체성, 자본, 이데올로기」. 『다문화와 평화』 13(2), 107-125.

이정빈(2018). 『질적연구방법과 상담심리학』. 서울: 학지사.

이진경(2014). 「다문화가정 방문 한국어교육지도사를 위한 보수교육 방안연구」. 『한국사상과 문화』 75, 485-508.

이춘호·임채완(2014). 「결혼이주여성의 다중적 정체성과 세력화에 관한 연구」. 『평화학연구』 15(3), 91-116.

이혜영(1993). 「공동체적 사회연대 구축을 위한 품성교육의 방향」. 『교육사회학연구』 3(2), 113-134.

이화도(2011). 「상호문화성에 근거한 다문화교육의 이해」. 『비교교육연구』 21(5), 171-193.

이효성·고그린(2014). 「장애인의 돌봄충족과 돌봄서비스 이용실태 및 결정변인」. 『한국콘텐츠학회논문지』 14(8), 207219.

임성은·김종욱·김찬종(2021). 「사회적 실천지향 SSI 수업을 시행하면서 직면하는 초등 교사의 어려움 탐색: 구조와 행위주체성 관점에서」. 『한국과학교육학회지』 41(2), 115-131.

임수진·이현순(2015). 「다문화가정 방문지도사의 직무환경과 자기효능감이 심리적 소진에 미치는 영향」. 『한국심리학회지 여성』 20(1), 77-91.

장온정·박정윤(2020). 「건강가정·다문화가족지원 통합센터 사업운영 현황 연구: 충청지역 통합센터를 중심으로」. 『한국가족관계학회』 5(3), 125-140.

장한업(2016). 「상호문화교육의 철학적 기반에 대한 고찰: 상호주관성과 상호문화성을 중심으로」. 『교육의 이론과 실천』 21(2), 33-54.

전보람(2017). 「레비나스의 타자윤리학을 통해 살펴본 다문화복지실천가의 경험에 관한 연구」. 순천향대학교 대학원 석사학위논문.

전북일보(2007). "여성, 대학 등 고등교육기관진학률…1970년 28.6%→2005년 80.8%". 전북일보, 2007.1.24.(jjan.kr)/검색일: 2023.2.12.

정기섭(2011). 「지속가능발전교육의 관점에서 본 상호문화역량」. 『교육의 이론과 실천』 16(3), 133-149.

정신희(2018). 「방문교육지도사들의 경험을 통해 본 다문화가족정책의 돌봄 관리체계」. 『여성학논집』 35(2), 201-232.

_____(2020). 「다문화가족 방문교육지도사의 돌봄 시민성 형성에 관한 연구」. 이화여자대학교 대학원 박사학위논문.

정옥분(2021). 『사회정서발달(개정판)』. 서울: 학지사.

정용미·박병섭(2021). 「베트남결혼이주여성의 생애사연구: 스스로 서서 삶을 구성하다」. 『다문화아동청소년연구』 6(2), 1-25.

정의당(2019). "여성가족부 지원시설 종사자 처우 낮고, 이직률 높아", 여영국의원실, 2019.10.23. 국회브리핑(정의당)[justice21.org]/검색일: 2022.4.27.

정지현·오세경(2016). 「학교 밖 다문화교육 전문가의 교수경험에 나타난 타자지향성의 의미」. 『한국언어문화학』 13(2), 109-133.

정지현·오영섭(2018). 「멘토링 프로그램 참여 한국어 학습자의 사례에서 나타난 멘토의 타자지향성」. 『문화교류와 다문화교육』 7(1), 59-81.

정진경·정세희(2015). 「노인돌봄종합서비스 이용자의 선택경험과 돌보미와의 관계의 질이 서비스 이용만족에 미치는 영향」. 『노인복지연구』 67(1), 7-31.

조복희·도현심·유가효(2013). 『개정 2판 인간발달』. 파주: 교문사.

조영아(2013). 「다문화가정 방문교육지도사의 활동 경험과 직무역량 개발」. 『다문화콘텐츠연구』 14, 115-162.

조용길(2015). 「'상호문화성 Interkulturalität' 배양을 위한 토론교육 방안」. 『독어교육』 62, 81-102.

조용환(1999). 『질적연구 방법과 사례』. 파주: 교육과학사.

종교지표(2021). [2021 종교인식조사] 종교인구 현황과 종교 활동(hrcopinion.co.kr)/검색일: 2022.9.30.

좋은날(2022). 출처: https://rjcats.tistory.com/311/검색일: 2022.4.3.

주광순(2015). 「상호문화철학적 해석학」. 『철학논총』 81(3), 281-299.

주영옥·김미원(2013). 「직무환경이 임파워먼트에 미치는 영향 연구: 다문화가족 방문교육지도사를 중심으로」. 『벤처창업연구』 8(4), 119-127.

중앙선데이(2009). "방송대를 졸업했다는 건 곧 성실하다는 증명". 중앙일보, 2009.4.26./검색일: 2022.9.30.

진미정·딩징야·노신애(2023). 「다문화가족의 가족센터 장기이용과정 연구: 다문화 부부의 경험을 중심으로」. 『한국가족관계학회지』 28(2), 71-95.

채진영·김혜라·강복정·황혜신·권기남(2014). 「다문화가족 방문교육지도사의 다문화 효능감과 직무만족도에 관한 연구」. 『가정과삶의질연구』 32(5), 1-13.

천성문·박명숙·박순득·박원모·이영순·전은주·정봉희(2009). 『상담심리학의 이론과 실제(제2판)』. 서울: 학지사.

천혜경(2022). 「결혼이주여성의 한국생활적응과정에 관한 모형: 베트남 이주여성을 중심으로」. 『다문화사회와 교육연구』 12, 107-142.

최샘·정채연(2020). 「데리다의 환대의 윤리에 대한 법철학적 성찰」. 『중앙법학』 22(1), 49-90.

최승은(2019). 「베트남 출신 결혼이주여성의 가족관계에 관한 상호문화적 해석」. 『문화교류연구』 8(2), 143-168.

최은영(2016). 「여성의 연령별 취업형태 직업 및 소득 수준」. 『아시아여성연구』 55(2), 29-56.

최인이(2016). 「결혼이주여성의 경제활동을 통한 정체성형성: 대전지역 결혼이주여성의 직업 활동 경험을 중심으로」, 『담론201』 19(1), 5-44.

최재식(2006). 「상호문화성의 현상학: 문화중심주의를 넘어 상호문화주의로」. 『철학과 현상학 연구』 30, 1-30.

최지은(2022). "세계시민 94% '지속가능성을 위한 사회적 실천 부족'". 조선미디어, 2022.4.22. https://www.futurechosun.com/archives/64191

최희경(2010). 「노인요양시설 요양보호사가 인식하는 '좋은 돌봄'에 대한 연구」. 『노인복지연구』 48, 31-58.

한국건강가정진흥원(2022). 한국건강가정진흥원(kihf.or.kr)/검색일: 2023.8.15.

한국일보(2019). "'처우 개선의 역설'… 해고 내몰린 다문화 지도사들". 한국일보, 2019.10.18. (hankookilbo.com)/검색일: 2022.1.13.

행정안전부 국가기록원(2022). 국가기록원>검색결과(archives.go.kr)/검색일: 2022.11.25.

허숙·김영순(2021). 「재한 이주민사업가의 생애사를 통해 본 사회통합 경험에 관한 연구」. 『문화교류와 다문화교육』 10(1), 103-132.

허영식(2015). 「문화적 차이, 다양성에 관한 담론과 함의: 독일과 유럽의 동향을 중심으로」. 『한국사회과학논총』 25(3), 169-194.

홀츠브레허(2014). 『상호문화교육의 이해: 교사를 위한 교수-학습방법』. 정기섭 외(역). 성남: 북코리아(Holzbrecher, A, Interkulturelle Pädagogik, Berlin: Cornelsen, 2004).

황해영·김영순(2017). 「재한 중국동포 결혼이주여성의 일상생활에 나타난 인정투쟁 경험과 의미」. 『교육문화연구』 23(4), 459-479.

Abdallah-Pretceille, M. (1999). Diagonales de la communickation interkulturell. Sankt Augustin, Germany: Anthropos Reasearch & Publications.

Adler, A. (1927). Understanding Human Nature. Greenberg.

Anthony Giddens (1998). Social theory today. Stanford University Press.

Bandura, A. (1977). Social learning theory. Englewood Cliffs, Nj: Prentice-Hall.

Black, K. (2005). Mothering without a map: The search for the good mother within. NewYork: Penguin Reprint.

Bowen, M. (1978). Family therapy in clinical practice. New York: Jason Aronson.

Braun, V., & Clarke, V. (2006). Using thematic analysis in psychology. Qualitative Research in Psychology, 3(2), 77-101.

Bruner, E. M. (1986). The anthropology of experience. University of Illinois Press.

Buber, M. (1954). 『나와 너』(표재명 역, 1993; 1995; 2001). 서울: 문예출판사.

Chance, P. (2009). 『학습과 행동』(김문수·박소현 역). 서울: 시그마프레스.

Creswell, J. W. (1997).『질적연구방법론: 다섯 가지 접근』. 조흥식·정선욱·김진욱·권지성 역(2010). 서울: 학지사.

Deci, E. L., & Ryan, R. M. (1985). Intrinsic Motivation and Self-Determination in Human Behavior. New York: Plenum Press.

Deleuze G., & Guattari, F. (1968). Mille plateaux: capitalisme et schizophrenie 2. 김재인 역(2001).『천개의 고원』. 서울: 새물결.

Gomm, R., Hammersley, M & Foster, P. (2001). Case study method: Key issues, Key texts. Thousand Oaks, CA: Sage.

Isabel Briggs Myers, Mary H. McCaulley (1962).『MBTI 개발과 활용』(김정택·심혜숙·제석봉 엮음, 1994), 서울: 한국심리검사연구소.

Kant, I. (1975).『영원한 평화를 위하여』(이한구 역, 1992). 서울 서광사.

Lareau, A. (2000). Home advantage: Social class parental intervention in elementary education. Lowman & Littlefield.

Lave, J., & Wenger, E. (1991). Situated learning: Legitimate peripheral participation. Cambridge University Press.

Levinas, E. (2001).『시간과 타자』(강연안 역). 서울: 문예출판사.

MacIntyre, A. (1984).『덕의 상실』(이진우 역). 서울: 문예출판사.

_____ (1988). Whose Justice? Which Rationality? Notre Dame: University of Notre Dame Press.

Mall, R. A. (1996). Was heisst 'aus interkultureller Sicht?' in Ethik und Politik aus interkulturelle Sicht, hrsg. von R. A., Mall und N. Schneider, Amsterdam-Atlanta, GA.

Martin, A., Ryan, M. R., & Books, C. G. (2007). The joint influence of mother and father parenting on child cognitive outcomes at age 5. Early Childhood Research Quarterly, 22, 423-439.

Martin, A., Ryan, M. R., & J Brooks-Gunn (2007). The joint influence of mother and father parenting on child cognitive outcomes at age 5. Early Childhood Research Quarterly, 22, 423-439.

Ojermark, A. (2007). Presenting Life Histories: A Literature Review and Annotated Bibliography. Working Paper 101, Chronic Poverty Research Centre, UK: Manchester.

Podolak I. (1995). A comprehensive Philosophy for nursong: the total approach Canadian of nursing administration, 11(4), 23-41.

Rogers, C. R. (1961). On Becoming a Person. 주은선 역(2017).『진정한 사람되기』, 서울: 학지사.

Rosenthal, G. (2008). Interpretative Sozialforschung. Eine Einfhrung (2). Weinheim und Munchen: Juventa.

Satir, V. (1988). The New Peoplemaking. 강유리 역(2023). 『아이는 무엇으로 자라는가』, 서울: 포레스트북스.

Schütze, F. (1983). Biographieforschung und narrative Interview. In: Neue Praxis, H.3, S. 282-293.

Tajfel, H., & Turner, J. C. (1979). An integrative theory of intergroup conflict. In W. G. Austin & S. Worchel (Eds.), The social psychology of intergroup relations (pp. 33 - 37). Monterey, CA: Brooks/Cole.

The Care Collective (2021). 『돌봄 선언』(정소영 역). 서울: 니케북스.

Yin, R. K., and Davis, D. (2007). "Adding new dimensions to case study evaluations: The case of evaluating comprehensive reforms." New Directions for Evaluation, 113, 75-93.

찾아보기

ㄱ

가교 역할 357
가부장적 사회 366
가산점 197
가재도구 278
가정폭력상담사 127
가족 다양성 인정 34
가족 발달주기 33
가족생활지도사 39
가족 서비스 33
가족센터 7, 23, 34
가족애 367
가족정책 33
가치관 221
가치덕목 249
가치 조건화 361
가치지향적 186
가치지향적 행위 61
간호조무사 296

간호 품질 모델 334
갓난아기 375
개인병원 220
개인주의 196
건강가정기본계획 34
건강가정사 130
건강가정지원센터 34
건국훈장 186
검문소 189
결단력 150
결혼이주여성 17
결혼중개업체 295
경기여고 150
경력단절 153
경력단절녀 157
경어법 171
경제관념 170
경제성 133
경험적 재산 204

397

계속성 134
계 조직 82
고등교육 100
고립감 298
고부갈등 169
고용보험 381
고정관념 233
고정관념적 태도 49
공감 245
공감적 이해 245, 362
공공재 333
공동존재 276
공무원 295
공무원 신분 208
공적 돌봄 관계 347
공통분모 90
과외교사 213
과외 교습 157
관계갈등 360
관계 영역 347
관계적 윤리 28, 218
관리사무소 117
관리자 197
관용 370
교과지도 213
교육대학 190
교직 경력 184
교직 생활 152
구도적 동반자 관계 246

구몬학습 98
국립국어원 165
국민학교 74
국사학 217
국적법 19
국제적 활동 384
권선징악 76
근검절약 223
급선무 178
긍정적 정체감 231
꽃샘추위 156

ㄴ

나침반 223
나태함 150
남녀고용평등법 78
남녀성비 79
남성중심주의 366
남아선호사상 79
내러티브 21
내면적 성찰 231
내면화 186, 226
내적 동기 234
내적 연관성 303
내적 자양분 149
노블레스 오블리주 152
놀이 수행자 41
눈높이 98

뉴질랜드 234
능동적 주체자 47

ㄹ
로젠탈의 분석 방법 27

ㄷ
다문화가족 19, 35
다문화가족지원법 18, 36
다문화가족지원센터 18
다문화 시민성 385
다문화 활동가 48
다재다능함 191
단독건물 220
당사자 211
대범함 189
대중교통 229
대화적 만남 218
도매업 147
도배공사 380
도서벽지 197
독서논술지도사 234
돌봄서비스 302
돌봄 실천가 20
돌봄 이론 334
돌잔치 242
동의의 원리 28
동화읽는어른 123
따뜻한 체온 229

ㅁ
만능 재주꾼 205
말의 위기 58
맞벌이 195
멘토 152
며느리 169
모멸감 210, 211
모성 정체성 260
모집공고 272
모태 신앙 198
목적지향성 64
무궁화호 114
무기력감 250
무리수 178
무자녀 부부 가족 33
무조건적인 긍정적 수용 362
무조건적인 환대 7
무조건적 환대 91, 371
무한성 381
무형식 학습 47
문제해결자 41
문학적 감수성 266
문화 다양성 313
문화상대주의 358
문화 이질성 170

미납 학생 195
민간 외교관 19
민주주의 7
밀착지원 278

ㅂ

바로미터 283
바른 사람 214
반면교사 236
반성적 성찰 373
반지하 177
발달적 자율성 227
방과 후 시간 150
방문객 58
방문교육지도사 7
백사장 222
백일잔치 242
버팀목 229, 284, 311
베이비붐 80
베풂의 실천자 323
변곡점 154
보건복지가족부 35
보건환경학 91
보따리 장사꾼 187
보육교사 268, 272
보호시스템 164
본질적인 태도 58
봉사정신 343

봉사활동 125
부모교육 18
부모교육 서비스 37
부모 표상 110
분거가족 33
불편감 235
비규정성 63
비밀보장의 원리 28
비속박성 134
빈부격차 차별시정위원회 34
빚쟁이 195
빨간펜 98

ㅅ

사각지대 218, 273
사명 214
사명감 91
사설학원 203
사실적 진실성 27
사유 151
사촌형제 159
사회구조적 감수성 217
사회봉사자 125
사회성 134
사회적 기여 40
사회적 동물 350
사회적 실천 24, 61
사회적 실천가 254

사회적 약자 212
사회적 정체성 이론 235
사회적 통합과정 44
사회통합 173
사회통합 프로그램 45
사회학습 이론 226
산부인과 220
산업재해 381
산증인 240
삶의 궤적 219
삶의 능동적 주체 228
삼일절 183
상대적 박탈감 338
상부상조 79
상비약 262
상업계 고등학교 117
상호문화 실천가 383
상호 시너지 357
상호작용 161, 186
상호주관성 6, 168
상호주관적 관계 218
새내기 211
새마을호 114
생계 부양자 45
생물학과 146, 151
생애사 연구 22
생애사의 재구성 27
생애사적 사건 365
생애사적 의미 27

생애주기별 18, 37
생필품 145
서류전형 274
서비스 대상자 347
선입견 346
설립 배경 33
성실성 219
성찰 152, 373
세계시민적 정체성 384
세무사 196
소극적 타자 47
소매업 148
소외감 235, 298
수도권 광역시 156
수용의 태도 252
수입원 154
수평적 관계 316
수혜자 240
숙명여고 146, 150
순종적인 성향 190
숨구멍 177
숲 치유사 260, 288
스케이트 229
스토리텔링 266
시간성 27
시간의 통시성 364
시대적 긴급성 243
시어머니 169
시행착오 248

신뢰의 위기 58
신앙심 190
실무자 50
실재성 27
실천공동체 50, 218, 250
실천적 돌봄 218
실천적 행위 384
심리적 유아 303
심층면담 24
싱크대 교체 380

ㅇ

아동가정학 91
아동 양육 도우미 19
아동양육지도사 41
아비투스 61
아이스링크장 229
안성맞춤 273
안전교육 89
안하무인 211
애국지사 192, 214
양육 태도 110
양적 연구 48
어린이집 191
언어소통 179
언어장벽 235
업무성과 232
여성가족부 35

여성결혼이민자 가족의 사회통합지원 34
여행가이드 299
역동적 관계 337
역량개발 방법 94
역지사지 253, 351
역할갈등 49
역할모호성 49
연결고리 299
연구 방법 22
연륜 172
연속성 135
예의범절 186
오지랖 187
완벽성 166
완행열차 113, 114
외국인 7
외할머니 262
외환위기 80
요양보호사 296
용서 7
우울증 297
워크비자 234
원가족 113
원동력 183
위기 상황 229
위장전입 175, 199
유기견보호센터 254
유대감 349
유대관계 161

유리천장 217, 232
유복한 가정 231
유치원 191
육성회비 195
육화된 모성성 378
윤리성 134
윤리적 책임 57
은퇴제도 287
의료진 262
이국땅 349
이기주의 196
이민정책 237
이방인 7, 278
이야기 분석 방법 26
이야기성 27
이야기적 진실성 27
이주여성 169
이중국적자 165
이직률 135, 140
이타심 151
이타적 가치체계 338
이항대립 7
이혼·재혼 가족 33
익숙함 218
인격모독 195
인공조미료 336
인구절벽 153
인권침해 35
인륜성 63

인문계 고등학교 117
인생철학 221
인성교육 89
인적자원 99
인정 유보 63
인터넷 검색 202
일거양득 184
일생일대 214
일제강점기 183
임용고시 232
입원실 220

ㅈ

자괴감 250
자기결정성 226
자기결정성 이론 234
자기복원 생애사 46
자기 생애사 23
자기성찰 219
자기실현 100
자기초월 131, 371
자기효능감 49
자녀생활 서비스 38
자녀 생활지도 18
자녀 양육기 123
자녀 양육 학습 43
자료수집 24
자문화중심주의 358

자아개념 303
자아성장 231
자아실현 352
자아정체성 18, 319
자원봉사 82
자원봉사활동 82
자취방 184
자크 데리다 7
잔다르크 173
장기거주 237
장래 직업 299
재구성 208
재능개발 233
재능기부 164
재직증명서 175
재테크 223
적반하장 211
적재적소 270
전문성 135
전업주부 272
전직 교사 130, 203
전학생 188
전환교육 130
전환적 계기 218
전환점 218
절대자 371
절대적 타자 278
정년제 184
정서적 배려 231

정서적 안정감 157
정서적 지지 231
정신적 동반 관계 378
정의 7
정적 강화조건 372
정주민 277
정체성 형성 186
제도권 179
젠더 불평등 217
조건적인 환대 7
조건적 환대 91
조기 입학 225
조리사 자격증 233
조손가족 33
조율 과정 120
조율자 41
조작적 조건형성 372
존귀함 186
종교박해 199
종교지표 84
종이비행기 157
종합세트 155
주관성 27
주관적 세계 245, 356
주관적인 판단 356
주일학교 191
주체성 208
주체성 형성 227
주체적 타자 224

주택공사 117
중국시 329
중도입국자녀 18
중매쟁이 193
중앙건강가정지원센터 166
중재자 359
중증장애인 시설 125
지름길 286
지역아동센터 146, 163
지향점 286
지혜 172
직무역량 94
직무자원 94
직무전환교육 108
직업 133
직업 선택 186
직업 철학 50
진료실 220
진술성 361
진통제 262
질적 연구 48
집무실 220

ㅊ
창조적 자아 346
창조적 행위 346
책임 370
책임감 25, 219

처우환경 343
천차만별 179
체험된 생애사 27
초국적 네트워크 45
초국적 차원 384
초등학생 272
충전소 154
측은지심 351, 355
치맛자락 223
치유프로그램 288
친정엄마 178, 311
친정엄마 되어주기 177

ㅌ
타자 6, 55
타자성 8, 25
타자성 실천 376
타자의 윤리학 6
타자적 존재 278
타자지향성 8
타자 철학 6
타향살이 284
탈출구 156
통역사 175
퇴사 78
퇴직금 154
퇴직문화 78
특정 여성 직업 90

ㅍ

파노라마 221
파수꾼 102
패러다임 218
평교사 183
폐암 199
포용력 95
푸성귀 207
필요조건 333

ㅎ

하꼬방 148
학습부진 376
학습 상담사 141
학습지도 214
학습 지도자 41
한국건강가정진흥원 34
한국문화 173
한국사 246
한국살이 311
한국 생활 적응 43
한국어교육 18
한국어교육 서비스 37
한국어교육지도사 39
한국어교육지원사업 35

한국어 학습 능력 43
한달음 189
한부모가정 양육도우미 272
한부모가족 33
한식조리사 234
한약방 178
해결책 184
행동규범 226
행복감 357
행복상담원 107
행위자성 7
행정학 91
허리디스크 269
현금화 175
현충원 183
혈연 공동체 231
형이상학적 131
형이상학적 의미 371
형제자매 159
혼혈아 373
환경미화원 208
환대 7, 91, 371
회초리 226
효지도사 127
후기 청소년기 100
후천적 149

저자소개

김영순(金永洵) kimysoon@inha.ac.kr (1장, 2장 공동집필)

독일 베를린자유대학교에서 문화변동에 관한 연구로 철학박사 학위를 취득했다. 현재 인하대학교 사회교육과 교수 겸 대학원 다문화교육학과장으로 재직 중이며, 인하대학교 부설 다문화융합연구소 소장, 다문화멘토링사업단 단장직을 수행하고 있다. 또한, 학문 후속세대를 위해 전국의 대학원생을 대상으로 질적 연구방법론 캠프를 열고 있다. 주요 저서로는 『베트남 문화의 오디세이』, 『다문화 현상의 인문학적 탐구』, 『이주여성의 상호문화 소통과 정체성 협상』, 『공존의 사회학』, 『타자와 연대: 공생의 모자이크』 등이 있다.

박옥현(朴玉鉉) ok8428@hanmail.net (3장, 4장 집필)

인하대학교 다문화교육학과에서 『다문화가정 방문교육지도사의 생애사에 나타난 타자성 경험과 실천에 관한 내러티브 연구』로 교육학박사 학위를 받았다. 주요 논문으로는 「중년여성 다문화가정 방문교육지도사의 직업 생애사 연구」, 「다문화가정 방문교육지도사의 타자성에 관한 생애사적 내러티브 연구」, 「중년여성의 돌봄 경험에 관한 국내 학술지 연구동향 분석」, 「성인 암 생존자의 외상 후 성장에 관한 국내 학술지 연구동향 분석」 등이 있고, 공동저서로는 『이야기의 사회과학: 생애사와 내러티브 연구』 등이 있다.

정경희(鄭京憙) jungkh414@naver.com (1장, 2장 공동집필)

인하대학교에서 사회교육학을 전공하고 『대안학교장의 실천적 지식 형성과정과 표출양식에 관한 생애사』로 교육학 박사학위를 취득했다. 현재 인하대학교 사범대학 사회교육과 초빙교수로 재직 중이며, 사단법인 공존과이음 사무국장, KCI 등재 학술지 『문화교류와 다문화교육』 학술지 편집국장으로 근무하고 있다. 공동저서로 『질적연구의 즐거움』, 『결혼이주여성의 주체적 삶에 관한 생애담 연구』, 『독일 한인이주여성의 초국적 삶과 정체성』, 『이야기의 사회과학: 생애사와 내러티브 연구』 등이 있다.

황해영(黃海英) haiying04@hanmail.net (10장 집필)

인하대학교에서 다문화교육학과에서 교육학박사 학위를 받았다. 현재 인하대학교 다문화융합연구소 연구교수로 있다. 박사학위논문으로는 「중국동포 결혼이주여성의 생애경험 탐구: 인정투쟁의 내러티브를 중심으로」가 있으며, 공동저서로 『결혼이주여성의 주체적 삶과 정체성 협상』, 『중앙아시아계 이주여성의 삶: 이상과 현실 사이』가 있다. 또한 「재한 중국동포 단체 리더의 인정투쟁의 의미」, 「중국결혼이주여성들의 한국에서 양성평등 경험에 대한 사례연구」, 「상호문화 실천의 개념 및 내용에 관한 연구」 등 다수의 논문을 발표했다.

남정연(南貞連)　417nam@hanmail.net (5장, 6장 집필)

2014년 문파문학 수필 부문으로 등단했다. 인하대학교 다문화교육학과에서 『결혼이주여성의 자영창업 경험에 나타난 주체성 탐색』으로 교육학박사 학위를 받았다. 현재 동남보건대학교 국제교류센터 한국어강사로 근무하고 있다. 주요 논문으로는 「다문화가정 방문교육지도사의 돌봄 서비스: 실천에 관한 의미 탐색」, 「다문화가족 은퇴 방문교육지도사의 사회적 실천에 관한 생애사 연구」, 「결혼이민자 자녀의 이중언어 교육에 관한 질적 메타분석」 등이 있다.

서현주(徐賢珠)　eunice0412@gmail.com (9장 집필)

인하대학교 다문화교육학과에서 『집단표현예술치료 프로그램 참여 중도입국청소년의 상호주관성에 관한 질적연구』로 교육학박사 학위를 받았다. 현재 서울수정신건강의학과 미술치료사이자 비영리단체 이주배경·교차문화 심리지원허브 아토앤부름의 대표로 근무하고 있다. 주요 논문으로 「방문교육서비스를 경험한 결혼이주여성의 정체성 변화에 관한 질적 연구」, 「이문화 성장배경 청소년의 대인관계와 사회적응력 향상을 위한 집단 표현예술치료 효과연구」, 「심리외상을 경험한 중도입국청소년의 위기개입적 표현예술치료 연구」 등이 있다.

신혜정(申惠貞)　hyejeong21@hanmail.net (7장, 8장 집필)

인하대학교 대학원 다문화교육학과에서 박사과정을 수료했고, 다문화가정 부모자녀의 관계회복과 소통을 위한 집단상담 프로그램 참여 경험에 관한 박사논문을 집필 중이다. 인하대학교 다문화융합연구소의 다문화가정 방문지사 생애사 연구팀의 연구원으로 활동하였다. 현재 부평구건강가정지원센터에서 위탁상담사 및 면접교섭 상담위원으로 근무 중이며, 부평구·남동구·연수구 다함께돌봄센터에서 보드게임을 매개로 한 집단프로그램 전문강사로 근무하고 있다. 주요 논문으로는 「다문화가정 방문교육지도사의 관계맺기 경험에 관한 내러티브 연구」가 있다.